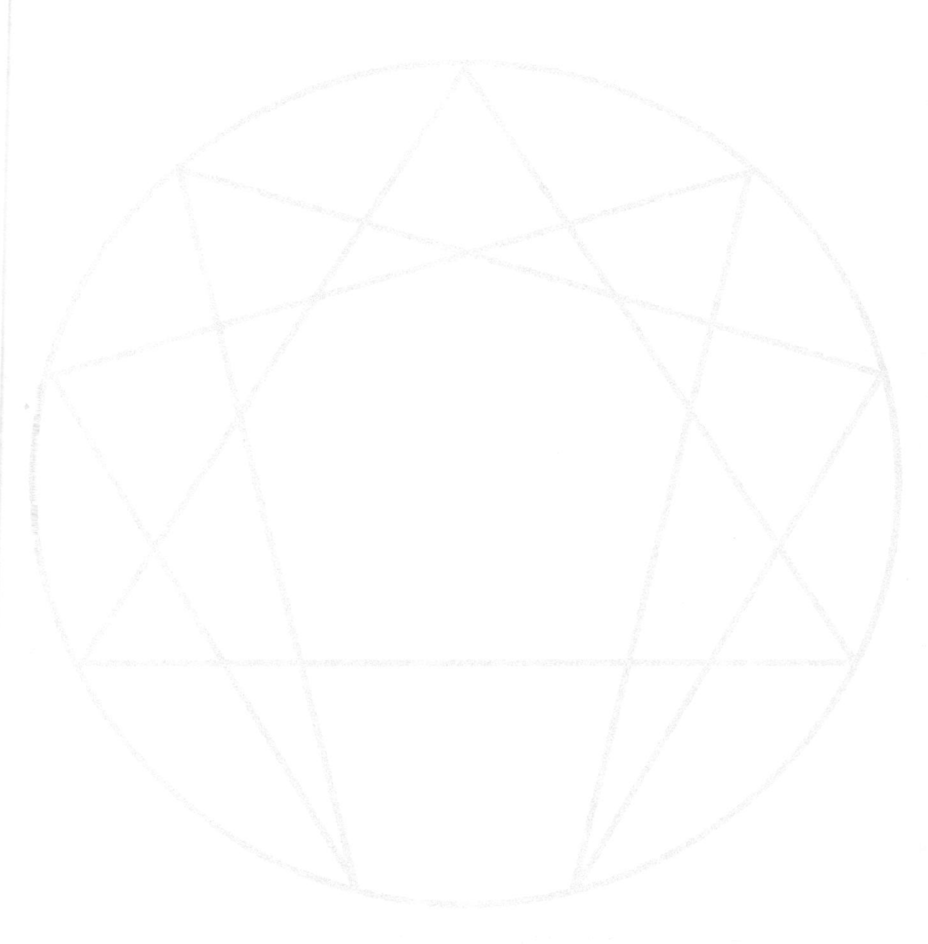

Titel der Originalausgabe: Keys to the Enneagramm

This Translation published by arrangement with Shambhala Publications, Inc., Boulder, USA

A.H. Almaas
Enneagramm – Der Schlüssel zum Erwachen
Über ein tieferes Verständnis deines wahren Selbst

Projektmanagement: Marianne Nentwig
Übersetzung: Ute Weber
Lektorat: Richard Reschika
Umschlaggestaltung: Gesine Beran
Covermotiv: © shutterstock|Login
Autorenfoto: privat
Innenteil, Layout/Satz: KleiDesign
Druck & Verarbeitung: CPI books GmbH, Leck

info@kamphausen.media | www.kamphausen.media

ISBN Printausgabe: 978-3- 95583-597-9
ISBN E-Book: 978-3-95583-598-6

1. Auflage 2023

Bibliografische Information der Deutschen Nationalbibliothek
Die Deutsche Nationalbibliothek verzeichnet diese Publikation in der Deutschen Nationalbibliografie; detaillierte bibliografische Daten sind im Internet über **http://dnb.de** abrufbar.

ISBN Printausgabe: 978-3-95583-597-9
ISBN E-Book: 978-3-95583-598-6

A. H. ALMAAS

ENNEAGRAMM

DER SCHLÜSSEL ZUM ERWACHEN

Über ein tieferes Verständnis deines wahren Selbst

Mit einem Vorwort von RUSS HUDSON
und einem Nachwort von SANDRA MAITRI

Wie hat Ihnen das Buch gefallen?
Teile Sie gerne Ihre Meinung mit uns!

https://www.kamphausen.media/enneagramm-der-schluessel-zum-erwachen/t-9783958835979

Dem SARMOUN DARQ
gewidmet –

der ursprünglichen Quelle des Enneagramms,
einer uralten spirituellen Schule,
die dank ihrer Anmut und Intention
eine wichtige Strömung innerhalb
des Diamond Approach darstellt.

KOMMENTARE ZUM BUCH

„Ein inspirierendes Angebot auf hohem Niveau von jemandem, der ein tiefes Verständnis für den Prozess der spirituellen Verwirklichung hat. Es gilt Menschen, die wirklich wissen wollen, wie man das Enneagramm nutzen kann, um sich von seinem Ego zu befreien und den Schlüssel für eine gelebte Erfahrung des ewigen Geistes zu finden."

BEATRICE CHESTNUT, PHD
Verfasserin von *The Complete Enneagram* und *The 9 Types of Leadership* und Mitverfasserin von *The Enneagram Guide to Waking Up*

„Es gibt nur wenige Bewusstseinslehrer, geschweige denn Enneagramm-Lehrende, die das zeitgleiche Auftauchen gleichwertiger Facetten von Weite und Einmaligkeit, Expansion und Besonderheit, persönlicher Liebe und Leere sowie persönlichem Willen und Hingabe wahrnehmen, verkörpern, formulieren und vermitteln können – während sie gleichzeitig den Fokus auf die dringende Notwendigkeit legen, für unsere essenzielle Natur und unser essenzielles Potenzial zu erwachen. Wie das Enneagramm, so ist auch A. H. Almaas eine Art Stimmgabel für diese Möglichkeit, zu leben und sich weiterzuentwickeln. Und irgendwie leitet er uns in *Enneagramm – Der Schlüssel zum Erwachen* sanft und bestimmt auf diesen präzisen, weitläufigen und authentischen Pfad, über unsere Faszination für die Persönlichkeit hinaus. Ehe wir uns versehen, sind wir in eine Übertragungslinie von Wahrheit und Präsenz initiiert worden."

„Ich habe die Ehre, seit 2014 Kuratorin und Gastgeberin des jährlich stattfindenden Enneagram Global Summit des The Shift Network zu sein, und habe in diesem Rahmen wertvolle und wegbereitende Gespräche mit über einhundert Enneagramm-Lehrern geführt. Eines kann ich mit absoluter Gewissheit sagen, nämlich, dass Almaas zu den wenigen Lehrern gehört, deren stetes Ziel es ist, sich selbst zu erwecken und im Dienste des Erwachens anderer zu stehen. Er nähert sich dem Enneagramm nie auch nur mit der geringsten Spur von Verhöhnung oder Verdinglichung der Persönlichkeit und darin ist er meiner Erfahrung nach unvergleichlich. Sein Kompass schwankt nie und zeigt immer die Richtung nach Hause an – zum wirklichen Selbst und zur Wirklichkeit – was übrigens das Auftauchen der wahren Bestimmung und des Beitrags eines jeden Individuums für dieses Leben unterstützt."

„Dieses Werk ist vielleicht das erste, das so klar und deutlich eine Einsicht formuliert, die sich unter denen, die das Enneagramm zum Zwecke des Erwachens lehren, allmählich immer weiter verbreitet, nämlich, dass die transformative Kraft der Arbeit mit allen neun Fixierungen und die Reise auf allen neun Pfaden essenzieller Qualitäten von größter Bedeutung ist. Wenn du für dein wahres Selbst erwachen und dem Polarstern zur Ganzheit und Befreiung durch Mitgefühl folgen und von deinem Ego lernen möchtest, dann nimm *Enneagramm – Der Schlüssel zum Erwachen* zur Hand und lies es. Du wirst den Polarstern in deinen Händen und Augen haben."

JESSICA DIB

Gründerin und Leiterin der Inspiration Consciousness School und Begründerin und Gastgeberin des jährlich stattfindenden Enneagram Global Summit des Shift Network

VORWORT VON RUSS HUDSON

Während ich dies schreibe, passiert etwas vollkommen Unerwartetes. Das Enneagramm – als Teil einer sehr alten Lehre von der inneren Entwicklung des Menschen bisher relativ unbeachtet geblieben – bekommt mit einem Mal breite öffentliche Aufmerksamkeit. Während es früher nur in bestimmten spirituellen Schulen bekannt war, gehört es jetzt praktisch zum Mainstream. Die Anzahl populärwissenschaftlicher Artikel in Zeitschriften und im Internet hat so stark zugenommen, dass vermutlich sogar Menschen, die auch nur das geringste Interesse an Psychologie oder Spiritualität haben, von ihm gehört haben werden. Neuerscheinungen zu diesem Thema werden in immer kürzeren Abständen veröffentlicht, und Dutzende von Menschen bieten sich als Lehrer und Ratgeber auf dem wachsenden Enneagramm-Markt an. Von einem bestimmten Standpunkt aus ist das erfreulich und könnte einen aufrichtigen Wunsch nach Selbsterkenntnis inmitten einer Gesellschaft widerspiegeln, die mit einer Fülle von verwirrenden und manchmal widersprüchlichen Botschaften darüber konfrontiert ist, wer wir sind und worum es im Leben wirklich geht. Doch diese neue Beliebtheit hat ihren Preis.

Die Grundlagen des Enneagramms sind relativ leicht zu verstehen, was zumindest teilweise sein schnelles Wachstum erklären könnte. Wir erfahren, dass dieses System neun Persönlichkeitstypen beschreibt, und nachdem wir etwas über jeden Typ gelernt haben, reflektieren wir uns selbst und entscheiden dann, welcher am besten zu uns passt. Häufig berichten Menschen, dass sie sehr erstaunt darüber sind, wie zutreffend das Enneagramm nicht nur unser äußeres Verhalten zu beschreiben vermag, sondern auch einige unserer inneren Antriebe. Es kann bestürzend sein, sich so sehr verstanden zu fühlen. Wir könnten daraufhin dazu übergehen, die Typen von Familienmitgliedern, Freunden und anderen uns nahestehenden Personen abzuleiten, aber auch diejenigen von Prominenten oder historischen Persönlichkeiten, die wir bewundern. Wir haben das Gefühl, dass wir einen erstaunlichen neuen Filter an die Hand bekommen haben, um Menschen deutlicher zu sehen. Doch wenn wir ein wenig tiefer graben, dann stellen wir vielleicht fest, dass das Enneagramm-System doch komplexer ist, als wir ursprünglich dachten. Wir erkennen, dass es viele verschiedene Aspekte hat und auch viele unterschiedliche Theorien dazu existieren. Es könnte äußerst aufregend für uns sein, die neuesten Theorien mit anderen Enneagramm-Liebhabern zu teilen, doch unter Umständen sind wir auch verwirrt angesichts der bisweilen konträren Sichtweisen des Systems, die jetzt auf dem Markt erhältlich sind. Wir könnten uns fragen, ob noch mehr dahintersteckt.

Wenn wir unsere Erkundungen beharrlich fortsetzen, wird uns schließlich bewusst, dass, auch wenn es viele faszinierende Beschreibungen der neun Typen und ihrer Varianten geben mag, deren Kenntnis nicht zwangsläufig zu wirklicher Veränderung oder Entwicklung führt. An diesem Punkt sind manche Menschen zunehmend frustriert vom Enneagramm und wenden sich anderen Interessen zu, während sich andere damit zufriedengeben, weiter über Theorien zu den einzelnen Typen zu diskutieren. Einige lernen sogar, das angesammelte Wissen zu nutzen, *um zu verhindern*, dass sie von tiefer gehenden Erkenntnissen über sich selbst beeinflusst werden. Es erweist sich als einfacher, seine „Expertise" zu dem Thema kundzutun, als sich auf das Gebiet echter Selbsterkenntnis mit all den Gefühlen, die das hervorrufen kann, vorzuwagen. Doch einige von uns können sich dem immer tieferen Geheimnis nicht entziehen und beginnen, sich stärker damit zu befassen, was ihnen durch diese Arbeit zur Verfügung steht.

Dann könnte uns eine größere Wahrheit treffen. In seiner ursprünglichen Bedeutung war das Enneagramm nie als „Ablagesystem" für Menschen gedacht. Wir können natürlich sehen, dass etwas

Wahres darin liegt und dass es auch bis zu einem gewissen Grad hilfreich ist, die Typenmuster zu kennen, doch uns sollte gleichermaßen klar sein, dass diese Muster *nicht unsere wahre Identität widerspiegeln*. Es wäre wohl richtiger zu sagen, dass uns das Bewusstsein der Typenmuster für die tiefgreifendere Erkenntnis, wer und was wir jenseits all dieser Muster sind, sensibilisieren kann. Doch das geschieht nicht einfach dadurch, dass wir uns gedanklich mit den Typen beschäftigen oder uns und anderen endlos Geschichten über unseren eigenen Typ erzählen. Diskussionen darüber können nützlich sein, doch sie sollten einem zentralen Prozess dienen – nämlich dem, was traditionellerweise *innere Arbeit* genannt wird. Um zu verstehen, was das bedeutet, kann es hilfreich sein, sich einmal den Hintergrund dieses Systems anzusehen.

Wenn wir die Wurzeln des Enneagramms erforschen, werden wir keine klare, einheitliche Historie dahinter finden. Stattdessen sehen wir, dass ähnliche, mit dem Enneagramm verbundene Lehren aufgetaucht und im Laufe der Geschichte, bis zurück zu den vorklassischen Zivilisationen der Antike, auf unterschiedliche Weisen miteinander verwoben worden sind. Wir erkennen allmählich, dass das Enneagramm über die Typenbeschreibungen hinaus Teil eines umfassenden philosophischen Bezugssystems ist, welches das Wesen der menschlichen Psyche und ihren Platz in einem größeren Kosmos betrachtet. Das Enneagramm beinhaltet Elemente, die aus den Lehren des alten Ägypten und Mesopotamien hervorgegangen sind. Diese haben Eingang in die mystischen Ausdrucksformen dreier prophetischer Religionen des Westens gefunden: Judentum, Christentum und Islam. Andere Elemente kamen auf sehr anschauliche Weise beim Aufstieg der griechischen Philosophie zum Vorschein: Auf Vorsokratiker wie Pythagoras zurückgehend, verbreiteten sie sich über Sokrates weiter zu Plato und zu den neoplatonischen Schulen, die während des Römischen Reiches florierten. Einige Elemente sind schließlich auch in den hermetischen Traditionen des Mittelalters und der Renaissance zu finden, ebenso wie in den Mysterien der jüdischen Kabbala, in einigen der nördlichen Sufismus-Schulen und den monastischen Traditionen des kontemplativen Christentums.

Vielleicht fällt dir auf, dass diese Lehren, auch wenn sie Teil der etablierten Religionen und philosophischen Traditionen der westlichen Zivilisation waren, nicht zum Allgemeingut gehörten. Verschiedene Aspekte der Lehren wurden in spirituellen Schulen kultiviert und bewahrt und waren gewöhnlich nur innerhalb dieser Schulen bekannt. Doch ein wesentlicher Faktor bei all diesen Lehren war *die Notwendigkeit der Praxis*. Denn es handelte sich bei ihnen nicht um Gedankenspielerei, sondern um die Frucht dessen, dass sich Menschen über längere Zeit ernsthaft spirituellen Praktiken widmeten. Mit anderen Worten, die Lehren des Enneagramms über die Persönlichkeitstypen waren dazu gedacht, von psychologischen und spirituellen Praktiken zur Bewusstseinsentwicklung begleitet zu werden. Und ganz wesentlich für diese Traditionen war die Notwendigkeit, *Präsenz* zu kultivieren – die wirklich im Mittelpunkt der meisten mystischen Lehren steht. Für mich ist das Enneagramm ohne den Fokus auf Präsenz undenkbar.

Um wirklich die Reichweite dessen zu erfassen, was wir in diesem Buch lernen werden, müssen wir erkennen, dass die authentische, moderne Enneagramm-Arbeit aus drei Hauptelementen besteht: dem Symbol, der Typologie und dem Übungssystem dahinter. Je stärker wir uns dieser drei Komponenten bewusst sind, um so fruchtbarer wird unsere Arbeit mit dem Enneagramm sein.

Das Enneagramm-Symbol wurde durch den großen spirituellen Lehrer George Gurdjieff in der modernen Welt bekannt gemacht. Zu Beginn des zwanzigsten Jahrhunderts begann er, es zunächst Schülern in Russland und später auch in Frankreich, im Vereinigten Königreich und den Vereinigten Staaten beizubringen. Auch wenn Gurdjieff sehr viel über das Symbol und seine Bedeutungen vermittelte, benutzte er es nicht in Verbindung mit einem System von neun Typen. Sollten ihm solche Zusammenhänge bekannt gewesen sein, so verzichtete er darauf, sie einem seiner Schüler beizubringen. Er unterrichtete das Enneagramm als Mandala, das einige der Schlüsselelemente menschlichen Bewusstseins aufzeigt. Das Verständnis des Enneagramm-Symbols war eine Möglichkeit, das dualistische Denken dafür zu öffnen, die Realität stärker in ihrer dynamischen Ganzheit wahrzunehmen. Gurdjieff beschrieb seine drei Komponenten – den Kreis, das Dreieck und das Sechseck – als Grundlagen dreier fundamentaler Gesetze des Bewusstseins: das Gesetz der Eins, das Gesetz der Drei und das Gesetz der Sieben. Auf einen kurzen Nenner gebracht, erinnert uns das Gesetz der Eins an das Einssein und die Einheit des Daseins. Das Gesetz der Drei befasst sich damit, wie einzelne Phänomene auftauchen und in den fundamentalen Grund der Einheit zurückkehren. Und das Gesetz der Sieben untersucht, wie alles, was sich in der Einheit manifestiert hat, gemäß der universellen Gesetze ständigen Veränderungen und Prozessen unterworfen ist. Wenn man diese Sichtweisen zusammenbringt, dann erkennt man, dass Gurdjieff das Enneagramm-Symbol verwendete, um sich Lehren der Nicht-Dualität in einer Weise anzunähern, die das Gefühl für die grundlegende Einheit der Wirklichkeit im Verhältnis zu den verschiedenen, ständig wechselnden Phänomenen bewahrte, die wir über unsere Sinne wahrnehmen.

Er lehrte das Symbol als Landkarte für jeden vollständigen Prozess und als Methode, um die komplexen Wechselwirkungen innerhalb aller realen und lebendigen Systeme zu verstehen. Obwohl Gurdjieff also nicht die neun Typen unterrichtete, rückte er viele der mit der Enneagramm-Arbeit verbundenen Lehren in den Vordergrund, einschließlich des Konzepts von Essenz und Persönlichkeit, bei dem es um die Auffassung ging, dass wir in unserem normalen Zustand in Bezug auf uns selbst und die größere Wirklichkeit schlafen. Daneben ging es auch um das Konzept der Intelligenzzentren – die instinktive Intelligenz des Körpers, die emotionale Intelligenz des Herzens und die kognitive Intelligenz des Kopfes –, die ausschlaggebend dafür sind, zu lernen, wie wir dieses Wissen tatsächlich für unseren Reifeprozess und unsere Weiterentwicklung nutzen können. Man könnte also zu Recht sagen, dass ein großer Teil des philosophischen Gerüsts hinter dem Enneagramm von Gurdjieff bekannt gemacht wurde.

Er sah das Enneagramm als Teil eines größeren Korpus von Lehren an, den er den Vierten Weg nannte, und er wäre sicher der Auffassung gewesen, dass das Symbol für jemanden, der sich nicht der Gesamtausrichtung des Vierten Wegs bewusst wäre, nur begrenzten Nutzen hätte. Das Konzept dieses Weges zum Erwachen beruht auf dem Gedanken, dass man mit den Intelligenzzentren arbeiten sollte. Gurdjieff lehrte, dass jeder primäre Weg zur Befreiung von der Arbeit mit einem dieser Zentren abhängt. Der Erste Weg hat damit zu tun, den Körper und seine Triebe zu beherrschen. Beim Zweiten Weg geht es darum, Emotionen in die tieferen, essenzielleren Qualitäten des Herzens zu verwandeln. Der Dritte Weg handelt davon, wie wir unsere geschäftigen, ständig herumwirbelnden Gedanken meistern und uns für die ursprüngliche Ruhe und Stille des tieferen Geistes öffnen können. Gurdjieff lehrte außerdem, dass zwar alle drei Wege in der gesamten Geschichte für den ernsthaften Sucher des Göttlichen verfügbar gewesen seien, doch dass alle in gewisser Weise Wege der Entsagung waren, die von uns forderten, auf die meisten, wenn nicht all unsere gewöhnlichen weltlichen Belange zu verzichten. Sie führten zu Einsamkeit oder setzten ein monastisches Leben voraus. Gurdjieff behauptete jedoch, dass es noch einen Vierten Weg gebe, der ein wesentlich weiter entwickeltes Wissen und Praxissystem erfordere, da er die Arbeit *an allen drei Zentren gleichzeitig* – Körper, Herz und Geist – beinhalte.

Darüber hinaus sollte der Vierte Weg eine Lebensweise sein – kein monastischer Weg, jedoch eine Art zu leben, die mit derselben Hingabe und demselben Engagement verfolgt wurde wie der Weg, den man einschlägt, wenn man ins Kloster geht. Schließlich hob er hervor, dass der Vierte Weg nicht immer zur Verfügung stehe. Er meinte, dass dieser in bestimmten Phasen der Geschichte als eine Art „Hilfe" auftauche, wenn sich die Menschheit an einem wichtigen Scheidepunkt befinde – das, was er einen „Schockpunkt" nannte –, und dass wir in unserer Zeit an einem solchen Scheidepunkt stünden. Man könnte sagen, dass, auch wenn Informationen über das Enneagramm auf ganz verschiedene Weise genutzt werden können, dessen Kern und ursprüngliche Funktion Teil der größeren Zielsetzung und Orientierung des Vierten Weges waren. Lehrer, die das wissen, haben eine gewisse „Ausstrahlung". Sie vermitteln etwas, das über die Informationen über die Enneagramm-Typen hinausgeht.

Die mit dem Enneagramm verbundene Typologie wurde der Welt durch den bolivianischen Lehrer und Gründer der Arica-Schule, Oscar

Ichazo, vorgestellt. Genau wie Gurdjieff nutzte Ichazo das Enneagramm als Rahmen für Schüler, die eine langjährige spirituelle Praxis verfolgten und sich innerhalb der Strukturen einer spirituellen Schule bewegten. Er bereicherte den mit dem Symbol verbundenen Lehrkorpus um viele brillante und originelle Einsichten, und es wäre vollkommen berechtigt zu sagen, dass es die moderne Enneagramm-Bewegung ohne ihn nicht geben würde.

Eine von Ichazos größten Leistungen bestand darin, mehrere miteinander verbundene Grundmuster der Seele, die den großen spirituellen Traditionen der Welt entnommen waren, auf dem Enneagramm abzubilden. Das war eine beachtliche Leistung. Er schöpfte dabei nicht nur aus seinem profunden Verständnis dieser anderen „Landkarten", sondern war auch in der Lage, ihre Elemente in der korrekten Reihenfolge um die neun Punkte des Symbols herum zu platzieren, vielleicht, indem er sich Gurdjieffs Anregung zu Herzen nahm, dass wir tatsächlich neue Sichtweisen auf eine beliebige Menge von Phänomenen bekämen, wenn wir sie genau auf dem Symbol platzieren könnten. Er griff auf Lehren aus dem esoterischen Buddhismus, dem Taoismus und anderen östlichen Traditionen zurück, jedoch in erster Linie auf westliche esoterische Lehren – hauptsächlich solchen aus der Kabbala, den monastischen Traditionen der christlichen Wüstenväter, den neoplatonischen Lehren über die Seele von Plotinus und einige der Praktiken und Übertragungsmethoden aus dem Zentrum des Sufismus.

Ichazo war an weitaus mehr interessiert als an einer reinen Beschreibung der Persönlichkeitstypen, und er bildete viele Elemente der Natur und des menschlichen Bewusstseins auf dem Enneagramm ab, auch wenn er dem Symbol den Namen Enneagon gab. Insgesamt entwickelte er 108 Enneagone, von denen jedes bestimmte Lehren über das Selbst und die Realität enthielt. Die moderne Enneagramm-Bewegung beruht fast ausschließlich auf vieren dieser Enneagone: dem Enneagon der Leidenschaften, dem Enneagon der Tugenden, dem Enneagon der Fixierungen und dem Enneagon der heiligen Ideen. Ich würde hinzufügen, dass in einem großen Teil des Enneagrammfeldes weder die Tugenden noch die heiligen Ideen einbezogen sind, auch wenn sie aus der Sichtweise des Vierten Wegs genau das sind, worum es beim Erlernen des Enneagramm-Systems geht.

Die Grundlage des Enneagons der Leidenschaften stützte sich im Wesentlichen auf die Erkenntnisse der ersten monastischen Gemeinschaften in der christlichen Welt – der Wüstenväter Ägyptens. Das hat deshalb einen besonderen Stellenwert, weil uns ihre Arbeit Hinweise auf den ursprünglichen Sinn und Zweck des Materials über die Typen gibt. Viel von dem, was wir über die Praktiken dieser ersten christlichen Mönche wissen, geht auf Euagrios Pontikos zurück, einen frühchristlichen Theologen, der die Gebete und Meditationen beschrieb, denen sich die Mönche widmeten, ebenso wie ihre Entdeckung der acht „Sünden", mit denen sie sich in ihrem Bemühen auseinandersetzten, ihre innere Verbindung zu Gott zu entwickeln und aufrechtzuerhalten. Diese Sünden wurden nicht als böse Taten angesehen, sondern als Ablenkung von ihren Praktiken – als Art und Weise, wie sie ihre Präsenz und das unmittelbare Gewahrsein der göttlichen Realität in ihrem Inneren und um sich herum verloren. Im Laufe der Zeit gaben die Mönche diesen Arten, „das Ziel zu verfehlen", verschiedene Namen. Die historischen Aufzeichnungen beinhalten einige Varianten dieser Namen, doch am häufigsten wurden sie Wut oder Zorn, Stolz, Eitelkeit oder Prahlerei, Neid, Habgier, Völlerei, Begierde und Faulheit genannt – auch bekannt als Acedia (Überdruss) oder Traurigkeit. Euagrios skizzierte darüber hinaus grob einen neunten problematischen Zustand, und dieser wurde von späteren Theologen, unter anderem dem sogenannten Pseudo-Dionysius Areopagita, näher beschrieben und erörtert. Dieser wurde Zweifel oder Unglaube genannt. Wie dir vielleicht auffällt, wurden einige dieser Ärgernisse im Christentum später zu den sieben Todsünden, auch wenn es ursprünglich acht oder neun waren.

Wir wissen dann zu würdigen, dass Ichazo einige der Eigenarten des höheren Bewusstseins auf den neun Punkten des Enneagrammsymbols abbildete und – inspiriert durch die Arbeit der Wüstenväter und -mütter – ihnen auch die jeweiligen seelischen Befindlichkeiten zuordnete, die durch den Kontaktverlust mit diesen unmittelbareren Präsenzerfahrungen entstanden waren und zu den Enneagonen der

Leidenschaften (den Todsünden) und der Fixierungen (dem verhafteten und beschränkten Weltbild, welches das Ego erzeugt) geführt hatten. So war jeder Punkt nicht als abschließende Aussage über eine Person gedacht, sondern als Hinweis auf eine bestimmte Weise, Präsenz und somit unsere wahre Natur zu vergessen – unsere wahre Identität. Diese großartige Leistung zu erbringen gelang Ichazo wahrscheinlich durch eine Kombination aus engagierter Gelehrsamkeit und tiefem Einfühlungsvermögen. Es gab Vorbilder in spirituellen Lehren, die ihm Hinweise lieferten. Im Christentum des Mittelalters hatten Theologen, die mit Euagrios' Vorstellungen über die Sünden vertraut waren, versucht, diese in die richtige Reihenfolge zu bringen, und sogar Papst Gregor I. war nahe daran, die Abfolge zu beschreiben, die wir im Enneagramm vorfinden. Wahrscheinlich gewann Ichazo auch Erkenntnisse aus bestimmten Mustern im Lebensbaum der Kabbala – einer Quelle, die er häufig als wichtigste Inspiration anführte. Das Endergebnis dieser Bemühungen war die korrekte Platzierung der Energien der neun Typen um das Enneagrammsymbol herum.

Bis zu einem gewissen Grad lassen sich die Typologie und das Symbol intellektuell erfassen, und einige Teile der Enneagramm-Gemeinschaft begnügen sich damit. Doch das dritte Element, das Praxissystem dahinter, ist etwas ganz anderes. Meiner Meinung nach erwacht das Enneagramm ohne diesen wichtigen dritten Baustein nicht wirklich zum Leben und kann uns so auch nicht bei unserer Entwicklung helfen. Und in diesem Zusammenhang wird die Bedeutung von A. H. Almaas und der von ihm in diesem Buch beschriebenen Arbeit äußerst zentral und augenfällig.

Ursprünglich lernte ich das Enneagramm durch die Gurdjieff-Arbeit kennen, und ich hatte das Glück, bei einigen der großartigen Lehrer zu lernen, die zu Lebzeiten Gurdjieffs direkt mit ihm zusammengearbeitet hatten. Als mir Ende der 1980er-Jahre die ersten Bücher über die Enneagramm-Typologie begegneten, war ich zwar schon viele Jahre lang tief in die spirituellen Praktiken der Gurdjieff-Arbeit versunken gewesen, doch ich war zu der Überzeugung gelangt, dass zusätzliche Einblicke in den Kern der menschlichen Natur nützlich für mich sein könnten. Und da das Enneagramm der Persönlichkeit ganz eindeutig Verbindungen zu dem aufwies, womit ich mich vorher beschäftigt hatte, ergab es Sinn, es zu erforschen. Bei der Lektüre jener ersten Bücher über die Enneagramm-Typologie war ich insbesondere von dem Detailreichtum beeindruckt, mit dem einige der frühen Autoren die Beschreibungen der neun Typen angingen. Die Informationen schienen mir hilfreich zu sein, und ich konnte sehen, dass diese Erkenntnisse eine enorme Unterstützung für jemanden sein konnten, der sich mit innerer Arbeit beschäftigte. Doch keines der Bücher, mit denen ich in Kontakt kam, schien viel über die eigentlichen Wurzeln und den Zweck des Materials zu wissen, geschweige denn über die Bedeutung des Symbols selbst.

Wie sich herausstellte, lebte ich ganz in der Nähe eines der wichtigsten Autoren des Enneagramms, Don Richard Riso, der das wegweisende Werk *Die neun Typen der Persönlichkeit und das Enneagramm* verfasst hatte. Ich las es und suchte ihn für eine Beratung zu meinem Enneagramm-Typ auf. Aus dieser Unterhaltung entwickelte sich eine Freundschaft und letzten Endes ein Lehrer- und Schreibteam. Don Riso hatte seine Grundausbildung bei den Jesuiten erhalten und hatte mehr als zwölf Jahre an seinem Buch gearbeitet, doch ihm war sehr wohl bewusst, dass in dem System viel mehr steckte als das, was er gelernt hatte. Ich stellte ihm die Gurdjieff-Arbeit vor, und wir strebten gemeinsam an, die faszinierende Enneagramm-Typologie mit der Orientierung des Vierten Weges, der von Gurdjieff beschriebenen inneren Arbeit, zusammenzuführen. Insbesondere hatten wir das Gefühl, dass es eine Möglichkeit geben müsse, nach der jeder der neun Enneagrammpunkte über seine Funktion hinaus, ein Personentyp zu sein, auch eine bestimmte Entwicklung von der Identifikation mit dem Ego beziehungsweise der Persönlichkeit zu einer Erkenntnis des Selbst als Essenz widerspiegelte. Das war der eigentliche Sinn und Zweck solcher Untersuchungen vom Standpunkt des Vierten Weges aus.

Als wir uns mit unseren Studien und den Praktiken der Gurdjieff-Arbeit beschäftigten, wurden wir auch stärker auf die Schriften von A. H. Almaas und im Besonderen auf sein erstes bedeutendes Werk *Essenz* aufmerksam. Es schien uns, als habe Almaas bereits die Herausforderung erforscht, der wir uns gestellt hatten, und wir waren zutiefst beeindruckt und beeinflusst von der Klarheit seiner Schriften, seiner Gedanken und seiner Herangehensweise. Wir stellten fest, dass er tiefe Einblicke in die Beziehung zwischen dem Ego-Bewusstsein und den faszinierenden und tiefgründigen Welten der Essenz gewonnen hatte.

Wir erfuhren, dass er eine spirituelle Schule namens Ridhwan (auch als Diamond Approach bezeichnet) gegründet und Praktiken entwickelt hatte, um die Muster der Psyche zu erforschen und das Bewusstsein für unsere wahre Natur, unsere Essenz, zu öffnen. Da unsere Zeit mit der Gurdjieff-Arbeit zu Ende ging, wandten wir uns Almaas' Lehren zu. Die Diamond-Approach-Gruppe, der wir uns anschlossen, wurde in den folgenden Jahren zu unserem spirituellen Zuhause.

Während ich mit Almaas und seiner Arbeit immer besser vertraut wurde, erfuhr ich, dass er sein Wissen über die Typologie des Enneagramms von dem chilenischen Psychiater Claudio Naranjo erworben hatte. Naranjo brachte Oscar Ichazos Lehren über die neun Punkte als Leidenschaften und Fixierungen Anfang der 1970er-Jahre in die Vereinigten Staaten. In Kalifornien und andernorts gründete er Gruppen, um verschiedene Systeme der Verwirklichung zu erforschen und mit der Enneagramm-Typologie zu arbeiten. Das Programm nannte sich SAT (Seekers after Truth, also Wahrheitssuchende), und Almaas war eines seiner Gründungsmitglieder. Während seiner Zeit in der Gruppe machte er eine Reihe von inneren Erfahrungen und gewann Erkenntnisse, die zur Entwicklung des Diamond Approach führten. Und so wie es auch bei Gurdjieffs Lehren und Ichazos Arica-Schule der Fall gewesen war, bildete das Enneagramm nur einen Teil des wesentlich umfangreicheren Komplexes von Lehrinhalten des Diamond Approach.

Als ich anfing, Treffen und Retreats des Diamond Approach zu besuchen, fiel mir auf, dass Almaas und die Schule im Allgemeinen den unverwechselbaren Stil der Lehre des Vierten Weges hatten. In diesem Sinne fühlte es sich so an, als sei es sehr im Einklang mit dem, was ich bereits zuvor studiert und was mein Herz am stärksten geweckt hatte. Gleichzeitig unterschieden sich einige Praktiken jedoch deutlich von dem, was wir in der Gurdjieff-Arbeit gemacht hatten. Im Zentrum dieser Praktiken stand die Orientierung der *Inquiry*, die für mich eine Herangehensweise des Vierten Weges war, mit dem Ziel, die volle Intelligenz der Zentren in jegliche Phänomene einzubringen, die in unserem Bewusstsein auftauchten. Sie beinhaltet geerdete Präsenz, Offenherzigkeit und die Bereitschaft, mit einem offenen und rezeptiven Geist Erfahrungen zu machen. Wir lernen, unsere Erfahrungen nicht abzulehnen, und wenn wir die Fülle der Präsenz in alles einbringen können, was in unserem Inneren auftaucht, dann wird das Bewusstsein selbst oder die Gnade, wenn man so will, diese Erfahrung in etwas Tiefgreifenderes und Hilfreicheres umwandeln. Wie bei allen inneren Praktiken, so braucht es auch hier eine Weile, bis man ein Gespür für die Inquiry (Erkundung) bekommt. Doch ich erkannte bald und wusste zu schätzen, was Almaas entdeckt hatte: nämlich, dass das Einbringen dieses erkundenden Gewahrseins in die Persönlichkeitsmuster, so wie sie in der Typologie des Enneagramms beschrieben werden, uns rasch und auf kraftvolle Weise für neue Erfahrungen dessen öffnen konnte, was wir in Wirklichkeit sind.

Eine der tiefgreifendsten Erkenntnisse, die Almaas mit uns teilte und die er so elegant in diesem Buch beschreibt, ist, dass sich Essenz in unterschiedlichen Qualitäten zeigt – ja, man könnte sogar sagen, in unterschiedlichen Geschmäckern, Farben und Beschaffenheiten. Ein Teil der esoterischen Literatur aus den Traditionen des Sufismus und tantrischen Buddhismus, die ich erforscht hatte, streifte dieses Thema flüchtig, doch Almaas hatte die Lehre präzisiert und ihr in seiner Herangehensweise an die innere Arbeit eine zentrale Rolle zukommen zu lassen. Und vor allem hatte er die Beziehung zwischen verschiedenen psychologischen Zuständen, Abwehrmechanismen und Barrieren und dem gefühlten Verlust des unmittelbaren Erlebens spezifischer essenzieller Eigenschaften erforscht und abgebildet. Mit anderen Worten, er hatte genau die Idee weiterentwickelt, die von den Wüstenvätern untersucht worden war, doch er ging den *Ursachen* für diese psychologischen Muster auf den Grund. Hierbei handelte es sich um ein fundiertes Wissen über die zentrale innere Beziehung, auf der meiner Überzeugung nach die Enneagramm-Typen aufbauten. Das war eine revolutionäre Entdeckung. Ich vermute, dass spirituelle Sucher auf der ganzen Welt allmählich begreifen werden, wie hilfreich und kraftvoll diese Sichtweise auf die menschliche Natur sein kann.

Mit *Enneagramm – Der Schlüssel zum Erwachen* erfüllt Almaas die Erwartungen, die der Titel des Buches weckt. Er erläutert die spezifische innere Beziehung zwischen zentralen essenziellen Seelenzuständen, ihrem gefühlten Verlust in der Kindheit und den psychologischen Abwehrmechanismen und Schwierigkeiten, die bei dem Bemühen auftreten, unseren offensichtlichen Verlust an essenziellen Qualitäten zu kaschieren. Die Muster sind spezifisch und machen im Grunde genommen den Kern jeder echten Arbeit mit dem Enneagramm aus. Je mehr du dir eine regelmäßige Praxis aneignest, um Präsenz zu kultivieren, sowie die Fähigkeit, die Aktivitäten deiner inneren Welt zu beobachten, desto stärker wird dieses Buch natürlich wirken und zu einem großartigen Freund für dich auf deiner Reise werden. Ich habe das Gefühl, dass diese Lehren ein großes Geschenk für all diejenigen sind, die sich auf den Prozess des Erwachens einlassen, unabhängig von ihrem Weg oder Glauben.

1999 veröffentlichte Almaas ein Enneagrammbuch mit dem Titel *Facets of Unity* (deutsch: *Facetten der Einheit,* Kamphausen 2004). Dieses Werk ist nach wie vor der Grundlagentext für die Lehren über die heiligen Ideen – fortgeschrittenes Material zu den verschiedenen nicht-dualen Wahrnehmungen der Realität, die auftauchen, wenn der Geist von der charakteristischen Fixierung jedes Punktes befreit ist. Dies ist ein enorm wichtiges Buch für fortgeschrittene Schüler, doch Almaas erkannte, dass für viele Schüler des Enneagramms ein eher einführendes Konzept für den Gebrauch des Diamond Approach in Verbindung mit dem Enneagramm erforderlich war, und so entstand dieses Buch. Wenn du ernsthaft mit den Praktiken und Gedanken in diesem Buch arbeitest, wirst du ein tieferes Verständnis von dir selbst und den in *Facetten der Einheit* behandelten Themen entwickeln.

Ich bin jetzt schon seit vielen Jahren Schüler von Almaas und der Diamond-Approach-Schule. Eine Gemeinschaft aufrichtiger Sucher zu haben, mit denen ich zusammen lernen kann, hat meine Arbeit mit meinen Schülern wirklich unterstützt, und ich kann sagen, dass mich

Almaas, obwohl ich schon seit Jahrzehnten von ihm lerne, immer noch regelmäßig mit verblüffenden neuen Einsichten in die menschliche Natur überrascht. Er und seine Lehrpartnerin Karen Johnson haben uns stets einen Rahmen für zutiefst lebensverändernde Lehren und Praktiken gegeben, und die Schule ist in vielerlei Hinsicht der wesentliche Faktor auf meiner eigenen spirituellen Reise gewesen. Doch bis jetzt hat Almaas einen großen Teil seiner Herangehensweise an das Enneagramm nur innerhalb der Ridhwan-Schule geteilt. Nun hältst du einen Teil seines Wissens zu diesem Thema, das im Laufe langjähriger Praxis und Erfahrung auf das Wesentliche komprimiert wurde, in Händen.

Ich habe das Gefühl, dass dieses Buch Bestandteil der unverfälschten Übertragung ist, die die Quelle der Enneagrammlehre bildet. Es hat das Flair einer echten Vierte-Weg-Lehre und fühlt sich auch so an. Und ich nehme an, dass es, wenn du es mit aufrichtigem Herzen liest und mit den Ideen arbeitest, die du darin findest, dich vielleicht in Kontakt mit jener Quelle bringen wird. Almaas, der uns auch als Hameed Ali bekannt ist, gibt diese Quelle offen auf den ersten Seiten des Buches preis. Wie ich finde, lieber Leser und liebe Leserin, ist dies eine passende Einladung für dich und eine Erinnerung daran, dass der Schockpunkt für die Menschheit, von dem Gurdjieff sprach, da ist. Mögen wir alle bekommen, was wir benötigen, um auf die innere Weisheit zu reagieren, die sich in unserem Herzen zeigen möchte. Meine große Dankbarkeit gilt A. H. Almaas für diesen wesentlichen Beitrag zur Enneagramm-Arbeit.

RUSS HUDSON

New York City, 14. Oktober 2020

VORWORT DES HERAUSGEBERS

Enneagramm – Der Schlüssel zum Erwachen ist ein neuer Beitrag zu der wachsenden Zahl an Erkenntnissen über das Enneagramm und seine neun Persönlichkeitstypen. Über das psychologische Verständnis, das in diesem sehr alten Modell der menschlichen Psyche enthalten ist, ist viel geschrieben worden. Das vorliegende Buch erweitert dieses Wissen dadurch, dass es denjenigen, die das Enneagramm erforschen, studieren und unterrichten, eine einzigartige Perspektive bietet. Auf den folgenden Seiten legt Almaas die mit jedem Enneatyp verbundenen spirituellen Qualitäten offen. Zu erforschen, wie diese Qualitäten die Fixierungen beeinflussen und transformieren, kann ein wirksames Instrument für das spirituelle Erwachen sein.

Dieses Buch ist ein Begleitband zu *Facets of Unity* (deutsch: *Facetten der Einheit)*, einem 1999 von Almaas veröffentlichten Werk. Letzteres beschreibt die spirituelle Grundlage des Enneagramms der Persönlichkeit, indem es das Enneagramm der heiligen Ideen formuliert. Dabei handelt es sich um die neun erleuchteten Sichtweisen der Realität, die den neun Enneatypen entsprechen. Die Wurzel jedes Enneatyps ist seine Trennung vom Sein und gleichzeitig von seiner heiligen Idee. Infolgedessen entwickelt jeder Enneatyp eine auf Verblendung beruhende Sichtweise der Realität, die zu der jeweiligen Persönlichkeitsfixierung führt. *Facetten der Einheit* vermittelt ein genaues Verständnis davon, wie diese fundamentale Trennung passiert und welche verzerrte Sichtweise des fixierten Enneatyps daraus folgt.

Enneagramm – Der Schlüssel zum Erwachen richtet den Blick auf eine andere Dimension des Enneagramms der Persönlichkeit. Wie wir wissen, übernimmt jeder Enneatyp bestimmte Strategien und Verhaltensweisen, die auf seiner verzerrten Sichtweise der Wirklichkeit beruhen. Durch den in diesem Buch vorgestellten Filter sehen wir, dass diese Ausdrucksformen von dem Glauben geprägt sind, es gäbe eine ideale Weise, zu funktionieren und sich zu zeigen. Das wird als Ich-Ideal bezeichnet. Die heilige Idee ist die tiefere Perspektive der Wahrheit, die verloren geht, wenn der Enneatyp von seinem tieferen Grund abgetrennt wird. Das Ich-Ideal ist eine Vision des optimalen Funktionierens, an der sich der Enneatyp orientiert, um diese Trennung zu kompensieren. In dem hier vorliegenden Buch werden die spirituellen Eigenschaften erläutert, die von den neun Ich-Idealen unbewusst nachgeahmt werden. Diese Eigenschaften sind tatsächliche Seinszustände, die unser individuelles Bewusstsein von innen heraus prägen und beeinflussen. Werden sie erkannt und verkörpert, so kann sich die fixierte Orientierung des Enneatyps entspannen und es öffnet sich die Möglichkeit, die Perspektive des spirituellen Grunds der Wirklichkeit wiederzuerlangen.

Es gibt ein Grundprinzip des Diamond Approach-Weges, auf das sich Almaas bei der Weitergabe seines Verständnisses dieser Schlüssel zum Enneagramm bezieht. Das ist die Erkenntnis, dass das Ich-Selbst nicht wirklich eigenständig ist; es ist außerstande, originelle Lösungen für die Probleme des Lebens zu entwickeln. Nur das Sein selbst – die lebendige Existenz des Bewusstseins – kann auf die Wirklichkeit in kreativer und origineller Weise reagieren. Hingegen resultieren die Reaktionen des Ichs auf das Leben aus seinen Vorstellungen und dem, was es gelernt hat – aus Konzepten, Überzeugungen, Plänen, Urteilen und Konditionierungen aus der Vergangenheit. Da es dem Ich an Seiendheit – direkter, unmittelbarer Existenz – mangelt, kann es nur Reaktionen aus dem konstruieren, was es schon weiß. Das bedeutet, es kann nichts Neues oder Frisches hervorbringen, sondern muss vielmehr etwas aus der Vergangenheit kopieren oder umstrukturieren. All seine Formen und Reaktionen auf das Leben sind ein Bestreben, das nachzuahmen oder vorzutäuschen, was das Sein ursprünglich manifestiert hat. Auf diese Weise bekommt das Ich all seine Ideen, all seine Strategien und all seine Möglichkeiten vom Sein, häufig ohne es zu wissen.

Dieses Prinzip bildet das Herzstück von *Enneagramm – Der Schlüssel zum Erwachen*. Jeder Enneatyp ist um ein Ich-Ideal herum aufgebaut. Doch dieses Ideal ist nicht das Ergebnis einer Entscheidung oder Konditionierung und es ist auch kein Produkt der Erziehung. Es ist als Widerspiegelung von etwas Realem entstanden, als eine Weise, in der sich das Sein tatsächlich manifestiert, die jedoch nicht länger zugänglich ist. Auch wenn das Ich-Ideal jetzt als mentales Konzept eines idealen Verhaltens oder Funktionierens fortbesteht, ist es durch ein unbewusstes Bemühen entstanden, einen bestimmten Seinszustand, einen Geschmack des lebendigen Bewusstseins zurückzugewinnen. Im Diamond Approach werden diese Zustände als essenzielle Aspekte oder Qualitäten bezeichnet. Und jede zeichnet sich durch ein Gefühl von Präsenz, von direkt gefühlter Unmittelbarkeit und Hiersein aus, das nicht mental ist.

Dieses Verständnis ist eine der zentralen Erkenntnisse, die der spirituelle Weg des Diamond Approach denjenigen anbietet, die sich mit innerer Arbeit beschäftigen. Alle Ich-Manifestationen, die wir im Prozess des Erwachsenwerdens entwickeln – die verschiedenen Arten und Weisen, wie wir versuchen, unsere Erfahrung zu kontrollieren, unsere Verletzlichkeit zu verteidigen und unsere Mängel zu kompensieren –, sind in Wirklichkeit verzerrte und hohle Annäherungen an die spirituellen Fähigkeiten und Qualitäten, mit denen wir alle geboren wurden, zu denen wir jedoch aufgrund unserer Erziehung und unserer familiären Konditionierung den Kontakt verloren haben. Das ist eine äußerst hilfreiche und hoffnungsvolle Erkenntnis, da sie uns die inhärente Intelligenz unserer Seele bewusst macht. Wir können uns durch die Tatsache genährt fühlen, dass etwas in uns unsere tiefere Natur kennt und möchte, dass wir sie wiedererlangen – selbst wenn wir dabei auf indirekte, ignorante und ineffektive Weise vorgehen. Und wir können Kontakt zu jenem tieferen Grund aufnehmen und uns gehalten fühlen, wenn wir bereit sind, neugierig zu sein und die Unterströmungen in unserem persönlichen Erleben zu erforschen.

In *Enneagramm – Der Schlüssel zum Erwachen* lädt uns Almaas ein, diese Reise zu unternehmen und dabei mit den vertrauten neun Fixierungen des Enneagramms, der Welt der Persönlichkeitstypen, zu beginnen. Statt einfach uns und unsere Mitmenschen zu typisieren und dann die jeweiligen Verhaltensweisen und Muster zu analysieren, bittet er uns, tiefer zu schauen. Worum geht es hier wirklich? Warum sollte man sich mit einem bestimmten Ich-Ideal verbinden? Warum sind diese Ideale wichtig?

Die Ich-Ideale, denen jeder der neun Punkte unterliegt, können uns unser spirituelles Wesen und seine zahlreichen Eigenschaften offenbaren, wenn wir bereit sind, tiefer hinzuschauen. Das vorliegende Buch wird diese persönliche Erkundung unterstützen. Ich denke, du wirst feststellen, dass dir Almaas' Worte Orientierung und Inspiration für ein tieferes Verständnis deiner selbst geben können, während du für deine spirituelle Natur erwachst.

BYRON BROWN
Herausgeber

DANKSAGUNGEN

Ich möchte Jorge Arango für seine aufmerksame und sorgfältige Überprüfung meines Originalmanuskripts für dieses Buch danken. Er hat sein Wissen über das Enneagramm in die anspruchsvolle Aufgabe eingebracht, meine Worte für den Leser in ein wirkungsvolles Buch zu verwandeln. Dabei hat er mit meinem Herausgeber Byron Brown zusammengearbeitet, dessen langjährige Erfahrung mit meinen Büchern dazu beigetragen hat, dieses Material in die endgültige Form zu bringen, die du jetzt in Händen hältst. Ich bin Jorge und Byron für ihre gemeinsame Arbeit an diesem Buch sehr dankbar.

Mein Dank an Alexis St. John dafür, dass er die Enneagramm-Diagramme in Anhang 3 erstellt hat.

Außerdem fühle ich mich Liz Shaw, meiner Herausgeberin bei Shambala Publications, zu Dank verpflichtet. Mit ihrem unterstützenden und scharfsichtigen Feedback hat sie mich auf Stellen hingewiesen, die weitere Aufmerksamkeit benötigten. Im Laufe unserer langjährigen Zusammenarbeit hat sie meine Arbeit kennengelernt und weiß zu schätzen, wie diese für ein wachsendes Publikum möglichst zugänglich und nützlich sein kann.

Schließlich möchte ich Sandra Maitri und Russ Hudson meine Anerkennung dafür aussprechen, dass sie bereit sind, zu dem Bemühen beizutragen, Elemente des essenziellen Verstehens in das Studium der Persönlichkeitsfixierungen des Enneagramms einzubringen.

ENNEAGRAMM –
Der Schlüssel zum Erwachen

EINFÜHRUNG

Im Westen wurde das Enneagramm ursprünglich durch G. I. Gurdjieff bekannt gemacht, der meinte, er habe seine Einsichten während einer Reise in den Hindukusch von der Sarmoun-Bruderschaft erhalten – einer geheimnisvollen mystischen Schule, deren Existenz er auf 2500 v. Chr. datierte. Auf ihn folgte Oscar Ichazo, der angab, seine Quelle für die Enneatypen (das Enneagramm der Typen) seien die Sarmoun- und/oder Sufiquellen. Ichazo entwickelte dieses anfängliche Wissen mithilfe visionärer Einsichten weiter und konnte so unterschiedliche Ebenen des Enneagramms beschreiben, die er auf verschiedene Bereiche menschlicher Erfahrung anwendete. Dieser ungeheure Wissensschatz wurde für die spirituelle Lehre der von ihm gegründeten Arica-Schule wichtig und stellte ihr zentrales, organisierendes Element dar.

Dr. Claudio Naranjo empfing sein Wissen über das Enneagramm, während er bei Ichazo in Bolivien lernte, und ergänzte es durch seine umfangreichen psychologischen Kenntnisse, insbesondere aus der Merkmals- oder Eigenschaftstheorie. Von ihm ging es auf einige seiner Schüler und andere Personen über. Mittlerweile ist das Enneagrammfeld auf zahllose menschliche Aktivitäten und Interessen angewendet worden und es gibt viel Literatur dazu. Das ergibt Sinn, denn die ursprüngliche Lehre wurde als Landkarte der Realität vorgestellt, die jeden Lebens- und Studienbereich erhellen kann. Die Enneagramm-Gemeinde ist zu einem weltweiten Netzwerk von Autoren, Lehrern und Suchenden geworden, die es als nützliches Werkzeug für ihr Leben, ihre Arbeit und ihre spirituelle Reifung empfinden.

Ich war Mitglied von Naranjos erster SAT-Gruppe (aus *Seekers after Truth* abgeleitet) und habe viele der Enneagramm-Ebenen von ihm gelernt. Im Wesentlichen ist das Enneagramm ein dynamischer Fluss, der neun Punkte um einen Kreis herum durch einen nicht-linearen Pfad verbindet. Gurdjieff war einer der Ersten, der diesen Fluss für diverse Erfahrungsbereiche in der Welt des Menschen (und der Natur) anwandte. Ichazo nutzte es vorwiegend als psychologisches Werkzeug, um die Ich-Persönlichkeit zu untersuchen, die unsere essenzielle beziehungsweise spirituelle Natur verborgen und unzugänglich hält. Basierend auf Naranjos Arbeit und der anderer Ichazo-Anhänger ist das Enneagramm fast ausschließlich durch seine Anwendung auf psychologische Muster und die spirituelle Entwicklung des Menschen bekannt geworden. In diesem Rahmen sind die neun Punkte stärker in den Fokus gerückt, während der Fluss zwischen ihnen weniger gut verstanden und häufig vergessen wird.

Naranjo war auch Schüler von Karen Horney, von der er Selbstanalyse lernte, die er als Methode an seine Schüler weitergab. Aus diesem Grund waren wir mehrere Jahre lang in dieses Selbststudium vertieft. Für jeden in der Gruppe war es eine intensive Zeit, denn wir lernten etwas über die Funktionsweise unserer psychischen Verfassung. Doch auch wenn wir uns viel um die psychische Verarbeitung von Erlebtem kümmerten, war unsere Orientierung immer spirituell und wurde durch kontinuierliche Meditationspraxis gestützt.

Wir beschäftigten uns in erster Linie mit dem Enneagramm der Fixierungen und nahmen auch Bezug auf die Enneagramme der Leidenschaften und der Tugenden, der heiligen Ideen und der Triebe. Die Fixierungen beziehen sich auf neun Persönlichkeitstypen, bei denen die Sichtweisen und Eigenschaften jedes Einzelnen zu Fixierungen in der durchschnittlichen menschlichen Psyche geworden sind. Die Leidenschaften sind die neun Möglichkeiten, wie die emotionale Herzenergie von Menschen feststecken kann; die Tugenden sind die neun spirituellen Haltungen, die den Leidenschaften entgegenwirken. Die heiligen Ideen sind neun erleuchtete Sichtweisen der Realität, die den Persönlichkeitsfixierungen zugrunde liegen, auch wenn sie durch diese verzerrt und verdeckt werden. Und die Triebe sind neun

Möglichkeiten, wie sich die drei grundlegenden Triebe (Selbsterhaltungstrieb, Geschlechtstrieb und Sozialtrieb) in den neun Fixierungen niederschlagen.

Gegen Ende jener Zeit im Jahre 1973 wurde uns eine Praxis namens „Drei-Tage-Gebet" gegeben, die man allein praktizierte. Zu einer bestimmten Tageszeit betete ich jeden Tag intensiv stundenlang. Am dritten Tag machte ich, nachdem die Gebete die Vorspiegelungen des Ichs aufgedeckt hatten, eine tiefgreifende und vollständige Erfahrung von Ich-Auflösung beziehungsweise Ego-Tod. Doch es war nicht nur eine Ich-Todeserfahrung oder ein Erwachen in dem Sinne, wie der Begriff heutzutage verwendet wird. Es war eine bestimmte Art von Ego-Tod, die ich als Sarmoun-Variante des Ego-Todes bezeichne, um sie von anderen Arten zu unterscheiden, die sich zu späteren Zeitpunkten ereigneten. Auch wenn ich die Vorspiegelungen des Egos klar erkannte, fühlte ich mich ziemlich machtlos, mich von ihnen zu befreien, denn sie vollzogen sich unglaublich schnell hintereinander, wie ein unaufhaltsamer Strom von Eindrücken, Gedanken und Überzeugungen. An diesem Punkt – als ich sah, dass es nichts gab, was ich tun konnte, um mich zu befreien, da ich zu tief im Ego versunken war – ereignete sich ein Abstieg spiritueller Gnade und Energie. Ich fühlte, wie eine flüssige Substanz reinen Bewusstseins auf mich niederregnete, wie ich in sie eintauchte und von ihr umhüllt wurde. Sie fühlte sich schwer und zähflüssig an und schmeckte süß – wie ein geschmacksintensiver goldener Honig spiritueller Fülle – transparent, himmlisch und ekstatisch.

Erst später, als sich gegen Ende der siebziger Jahre und danach der Diamond Approach entwickelte, erkannte ich, dass die süße Fülle, die mein Bewusstsein durchdrungen hatte, eine Art Präsenz war. Es war die Präsenz des Bewusstseins, die Gegenwart der spirituellen Natur in der Eigenschaft des Honigs, einer Eigenschaft, die die Fülle und den Reichtum der wahren Natur auf die deutlichste und konkreteste Weise offenbart.

Doch diese Fülle war nicht nur eine Erfahrung göttlichen Honigs. Sie war eine Kraft, die meinen gesamten Körper, meinen Geist und mein Bewusstsein so vollkommen durchdrang und beeinflusste, dass nichts davon übrigblieb. Während ich von dieser wunderbaren, ekstatischen Liebe aufs Köstlichste überflutet wurde, konnte ich die Laute von Bienen überall um mich herum hören. Ich schmolz in den Honig dahin, inmitten des sanften und entspannenden Summens von scheinbar Tausenden von Bienen. Doch natürlich befanden sich keine Bienen im Raum. Vielmehr wird dieser innere Klang mit dem Aspekt Honig in Verbindung gebracht. Ich bezeichne diesen Ego-Tod als Sarmoun-Typ, da eine Bedeutung von Sarmoun Darq „Gemeinschaft der Bienen" ist und ihre Arbeit darin besteht, spirituellen Nektar und Weisheit zu sammeln und sie so lange zu bewahren, bis die Menschheit sie braucht. Die Sarmoun-Mitglieder sind wie Bienen, die den Honig unserer kostbaren Natur sammeln und ihn für Zeiten aufbewahren, in denen spirituelle Lehren einer Erneuerung und einer Infusion spiritueller Gnade bedürfen.

Ich nenne dieses Phänomen Ego-Tod, da es sich ganz wörtlich um ein Ende des Egos oder Ichs handelte. Der Honig überflutete und durchdrang mein Bewusstsein so sehr, dass er es vollkommen zum Schmelzen brachte. Doch er tat dies in Liebe und Ekstase. Er ließ alles schmelzen, bis hin zur vollständigen Auslöschung der bewussten Erfahrung. Ich existierte nicht mehr, es gab kein Ich mehr, ja, nicht einmal das Wissen von einem „Nicht-Ich". Es war das vollständige Aufhören des individuellen Bewusstseins, bis zu dem Punkt, wo überhaupt keine Erfahrung mehr da war. Die liebevolle Präsenz war so stark und dominant, dass sich weder Angst noch Beklemmung einstellte, weder Widerstand noch Zögern. Ich weiß nicht, wie lange ich in diesem göttlichen Koma verharrte, doch als ich aufwachte, war alles kristallklar, und da war die Erkenntnis, dass Erleuchtung passiert war. Sie hielt nicht an, denn es gab viele Dinge, die noch erarbeitet werden mussten. Das passierte in den folgenden Jahren durch die Entwicklung des Diamond Approach, der viele weitere Ego-Tode brachte und viele weitere Erwachenserfahrungen.

Der springende Punkt hier ist nicht, dass ich eine Ego-Tod-Erfahrung machte beziehungsweise das, was man als völliges Ende jeglicher Wahrnehmung oder Empfindung bezeichnet. Was sich als wichtig und dauerhaft herausstellte, war, dass es ausdrücklich ein Tod in Honig inmitten des Summens von Bienen war. Es war ein Sarmoun-Tod, der eine tiefe Verbindung mit den Sarmoun und ihrem Strom von Segnungen, ihrem Lehrstil und ihrer spirituellen Mission anzeigte. Dies wurde zu einer grundlegenden Strömung in der Entwicklung des Diamond Approach und ebnete den Weg für eine dauerhafte Verbindung mit dem Sarmoun-Bewusstsein und dessen Auftrag. Meine Erkenntnisse über das Enneagramm sind lediglich ein Teil dieser Verbindung.

Ich bin der Überzeugung, dass es diese Verbindung war, die es mir neben vielfältigen Offenbarungen im Diamond Approach ermöglicht hat, die Inspiration für das Verständnis der heiligen Ideen zu empfangen. Das geschah Anfang der neunziger Jahre, und dieses Verständnis wurde zu einem Teil des Lehrkanons des Diamond Approach. Ich habe über jenes Wissen um die heiligen Ideen in meinem Werk *Facetten der Einheit* geschrieben, das eine erfahrungsorientierte Einschätzung der heiligen Ideen als Facetten einer reifen und vollständigen nicht-dualen Verwirklichung bietet. Es erklärt auch, was zum Verlust des Zugangs zu diesem Verständnis führt und was aus dem Verlust folgt: die Entstehung des Kerns jeder Fixierung.

Die Fixierung jedes Typs, so fand ich heraus, setzt sich aus einem Kern und einer Schale zusammen. Beide sind miteinander verbunden, doch sie basieren auf zwei unterschiedlichen Ebenen spiritueller Erfahrung. Mein Fokus lag zunächst auf dem Kern. Damals kam ich nicht auf die Idee, darüber zu schreiben, wie sich die Schale bildet und was die Grundlagen ihrer Entstehung sind. Sandra Maitri nahm dieses Verständnis als Teil ihrer detaillierten Darstellung des Enneagramms in ihr Werk *Neun Porträts der Seele: die spirituelle Dimension des Enneagramms* auf.

Seit *Facetten der Einheit* veröffentlicht wurde, sind zwanzig Jahre vergangen. Erst vor Kurzem ist mir bewusst geworden, dass ich weitere Erkenntnisse über das Enneagramm zu teilen habe, was zur Entstehung dieses Werkes als Begleitband zu dem vorgenannten geführt hat. Ich habe das Bedürfnis gehabt, diese Arbeit abzuschließen und insbesondere über die Schalen der Fixierungen zu schreiben, denn darin sind die geheimen Schlüssel zu finden, die wir brauchen, um jede Fixierung zu lösen und die schwierige und große Aufgabe in

Angriff zu nehmen, die inneren Kerne durchzuarbeiten. Ich verwende den Begriff *Schlüssel* als Bezeichnung für einen essenziellen Aspekt oder eine essenzielle Eigenschaft, die die innere Logik jeder Fixierung enthüllt und gleichzeitig ein Mittel bereitstellt, um diese aufzulösen. Ich werde hier nicht auf die Details eines jeden Typs und seiner Fixierung eingehen. Sie sind von zahlreichen Autoren, unter anderem Sandra Maitri, Claudio Naranjo, Helen Palmer und Russ Hudson, hervorragend erläutert worden. Vielmehr werde ich das Enneagrammwissen nutzen, um den Schlüssel für jeden Typ zu finden, der es ihm erlauben wird, sich aus der Fixierung zu befreien.

Meiner Erfahrung nach ist es am Anfang sehr nützlich, mit dem eigenen Typ zu arbeiten. Das Wissen darum erscheint atemberaubend und die Verbindungen muten fast wie ein Wunder an. Wir sind erstaunt darüber, wie gut der Typ unseren Charakter beschreibt. Und wenn wir mehr tun, als unseren Typ und seine Beschreibung zu erlernen – mit anderen Worten, wenn wir mit seinen Merkmalen und Dynamiken arbeiten, sodass wir sie verarbeiten und verstehen –, dann wird mit der Zeit eine Veränderung eintreten. Wir werden ein gewisses Maß an Selbstgewahrsein sowie Freiheit von der Starrheit und Enge der Fixierung unseres Typs erlangen.

Doch je mehr wir uns mit dem Thema beschäftigen, desto mehr fällt uns auf, dass unser Typ nicht so nahtlos passt, wie er es zu Beginn getan hat. Wir fangen an, in unserem Erleben und Verhalten die Merkmale und Dynamiken anderer Typen zu erkennen. Manchmal fühlt es sich so an, als würden wir uns auf dem Enneagramm bewegen, und wir könnten meinen, unsere Typisierung sei falsch. Mit der Zeit lernen wir dann vielleicht, dass wir im Grunde genommen das gesamte Enneagramm sind. Auch wenn ein Typ dominant sein wird, wenn wir uns selbst mithilfe des Werkzeugs des Enneagramms beobachten, sind sämtliche Fixierungen in jedem Ego präsent. Das wird offensichtlich, wenn wir in unserer inneren Erforschung tiefer gehen und die Nuancen unserer inneren Dynamik an Wert gewinnen. Wir entdecken Eigenschaften, die nicht in das Muster unserer primären Fixierung passen. Das bedeutet, dass wir, wenn wir aufrichtig an spirituellem Lernen und spiritueller Befreiung durch das Enneagramm interessiert sind, uns mit *allen* Fixierungen – ihren Kernen und ihren Schalen – beschäftigen müssen, wenn sie sich in unserem Leben zeigen. So habe ich die heiligen Ideen unterrichtet; die Schüler haben gelernt, mit jedem Punkt des Enneagramms zu arbeiten und jeweils dessen heilige Idee und dessen Kern zu erforschen. Dieselbe Methode werde ich in diesem Buch anwenden. Die Schale des eigenen Typs und den Schlüssel für ihn kennenzulernen kann die Fixierung lösen, doch wenn wir Zugang zu allen Schlüsseln haben, können wir die Gesamtheit des Ichs enträtseln, das durch sämtliche Fixierungen strukturiert wird.

In *Facetten der Einheit* wurde der Kern der Fixierung für jeden Typ vorgestellt, und es wurde gezeigt, wie die Enthüllung dieses Kerns zum Verständnis der eigenen heiligen Idee führt. Dieses Verständnis wiederum kann dazu beitragen, einen von der einengenden neurotischen Dynamik und den problematischen Eigenschaften der Fixierung zu befreien. Eine solche Befreiung ist ein nicht-duales Erkennen der Realität. Das ist ein hochgestecktes Ziel, das für viele Schüler des Enneagramms nicht leicht zu erreichen ist. Irgendwann kam mir in den Sinn, dass sich meine Befreiung vollzog, weil ich im Besitz eines bestimmten Schlüssels war, der sich für die Arbeit mit der Schale der Fixierung als notwendig herausgestellt hat. Wir alle müssen unsere Schale verstehen, aber auch den Schlüssel, um sie zu öffnen. Das vorliegende Buch trägt diesem Bedürfnis Rechnung. Wir werden den Schlüssel kennenlernen, den jeder Typ braucht, und lernen, wie wir ihn bei unserem Studium und unserer Praxis nutzen können.

Genau wie alle anderen, die beginnen, sich mit einer Lehre zu beschäftigen, halten sich die meisten Enneagrammschüler in der normalen Welt der Dualität und Getrenntheit auf. In dieser Welt brauchen wir die Schlüssel zum Enneagramm, da wir dort als fixiertes Bewusstsein leben, ohne eine Ahnung davon zu haben, wie wir da herauskommen oder dieses Bewusstsein aus seiner Fixierung befreien können. Die Schlüssel werden als Werkzeuge benötigt, mit denen wir arbeiten und uns intelligent durch diese Welt bewegen und die Fixierung lösen können, um auf diese Weise frei und offen für andere Ausdrucksformen des ewigen Geistes zu werden. Die Fixierung hält uns in einem bestimmten Ausdruck fest und überzeugt uns davon, dass die Realität nur so sein kann. Selbst wenn wir sie entspannen (während wir gleichzeitig weiterhin von ihr definiert werden), ist die Freiheit, wenn sie sich einstellt, relativ und bewegt sich immer noch innerhalb dieser Welt. Doch Freiheit von den Fixierungen insgesamt wirkt auf eine andere Weise befreiend; sie macht uns frei dafür, uns auf andere Manifestationen unseres wahren Wesens zuzubewegen, und eine dieser Manifestationen ist die nicht-duale Welt.

Es gibt ein interessantes Dilemma in der nicht-dualen Sichtweise der Realität – die Ansicht, es gebe keine frei Handelnden in der Welt, keine eigenständigen Wesen mit eigenem Willen und eigenem Geist. Wie lässt sich erklären, dass die meisten Menschen von der nicht-dualen Wirklichkeit getrennt sind? Viele nicht-duale Lehren führen die Trennung vom Nicht-Dualen auf Verblendungen zurück, die in separaten, individuellen Gehirnen vor sich gehen. Doch wenn die Nicht-Dualität grundlegend und wahr ist und die Getrenntheit eine Verblendung, wie kann ein Individuum dann von seinen eigenen Überzeugungen abgeschnitten sein? Eine Lösung für dieses Problem lautet, dass es sich um reines Bewusstsein handelt, das sich an bestimmten Stellen täuscht. Folglich ist die Welt der Dualität die Schöpfung eines erleuchteten Bewusstseins, denn von wo sonst sollte es herkommen, wenn alles Ausdruck eines erleuchteten Bewusstseins ist?

In der Lehre des Diamond Approach vertreten wir nicht die Ansicht, die gewöhnliche Welt der Menschen und Dinge, die dualistische Realität, sei eine Verblendung und beruhe auf individuellem Nichtwissen. Vielmehr gehen wir davon aus, dass unsere spirituelle Natur – das, was wir gewöhnlich als unsere wahre Natur bezeichnen – sich in vielfältiger Weise zum Ausdruck bringt. Eine davon ist die nicht-duale Art des Erlebens, in der es keine Trennung gibt und folglich auch kein psychisches Leiden. Doch unser Wesen kann sich auch als gewöhnliche Welt der Dualität zum Ausdruck bringen. Es ist keine Illusion oder Verblendung, sondern ein echter Ausdruck des ewigen Geistes oder unergründlichen Geheimnisses. Es ist mit der nicht-dualen Sichtweise verbunden und ist eine Reflexion derselben, doch das wird nur von der Warte der nicht-dualen Erfahrung aus sichtbar. Die gewöhnliche Welt hat ihre eigene Spiritualität. Tatsächlich erleben die meisten Menschen ihre Spiritualität in dieser Welt als eine Art Glauben, als das Erleben einer bestimmten spirituellen Qualität oder als visionäre Begegnung mit spirituellen Realitäten.

Im Enneagramm entpuppt sich jeder Schlüssel zum Kern einer Fixierung als einzigartige Manifestation des reinen Bewusstseins oder der spirituellen Natur, die in der Welt der Dualität auftaucht. Er ist die eigentliche Substanz des nicht-dualen Bewusstseins, die in der Welt der Dualität erscheint. Beim Finden eines Schlüssels geht es nicht darum, zum reinen Bewusstsein oder Gewahrsein zu erwachen, was ein eher schwieriges und seltenes Ereignis ist. Außerdem dient das nicht-duale Erwachen nicht als notwendiger Schlüssel, den jeder Typ ohnehin benötigt. Die meisten Menschen leben in der gewöhnlichen Welt, die von den nicht-dualen Lehren als Welt der Illusion und Unwissenheit bezeichnet wird. Doch jede Praxis fängt in dieser Welt an und die meisten Menschen leben in dieser dualistischen Realität. Die Schlüssel sind Ausdrucksformen eines erleuchteten Bewusstseins in der gewöhnlichen Welt – spirituelle Eigenschaften, die alles verkörpern, was am erleuchteten Gewahrsein wahr und zeitlos ist –, die jedoch besonders sind und sich lokal im Individuum und seiner Erfahrung manifestieren.

Sie sind Ausdrucksformen des ewigen Geistes, wahre und authentische Formen von Präsenz, die sich auf besondere Art und Weise zeigen, ohne die Dualität direkt herauszufordern oder den Ich-Tod notwendig zu machen. Diese Formen von Präsenz sind wesentlich zugänglicher für uns als das nicht-duale Bewusstsein oder erleuchtete Gewahrsein, gerade weil sie in der gewöhnlichen Welt bedeutungsvoll sind und sogar sehr nützlich, um in unserem gewöhnlichen Leben klarzukommen. Dementsprechend sind die Hindernisse für den Zugang zu ihnen ebenfalls persönlicher Natur und geringfügig im Vergleich zu denen, auf die wir stoßen, wenn wir versuchen, Zugang zum erleuchteten, nicht-dualen Gewahrsein zu bekommen. Daneben sind die Schlüssel hilfreich für jede spirituelle Praxis, da sie dazu beitragen, die Grenzen, Verzerrungen und falschen Überzeugungen der Fixierung aufzulösen.

Wir werden untersuchen, wie wir so mit unserer Fixierung arbeiten können, dass wir den Schlüssel zu ihr finden. Und wir werden jeden Schlüssel erforschen und schauen, wie wir direkten Zugang zu ihm bekommen und ihn nutzen können, um unser Bewusstsein von den Begrenzungen und Verzerrungen der Fixierungen zu befreien. Jede wichtige spirituelle Eigenschaft ist mit der ihr entsprechenden heiligen Idee verbunden. Für einige Typen ist diese Verbindung leicht nachvollziehbar, während sie für andere wesentlich schwieriger zu erkennen ist. Das liegt daran, dass die heiligen Ideen keine Eigenschaften oder Dimensionen unserer spirituellen Natur sind. Sie sind die Erkenntnis oder Weisheit, die daraus resultiert, dass wir unsere wahre Natur in ihrem nicht-dualen Ausdruck integrieren. Doch um die heiligen Ideen zu verstehen, müssen wir die zahlreichen Nuancen und Implikationen der Nicht-Dualität kennen, die von den meisten Menschen nicht gesehen werden. Wenn sich dieses Verständnis einstellt, wird die Verbindung zwischen den heiligen Ideen und den geheimen Schlüsseln zum Enneagramm offensichtlicher werden.

Den Schlüssel für den eigenen Typ zu finden und zu integrieren öffnet die Tür. Doch um durch sie hindurchzugehen und auf diese Weise zu größerer spiritueller Entwicklung und Offenheit zu gelangen, ist es erforderlich, Zugang zu allen neun Schlüsseln zu bekommen. Das liegt daran, dass sich das Ego aus allen Fixierungen und ihren Verblendungen zusammensetzt, auch wenn eine überwiegt. Wenn wir tiefer in uns selbst eintauchen, werden wir den anderen Fixierungen und ihren Kernen begegnen und die Notwendigkeit sehen, alle geheimen Schlüssel zur Befreiung zu finden.

1

DER SCHLÜSSEL ZUM ENNEATYP

Dieses Buch ist nicht als Einführung in das Enneagramm im Allgemeinen oder demjenigen der Fixierungen im Besonderen gedacht. Es setzt ein Grundverständnis des Enneagramms sowie der Fixierungen eines jeden Typs und seiner Entwicklung voraus. Als Ergänzung zu den vielen guten Büchern zu dem Thema, wie zum Beispiel Sandra Maitris *Neun Porträts der Seele: die spirituelle Dimension des Enneagramms* oder Russ Hudsons und Don Risos *Die Weisheit des Enneagramms,* wird es für dich jedoch äußerst nützlich sein. Ich werde hier auf einem grundlegenden Verständnis des Enneagramms aufbauen mit den wesentlichen Schlüsseln, die dir helfen werden, dich von den Begrenzungen und Verzerrungen der Fixierung jedes Typs zu befreien. Diese Schlüssel können die Kraft in dir wecken, die äußerst effektiv darin ist, den Griff der Fixierung auf dein Leben und Erleben zu lösen. In diesem Buch werde ich die Begriffe *Punkte* beziehungsweise *Typen* synonym verwenden, um mich auf die Enneagrammfixierungen zu beziehen – *Punkte* bezieht sich auf die neun Punkte um den Kreis des Enneagrammsymbols herum, und *Typen* bezieht sich auf die neun Enneatypen.

Mir ist bewusst, dass viele Enneagrammschüler das Symbol als Persönlichkeitstypologie verwenden und nicht darüber hinausgehen.

Dieses Buch arbeitet jedoch mit dem, was du bereits über deinen Typ und das Enneagramm der Fixierungen weißt, um dein inneres Erleben zu öffnen und dir mehr Freiräume in deinem Verhalten und Handeln zu verschaffen. Die Begründer des Enneagrammwissens wollten die Wirklichkeit auf allen Ebenen und in all ihren Facetten begreifen, um die ultimative Freiheit des Bewusstseins zu bewirken. Ihr primäres Ziel war spirituelle Befreiung. Dieses Buch widmet sich demselben Unterfangen, dem, was einige die „Große Arbeit" nennen.

Wie innig und tief greifend das Wissen in meinem ursprünglichen Enneagrammbuch, *Facetten der Einheit*, auch immer ist, für viele Leser bleibt es auf einer rein geistigen Ebene stehen. Schüler des Enneagramms werden die Inhalte nicht ohne die Hilfe eines versierten Lehrers oder Kenntnisse in einer spirituellen Praxis, die durch die Auseinandersetzung mit der eigenen Erfahrung persönliche Wahrheit enthüllt, nachvollziehen können. Ich hoffe, dass dieses Buch leichter zugängliche Wege aufzeigt, um die in *Facetten der Einheit* vermittelte tiefe Weisheit zu erleben, und dass es dich gleichzeitig mit Werkzeugen vertraut machen wird, die dich besser in die Lage versetzen können, Freiheit von deiner Fixierung zu erlangen.

Wir alle werden in unterschiedlichem Ausmaß durch unseren Typ definiert. Manche Menschen sind recht fixiert auf die Eigenschaften und Dynamiken ihres Typs und halten sich unbewusst ganz genau daran. Andere Menschen haben eine lockerere Fixierung, da sie die innere Arbeit psychologischer oder spiritueller Art gemacht haben oder das Glück hatten, eine ausreichend gute Erziehung zu bekommen. Infolgedessen besitzen sie mehr Flexibilität und sind dem essenziellen Schlüssel ihres Typs näher. Einige haben vielleicht schon Erfahrungen mit dem Schlüssel zu ihrem Typ gesammelt und größere Freiheit von ihrer Fixierung erlangt. Aufgrund dieser Bandbreite werde ich das Material so vorstellen, dass es möglichst alle Ebenen anspricht. Indem ich Anfänger einbeziehe, die stärker fixiert sind, kann ich die genauen Konturen für jeden Persönlichkeitstyp verdeutlichen. Du hast möglicherweise das Gefühl, dass die Beschreibung nicht auf dich zutrifft; sie hat jedoch vermutlich gestimmt, bevor du begonnen hast, deine Selbstwahrnehmung zu entwickeln, denn sonst wärst du einer jener glücklichen Menschen, die einer starken Konditionierung in der Kindheit entgangen sind. In jedem Fall kann uns der Hinweis auf die fixierten Eigenschaften helfen, jeden Typ im Verhältnis zu seinem essenziellen Schlüssel zu verstehen.

DER KERN UND DIE SCHALE DER FIXIERUNG

In *Facetten der Einheit* werden die heiligen Ideen als Fenster zu einem der höheren spirituellen Enneagramme skizziert. Dort wird auch recht detailliert beschrieben, was geschieht, wenn uns Erfahrungen und Grenzen in der frühen Kindheit den Zugang zu den heiligen Ideen verwehren. Eine der Haupterkenntnisse ist, dass wir alle mit einem angeborenen Vertrauen in die Realität geboren werden, das ich *Urvertrauen* nenne. Je nachdem, wie wir als Säuglinge und Kleinkinder behandelt und gehalten wurden, ist dieses Vertrauen beeinträchtigt, beschädigt oder in einigen Fällen sogar vollkommen verloren gegangen. Dadurch entsteht das, was ich den *Kern* des Typs nenne. Dieser besteht aus drei miteinander verbundenen Elementen. Der schmerzhafte und schwierige emotionale Zustand, der durch den Mangel an Liebe und das angemessene Gehaltenwerden – sowohl auf physischer als auch emotionaler Ebene – entsteht, wird die *spezifische Schwierigkeit* dieses Typs genannt. Tief im Unbewussten eines jeden Typs schlummert also eine schmerzhafte und beängstigende Internalisierung von Getrenntsein und fehlendem Gehaltenwerden. Das Individuum reagiert auf diesen Zustand, indem es versucht, ihn zu verschleiern, ihn abzuwehren, zu leugnen oder zu verdrängen. Ich nenne das die *spezifische Reaktion*. So ist zum Beispiel die spezifische Schwierigkeit von Punkt Drei Hilflosigkeit und seine spezifische Reaktion ist das Streben.

Statt einfach im inneren Erleben unseres Selbst zu sein und uns dort hinein zu entspannen, wie es geschieht, wenn wir liebevoll gehalten und umsorgt werden, nehmen wir Zuflucht zu innerer Aktivität. Diese inneren Prozesse sind die spezifischen Reaktionen, die unsere unangenehme Erfahrung verändern sollen. Sowohl die Schwierigkeit als auch die Reaktion hängen vom eigenen Typ ab, da sie die heilige Idee eines jeden Typs widerspiegeln. Wenn das Halten verloren geht und das Vertrauen zerstört oder beeinträchtigt wird, dann ist der Zugriff auf das Verständnis und die Haltung der heiligen Idee nicht mehr möglich. So verlieren wir den Zugang zu ihrer Perspektive und Weisheit. Aus diesem Grund sind wir als Kinder dazu gezwungen, ein anderes Bild von der Realität zu entwickeln, einen verzerrten Glauben, den ich als *spezifische Verblendung* des Typs bezeichnet habe. Die Verblendung oder Täuschung ist nicht unbedingt ein bewusster Gedanke für das Kind, doch sie drückt sich abstrakt aus und ist sowohl in der Schwierigkeit als auch der Reaktion inbegriffen. So beeinflusst die spezifische Verblendung die spezifische Schwierigkeit und die spezifische Reaktion jedes Typs und führt zu neun Kernkomplexen. Im Komplex von Punkt Drei, bei dem du der Verblendung glaubst, du seist ein getrennt Handelnder, ist die unerträglichste Schwierigkeit die, sich hilflos zu fühlen und nichts tun zu können, und die einzige Abhilfe scheint die Reaktion stetigen Strebens zu sein, damit man die Schwierigkeit nicht offenbaren oder fühlen muss.

Dies ist ein kurzer Abriss dessen, was ich den inneren Kern der Fixierung nenne. Jede Fixierung entwickelt sich also um einen inneren Kern herum, um einen bestimmten emotionalen und kognitiven Komplex. (In *Facetten der Einheit* findest du weitere Details zum Kern und seiner Entwicklung. Dort wird auch geschildert, inwiefern das Urvertrauen eng mit der Gutherzigkeit verbunden ist, die angemessenem Halten innewohnt.)

Eine Möglichkeit, um mit dem Kern zu arbeiten, besteht darin, zunächst die spezifische Reaktion in unserem Leben und Erleben zu identifizieren. Wenn man die spezifische Reaktion – die ein Versuch ist, die spezifische Schwierigkeit zu verschleiern – erkennt und versteht, dann kann Letztere sichtbar werden. Dies ist eine emotional herausfordernde Aufgabe, die uns Unbehagen bereitet und uns verletzlich macht, was ein Grund dafür ist, dass dieses Wissen bei den meisten Menschen wahrscheinlich rein mental bleiben wird. Doch wenn wir die Schwierigkeit und unsere Reaktion darauf erfahren und zulassen können, haben wir die Chance, zu sehen, wie beide durch die spezifische Verblendung beeinflusst und geprägt werden, die ein besonders tief verankerter Glaube in Bezug auf die Realität ist. Die spezifische Verblendung zu erkennen und sie als solche und nicht als Realität zu begreifen bringt uns der heiligen Idee des Typs näher, denn die Verblendung fungiert als spezifisches Hindernis für den Zugang zu ihrem Verständnis.

Wenn wir wieder das Beispiel von Punkt Drei nehmen, dann beginnt man aus dieser Perspektive damit, die spezifische Reaktion – das Streben – zu erkennen, durch die sich eine dauerhafte Beziehung der Drei gegenüber der Welt auszeichnet. Zu verstehen, wogegen sich das Streben wehrt, offenbart die spezifische Schwierigkeit der Hilflosigkeit, einen sehr schmerzhaften inneren Zustand von Handlungsunfähigkeit. Wenn man das Streben und die Hilflosigkeit durch eigene Erfahrung kennenlernt, verweisen beide Elemente auf die spezifische Verblendung, ein getrennt Handelnder zu sein beziehungsweise derjenige, der etwas in Gang bringen und bewegen muss. Diese Verblendung verweist, wenn sie als verzerrte Sichtweise erkannt wird, auf die heilige Idee, dass es nur einen Handelnden gibt: das göttliche Wesen, den „unbewegten Beweger" oder das, was die Mahayana-Buddhisten den „Buddha der allumfassenden Weisheit" nennen.

Die neun Verblendungen sind eine detaillierte Schilderung des Haupthindernisses für nicht-duales Erleben und seine Realisierung – die das Ziel vieler spiritueller Lehren sind. Diese Verblendungen decken die Hauptverblendung der Dualität auf, die gewöhnlich als Verblendung der Getrenntheit oder Glaube an ein getrenntes Selbst gesehen wird. Dagegen sind die heiligen Ideen Möglichkeiten, wie wir die nicht-duale Sichtweise verstehen können. Sie verdeutlichen diese in neun Facetten oder Perspektiven. Die Gesamtheit der neun Sichtweisen – oder heiligen Ideen – vermittelt ein detailliertes und umfangreiches Verständnis der nicht-dualen Sicht der Realität.

Theoretisch mag das etwas komplex erscheinen, doch die wirkliche Herausforderung ist eher emotionaler als kognitiver Natur. Mit anderen Worten, der innere Kern ist schwer zugänglich, weil er bei jedem Typ ziemlich versteckt ist. Er bringt sich indirekt und implizit zum Ausdruck, indem er die Seele – das individuelle Bewusstsein – auf eine Weise verbiegt, die vieles im Zusammenhang damit bestimmt, wie sich die Fixierung entwickelt.

Tatsächlich ist es nicht der Kern, dessen wir uns gewahr sind, wenn wir etwas über das Enneagramm erfahren und unseren Typ identifizieren, sondern das, was ich die Schale der Fixierung nenne. Jede Fixierung hat einen inneren Kern, jedoch auch eine äußere Schale, die für andere offensichtlich ist und vielleicht auch für uns selbst. Es erfordert ein recht ausgeprägtes und differenziertes Gewahrsein – oder ein hohes Maß an psychischer Verarbeitung –, um die spezifische Schwierigkeit und Reaktion unmittelbar zu erfahren. Die spezifische Verblendung kann sogar noch schwerer zu erkennen sein. Eine der Schwierigkeiten ist, dass der Kern durch die Schale verdeckt wird, die den äußeren Teil der Fixierung bildet und den größten Teil seiner auffälligsten Eigenschaften ausmacht. Die meisten Menschen lernen eher etwas über diese Merkmale und Dynamiken, indem sie über sie lesen, statt durch direktes Gewahrsein und Verständnis.

Es gibt jedoch eine bestimmte Dynamik, durch die der Kern mit der Schale verbunden wird, die ihrerseits die Elemente des Kerns verdeckt. Selbst wenn wir uns der spezifischen Reaktion empirisch bewusst werden – einer Reaktion, die Ausdruck der Störung oder Einschränkung des uns angeborenen Urvertrauens ist –, erscheint diese gewöhnlich nicht einfach so, wie sie ist. Vielmehr wird sie durch ein dichtes Netz von Haltungen, Glaubenssätzen und Neigungen in Bezug auf die Beziehung zu anderen sowie Eigenschaften verschleiert, die alle die Reaktion beinhalten, während sie sie gleichzeitig verbergen. Im Grunde überdeckt die Reaktion die spezifische Schwierigkeit, um das begehrte liebevolle Halten der Realität oder der Menschen in unserem Leben wiederzugewinnen. Doch es tut dies in Bezug auf die spezifische Verblendung, das Prinzip, das den Kern bestimmt. Dieses Prinzip ist mit unserer heiligen Idee verbunden. Doch wie in *Facetten der Einheit* beschrieben, wird diese Beziehung erst dann sichtbar werden, wenn wir ein tief greifendes Verständnis der spirituellen Wirklichkeit oder dessen, was ich als *wahre Natur* bezeichne, gewonnen haben.

DAS ICH-IDEAL

Normalerweise fühlen oder erkennen wir die spezifische Reaktion durch das Ich-Ideal eines jeden Typs. Jeder Enneatyp idealisiert eine bestimmte Art des Seins oder Verhaltens. Der Versuch, dieses Ideal zu erreichen oder sich ihm anzunähern, bringt einen unbewussten Wunsch zum Ausdruck, es möge uns die gewünschte Liebe und Sicherheit und das Halten der Realität und der wichtigen Menschen in unserem Leben geben. Wir stellen uns vor, wir würden das zurückgewinnen, was wir in der Kindheit verloren haben, oder das erlangen, was wir nie hatten. Um mit dem Beispiel von Punkt Drei weiterzumachen, das Ich-Ideal dieses Typs misst Effizienz, Erfolg und Leistung übermäßige Bedeutung zu. So strebt „Ego-Go", wie Oscar Ichazos ursprünglicher Name für Punkt Drei auf dem Enneagramm lautet, ständig danach, so effizient wie möglich zu sein, um Erfolg zu haben. Dieses Bemühen, wie das Ich-Ideal zu sein, ist die primäre Kraft, die die Schale des Typs bildet. Punkt Drei ist sich nicht im Klaren darüber, dass sein Streben ein Versuch ist, ein schmerzhaftes Defizit zu verbergen und das grundlegende Halten der Realität zurückzubekommen. Das Defizit, das mit der spezifischen Schwierigkeit des Typs verbunden ist, ist im Enneagramm der Vermeidungen deutlich zu erkennen. Die Vermeidungen beziehen sich auf neun Verhaltensmanifestationen, die jeder der neun Typen aus Angst, Verletzlichkeit zu zeigen und sein Ich-Ideal zu untergraben, am liebsten vermeidet (siehe Anhang 3). Bei Punkt Drei ist der Mangel, der vermieden wird, Versagen und/oder Hilflosigkeit. Der Schritt in Richtung Effizienz kann deutlich sein, erscheint aber normalerweise als Bedürfnis, erfolgreich, verlässlich etc. zu sein, was die anderen Eigenschaften des Ich-Ideals allgemein widerspiegelt. Vor allem wird das Ich-Ideal aber durch die Muster der Schale eines jeden Typs geprägt.

Individuen eines bestimmten Enneatyps weisen zahlreiche Ähnlichkeiten auf, da sie alle dasselbe Ich-Ideal haben. Unsere Art und Weise, zu einem Ideal aufzusehen und ihm nachzueifern, ist allerdings hochgradig individuell und wird zu einem großen Teil durch unsere frühe Kindheit und die Dynamik unserer frühen Beziehungen bestimmt. Es sind also nicht alle Punkt-Drei-Individuen gleich. Die Unterschiede ergeben sich aus ihrer frühen Erziehung, ihren Lebenserfahrungen, dem sozialen Umfeld und den gesellschaftlichen Einflüssen sowie den angeborenen physischen und psychischen Veranlagungen. Und Bildung und Lebenssituation haben ebenfalls einen Einfluss.

Die Schale zu verstehen und zu entschlüsseln setzt voraus, dass wir unser Ich-Ideal ebenso anerkennen wie unser Bemühen, ihm nachzueifern und so nahe wie möglich zu kommen. Freud erkannte sehr früh (und die westliche Tiefenpsychologie pflichtet dem bei), dass jeder Ichstruktur ein Ich-Ideal innewohnt. Doch die Wissenschaft des Enneagramms ist noch einen Schritt weitergegangen, indem sie sagt, es gebe neun Haupt-Ich-Ideale, die sämtliche Ichs strukturieren. So hat jeder Typ immer seine eigene ideale Art zu sein.

Unser Ich-Ideal zu identifizieren ist nicht besonders schwierig, wenn wir uns mit unserer Fixierung beschäftigen. Ich kann das Ich-Ideal für jeden Typ auflisten (vergleiche Anhang 3), doch das sind nur Informationen; wir müssen sie in unserem Leben in Aktion erleben. Das Ich-Ideal ist eine Sichtweise beziehungsweise ein Bild von uns, das wir zu verwirklichen versuchen. Worte können auf es verweisen, doch unser Selbststudium ermöglicht es uns, es als lebendiges Wissen zu erfahren. Trotzdem ist das Ich-Ideal nicht der Schlüssel, den wir brauchen, um die Fixierung und ihre Macht über uns zu lösen. Der Schlüssel ist das esoterische Geheimnis, das im Diamond Approach gelehrt und in diesem Buch offenbart wird.

Erinnere dich daran, dass sich die Weisheit des Sarmoun – der uralten, ursprünglichen Quelle des Enneagramm-Wissens – als eine der Strömungen durch den Logos dieser Lehre zieht. Dadurch, dass ich das Wissen des Diamond Approach auf das Enneagramm anwandte, erlebte ich die inspirierte Offenbarung der heiligen Ideen, über die ich in *Facetten der Einheit* geschrieben habe, und ich erkannte auch, wie sich die spezifische Reaktion durch das Ich-Ideal in der Schale des Typs ausdrückt. Diese letztgenannte Offenbarung ist jetzt zur Grundlage des vorliegenden Werkes *Enneagramm – Der Schlüssel zum Erwachen* geworden. Als ich das Wissen auf den Diamond Approach anwandte, kam es zu einer spontanen Offenbarung oder einem inspirierten

Wissen, das alles, was ich vorher gewusst hatte, einbezog und dann zu neuen Einsichten in das Enneagramm zusammenfasste – in diesem Fall speziell im Zusammenhang mit dem Erkennen des Ich-Ideals und seiner Entstehung.

DIE EINZIGARTIGE ESSENZIELLE GABE

Die Einsicht in das Ich-Ideal eines jeden Typs ist, dass dieses ein Faksimile ist, eine Nachbildung von etwas Realem und Authentischem, das jenseits des Ichs liegt. Das Ich-Ideal ergibt sich nicht einfach aus unserer Konditionierung. Und wir erwerben es auch nicht, indem wir jemand anderen idealisieren. Es entsteht nicht aus unserer Sehnsucht, wie die Helden unserer Kindheit zu sein. Genau genommen ist es andersherum: Wir finden die Helden, die unserem Ideal entsprechen. Was ich sah, war, dass wir nicht nur mit einer dominanten heiligen Idee geboren werden, sondern auch mit einer bestimmten Qualität des reinen Bewusstseins oder der wahren Natur.

Im Diamond Approach wird die spirituelle Wahrheit, die allen Wesen innewohnt, als wahre Natur oder wahres Wesen bezeichnet. Sie ist subtiler und natürlicher als das, was sich die meisten Menschen als Seele (*spirit*) vorstellen. Die Seele wird gewöhnlich als weit entfernt und aus einer anderen Welt stammend angesehen. In dieser Lehre ist *Seele* lediglich ein alter Begriff für das, was ich als unsere wahre Natur bezeichne, die wahre Natur unseres Bewusstseins, des Bewusstseins, das unsere Erfahrung ermöglicht. Diese wahre Natur kann auf viele verschiedene Weisen gesehen und erlebt werden, je nachdem, welchen Weg man wählt. Im Diamond Approach liegt der Schwerpunkt darauf, die wahre Natur als Präsenz des Seins, als Sein unseres Bewusstseins zu erkennen. Die Präsenz des Seins – oder das Sein des Bewusstseins – erscheint in vielen Formen, die wir Qualitäten oder Aspekte nennen. So ist sie nicht einfach nur Präsenz, sondern die Präsenz von Liebe, die Präsenz von Intelligenz und so weiter.

In diesem Zusammenhang erkennen wir, dass jeder von uns mit einer Qualität der wahren Natur oder essenziellen Präsenz geboren wird. Diese Qualität authentischer spiritueller Präsenz hängt auf interessante Weise mit der Heiligen Idee zusammen. Ihre Verbindung zeigt, wie die Spiritualität der Nicht-Dualität mit der Spiritualität der gewöhnlichen dualen Welt in Zusammenhang steht. Die wesentliche Erkenntnis dabei ist, dass wir mit einer bestimmten Qualität des Seins oder der authentischen Präsenz als einer besonderen essenziellen Gabe geboren werden, was bedeutet, dass sie leichter für uns zugänglich ist als die anderen Qualitäten. Häufig erfahren wir sie als Kinder, ohne es zu ahnen; später ist alles, was davon übrig bleibt, ein Gefühl und eine gewisse Wertschätzung dafür, wie sie uns beeinflusst hat.

Dieses Gefühl – sei es intuitiv oder unbewusst – wird in Verbindung mit unserer Wertschätzung für die Merkmale der Qualität zum Kern unseres Ich-Ideals. Auf diese Weise ahmt das Ich-Ideal die Essenzqualität nach. Wir versuchen, jemand zu sein, der diese Qualität verkörpert, ohne die Präsenzqualität direkt oder bewusst zu kennen. Wir haben lediglich ein Gefühl – eine Ahnung von ihr oder einigen ihrer wesentlichen Eigenschaften. Dies wird dann zu dem, was wir idealisieren und was das Ich-Ideal für die Fixierung unseres Typs bildet. Mit anderen Worten, wenn sich die Schale entwickelt, idealisieren wir mit der Zeit ein Faksimile der Essenzqualität, statt diese zu verkörpern. Die Schale entwickelt sich um die Idealisierung herum, die nur ein Schatten der echten Qualität ist, nicht diese selbst. Wir bilden eine Schale um unseren Kern herum aus, statt die Qualität zu verwirklichen, die uns helfen kann, zum Kern vorzudringen und ihn aufzulösen.

Punkt Drei strebt immer danach, effizient und funktionell erfolgreich zu sein, da wahre Effizienz und Funktionalität zwei der Eigenschaften sind, die sich mit der essenziellen Qualität dieses Typs verbinden. Die Essenzqualität verleiht uns Effizienz beziehungsweise die Fähigkeit, effizient zu sein – jedoch in der rechten Weise und für den richtigen Zweck oder die richtige Handlung –, da sie authentisch ist und viele andere Eigenschaften hat, die wir auf irgendeine Weise in „Ego-Go“ wiederfinden werden. „Ego-Go“ ist effizient im Handeln, darin, erfolgreich zu werden und als jemand anerkannt zu werden, der das angestrebte Ideal in der gewöhnlichen materialistischen Gesellschaft verkörpert. Doch die echte Essenzqualität gibt uns die Möglichkeit, ein wahrer Mensch zu sein, ein Mensch, der sein Leben effektiv lebt, während er gleichzeitig Ausdruck des Seins ist. Es geht aber nicht darum, das Ideal für die Gesellschaft zu verkörpern, in die wir zufällig hineingeboren wurden, sondern unser einzigartiges, authentisches Menschsein, eine Person des Seins zu sein, die sowohl effizient und funktional als auch im Sein gegründet ist. Die Wahrheit dominiert anstelle der Selbsttäuschung, die daraus folgt, dass man dem Ich-Ideal hinterherrennt.

Es gibt zwei Möglichkeiten, um Zugang zu unserer einzigartigen essenziellen Gabe zu bekommen, welche die Seinsqualität beziehungsweise der ewige Geist ist, die unser Ich-Ideal nachzuahmen versucht. Eine geht über das Ich-Ideal. Indem wir unser jeweiliges Ich-Ideal sehen und verstehen, nähern wir uns der Essenzqualität an, die es nachzuahmen versucht. Dadurch, dass wir verstehen, wie das Ich-Ideal einerseits unsere Persönlichkeit strukturiert und wie andererseits die Eigenschaften und Merkmale unserer Persönlichkeit die Essenzqualität widerspiegeln, sind wir möglicherweise imstande, die Qualität selbst zu erkennen. Denn nur, wenn uns bewusst wird, dass unser Ich-Ideal nicht echt ist – dass es ein Faksimile, eine konzeptuelle Annäherung, nichts weiter als eine Idee oder ein Bild in unserem Geist ist –, können wir die Offenheit und den Raum haben, in dem sich jene Essenzqualität zeigen kann. Das bedeutet, wir müssen erkennen, dass unser Ich-Ideal eine falsche Wirklichkeit ist, die aus Ahnungen und unklaren Gefühlen zusammengesetzt ist, die sich mit konditionierten Mustern aus unserer frühkindlichen Erziehung und unserer kulturellen Programmierung verbinden.

Wenn wir die falsche und konstruierte Vorstellung, aus der sich das Ideal bildet, sehen, können wir die echte platonische Idee, die essenzielle Qualität, am eigenen Leib erfahren. Dann können wir erkennen, dass das, was wir zu sein versuchen, etwas ist, was wir bereits haben, eine Qualität unseres Seins, auf die wir unmittelbar zugreifen können. Wir können sehen, dass sie kein Konstrukt, sondern eine authentische Präsenz ist, eine Form, die der ewige Geist – unsere wahre Natur – annimmt. Wenn wir mit dieser Präsenz vertraut werden oder, noch besser, sie verwirklichen und als das erkennen, was wir sind, dann kann sie zur größten Hilfe werden. Sie zu verwirklichen wird zum wirksamsten Mittel, um unsere Fixierung zu lockern und zum Kern vorzudringen. Wir fangen an, unsere spezifische heilige Idee zu verstehen und zu würdigen, und wir sehen, wie sie uns von den Begrenzungen und Verzerrungen unserer Fixierung befreit.

Die zweite Möglichkeit, um Zugang zu unserer essenziellen Gabe zu bekommen, ist unmittelbarer. Sie beinhaltet, dass wir das Wissen und die Weisheit des Diamond Approach nutzen, um uns für unser Wesen zu öffnen und seine essenzielle Präsenz zu erkennen. Dabei können wir uns auf eine grundlegende Lehre dieses Pfads stützen, die als „Theorie der Löcher" bekannt ist (vergleiche Kapitel 2 in *Diamond Heart Bd. 1: Essentielle Verwirklichung* und Kapitel 3 in *Essenz*, um ein tieferes Verständnis für die Theorie der Löcher zu bekommen). Sie geht davon aus, dass wir bei unserer Geburt noch Zugang zu unserer spirituellen Natur haben. Wir sind mit ihren Qualitäten verbunden, ohne es zu wissen, und bringen sie unschuldig zum Ausdruck. Das ist ein Grund, warum wir Kinder lieben und Babys bezaubernd finden: Sie sind liebenswert, weil sie auf unschuldige Weise durchlässig für die wunderbare geistige Welt mit ihrer Liebe, ihrer Freude, ihrem Frieden und so weiter sind.

Durch die Wirren und die Schwierigkeiten des Lebens hindurchzugehen unterbricht und blockiert schließlich den Zugang zu unserem wahren Wesen. Das geschieht ganz allgemein, aber auch in spezifischer Weise und ist dann jeweils mit dem bestimmten Aspekt oder der bestimmten Qualität der wahren Natur verbunden. Jedes Mal, wenn unser Zugang zu einer bestimmten Qualität oder unsere Offenheit für sie auf Hindernisse stößt, fühlen wir uns von ihr abgeschnitten. Wenn wir jung sind, sind wir uns dieses Prozesses normalerweise nicht bewusst, doch es gibt Kinder, die sich seiner bis zu einem gewissem Grad gewahr sein können. Später, wenn wir die Trennung von einer bestimmten Qualität erleben, fühlen wir eine Abwesenheit, einen Mangel, eine Leere, die sich dadurch auszeichnet, dass ihr jene spezifische Qualität fehlt. Der Mangel fühlt sich für Typ Drei wie ein Versagen an. Wir bezeichnen diesen Zustand spezifischer Trennung als Loch, denn wir können ihn empirisch als defizitäre Leere im Körper wahrnehmen; in Wirklichkeit fehlt jedoch etwas in unserem Bewusstsein. Mit dieser Art von Trennung in Berührung zu kommen und dabei zu bleiben kann uns unmittelbar zum Erleben der fehlenden Qualität führen. (Beispiele für diesen Prozess kannst du in vielen meiner anderen Bücher finden, unter anderem in *Essenz* und *Die Leere*).

Es gibt eine Beziehung zwischen deinem spezifischen Aspekt und deiner spezifischen heiligen Idee. Wenn du mit Letzterer vertraut bist, bekommst du vielleicht ein Gefühl dafür, worin die Verbindung besteht, wenn du die folgenden Kapitel liest. In diesem Buch liegt mein Fokus jedoch nicht auf dieser besonderen Beziehung.

Die Reihenfolge der Enneatypen in den folgenden Kapiteln folgt keinem bestimmten inneren oder äußeren Fluss des Enneagramms. Ich habe die Reihenfolge aufgrund der Essenzqualitäten für jeden Typ gewählt, indem ich diejenigen, die am leichtesten zugänglich sind, zuerst nenne und die subtileren zuletzt. Ich möchte das Material so zugänglich wie möglich machen, damit du dich wieder mit deinem spezifischen Aspekt verbinden kannst, der Qualität von Präsenz, die der Schlüssel für die Lösung deiner Fixierung ist.

SIND WIR NUR UNSER TYP?

Es ist wichtig, sich daran zu erinnern, dass jedes Ich-Selbst alle Typen beinhaltet. Ein Typ ist vorherrschend, doch wenn wir ihn gründlich untersuchen, stellen wir fest, dass unsere Persönlichkeit auch alle anderen Fixierungen einschließt. Mit anderen Worten, das Ich-Selbst hat alle neun Fixierungen, alle neun Verblendungen in seinem inneren Kern. Indem wir jede von ihnen so untersuchen, wie sie in unserem Selbstgefühl auftaucht, bekommen wir vielleicht Zugang zu ihrem idealisierten Aspekt. Das bedeutet, dass wir dadurch, dass wir uns mit unserem fixierten Ich-Selbst beschäftigen, Zugang zu neun idealisierten Eigenschaften bekommen können, was es wiederum viel leichter für uns machen wird, zum inneren Kern unseres Typs vorzudringen, weil wir viele starke Qualitäten von Präsenz haben, die uns dabei helfen können. Es geschieht nur selten, dass ein Individuum Zugang zu allen neun idealisierten Aspekten bekommt, und ich sage nicht, dass wir ihn haben müssen, um in der Lage zu sein, zu unserem inneren Kern vorzudringen. Doch je mehr essenzielle Qualitäten wir integrieren, umso leichter wird es für uns, den Kern unseres Typs zu öffnen und auf seine heilige Idee zuzugreifen. Es ist sogar das Potenzial vorhanden, dass wir zu den Kernen aller neun Typen vordringen und Zugang zu all ihren heiligen Ideen bekommen können. So dient die Landkarte des Enneagramms als mächtiges Instrument für spirituelle Verwirklichung und Befreiung.

2

Punkt Acht: WAHRE STÄRKE

Jede Ich-Idealisierung prägt den Typ so vollständig, dass sie viele seiner Eigenschaften, Haltungen und Präferenzen beeinflusst, ja sogar bestimmt. Wir beginnen mit Punkt Acht, Ichazos „Ego-Venge" (auch Herausforderer genannt), da dessen Ich-Ideal am einfachsten zu verstehen und sein idealisierter Aspekt für den durchschnittlichen Menschen am leichtesten zugänglich ist. Die Fixierung von Ego-Venge ist offensichtlicher als die anderer Typen, da sie sich häufig durch offene Aggression ausdrückt. Achten sind leicht reizbar und ständig bereit, sich mit Menschen aus ihrem Umfeld zu streiten. Oft sind sie ungestüm, laut, herrisch und eher als andere Typen geneigt, Kontroversen auszutragen. Naranjo schreibt: „Eng verbunden mit der für diesen Typ charakteristischen Feindseligkeit ist seine Dominanz... Mit der Dominanz verknüpft sind solche Wesenszüge wie Arroganz, Suche nach Macht, das Bedürfnis nach Triumphen, andere schlechtmachen, Konkurrenzverhalten, Überheblichkeit etc."[1] Naranjo zufolge ist die Idealisierung der Acht „Ich bin mächtig, ich kriege das hin". Das kommt dem idealisierten Aspekt ziemlich nahe. Natürlich äußert

1 Naranjo, Claudio, *Erkenne dich selbst im Enneagramm*, S. 133

er sich nicht bei allen Achten auf dermaßen grobe Weise; viele sind einfach nur durchsetzungsfähig und stark und die Emotion der Wut ist ihnen leicht zugänglich. Unsere Intention ist es jedoch, die Enneatypen in ihrem Rohzustand zu beleuchten, denn das verdeutlicht die von ihnen idealisierte Eigenschaft.

Es ist nicht ungewöhnlich, dass Achten ziemlich groß sind. Sie treten groß auf, indem sie überdimensionale Gesten und Ausdrucksformen verwenden und laut und bestimmt auftreten. Sie nehmen Raum ein. Sie können ungehobelt, grob, unverfroren in der Öffentlichkeit, furcht- und sogar schamlos darin sein, wie sie sich zum Ausdruck bringen und ihre Bedürfnisse kundtun. Ihre Familie und ihre Freunde können sie damit in Verlegenheit bringen, dass sie Forderungen mit Nachdruck vertreten und vulgäre Sprache benutzen oder sich in sozialen Situationen vulgär verhalten. Ein gutes Beispiel für jemanden mit diesem Charakterzug ist Fritz Perls, der deutsche Analytiker, der den Begriff „Gestalttherapie" prägte. Er war eine expansive Acht und bekannt dafür, dass es ihm vollkommen egal war, ob er sich sozial angemessen verhielt.

Doch natürlich haben Achten auch noch andere Qualitäten – wie zum Beispiel diejenige, dass sie die Schwachen und Hilflosen verteidigen und vor allem Menschen, die ungerecht behandelt worden sind –, doch ich hebe hier die Charaktereigenschaften hervor, die ihr Ich-Ideal am deutlichsten widerspiegeln. Statt mich zum Beispiel auf ihre Bereitschaft zu beziehen, für Gerechtigkeit zu kämpfen, weise ich darauf hin, dass sie vor nichts zurückschrecken, um sie zu erreichen, auch nicht vor Vergeltung oder Grausamkeit. Außerdem stehen diese auch nicht immer im Dienste der Gerechtigkeit oder Verteidigung der Opfer. Sie können lediglich Reaktionen auf die vermeintlichen Beleidigungen und Erniedrigungen durch andere sein.

Das Ich-Ideal von Punkt Acht ist Stärke und die damit verbundene Aggression. Viele der bisher erwähnten Charaktereigenschaften bringen in irgendeiner Form Stärke oder forsche Aggression zum Ausdruck. Doch wir können diese Merkmale besser verstehen, wenn wir uns eine Vorstellung von der wahren essenziellen Qualität machen können, die diese Stärke imitiert.

DER IDEALISIERTE ASPEKT: WAHRE STÄRKE

Die idealisierte Stärke von Punkt Acht ist eine Annäherung, eine schwache Imitation wahrer Stärke. Er empfindet Stärke physisch oder sozial als rohe Gewalt oder Charakterstärke. Doch das ist Stärke von einem tierischen Standpunkt aus gesehen. Dort herrscht das Gefühl vor, die Situation zu beherrschen, der Rudelführer oder der unangefochtene Leitwolf zu sein. Diese Stärke drückt sich bisweilen auf extreme Weise aus, wie bei Josef Stalin, der, ebenso wie Saddam Hussein, unvorstellbare Auswüchse von Brutalität und Aggression an den Tag legte. Ein reiferes und gemäßigteres Beispiel einer Acht ist Winston Churchill, der sich mutig gegen die Nazi-Aggression zur Wehr setzte und Großbritannien in den dunklen Jahren des Zweiten Weltkriegs führte, bis der Sieg errungen war. Und in jüngerer Zeit gab es Margaret Thatcher, die eiserne Lady, eine Acht, die sich mit breitem Widerstand konfrontiert sah, als sie den britischen Gesellschaftsvertrag durch einen rigorosen Sparkurs erneuerte, ebenso wie dadurch, dass sie die Macht der Gewerkschaften brach.

Diese Charaktereigenschaften geben uns ein Gefühl einer expansiven Stärke, die – wenn sie durch das Ego verzerrt wird – so vulgär, offensiv und grausam werden kann, dass sie Tyrannen und unbarmherzige Diktatoren hervorbringt. Die essenzielle Qualität herauszulocken setzt voraus, dass man den positiven und hochwirksamen *konstruktiven* Ausdruck von Aggression sieht. Wir müssen über das hinausgehen, was nicht menschlich, nicht akzeptabel und nicht sinnvoll erscheint – das, was destruktiv und dysfunktional ist –, um die positive Qualität aufzudecken, die das Ego nachzuahmen versucht. Natürlich bringen verschiedene Achten die essenzielle Qualität der Stärke auf unterschiedliche Weise und mit unterschiedlichen Graden an Verzerrung, Nachahmung oder Annäherung zum Ausdruck. Nur durch genaue Beobachtung können wir die gemeinsamen Elemente erkennen, die in ihrer Gesamtheit auf das hindeuten, was hinter den fixierten Erscheinungsformen wahr ist.

DIE PRÄSENZ WAHRER STÄRKE

Die wahre Qualität hinter dem Ich-Ideal der Acht ist die eigentliche Essenz von Aggression: die positive und nützliche Funktion authentischer, sich selbst behauptender Stärke. Doch da die Achten diese Qualität weder wirklich kennen noch verkörpern, tun sie in dem Bestreben, auf eine ichbezogene und primitive tierische Art stark zu sein, alles Erdenkliche, um ihr nachzueifern. Was sind die wahren Eigenschaften wahrer Stärke, des Seins?

Zunächst einmal sind alle essenziellen Qualitäten Seinszustände mit Eigenschaften, die von der authentischen Präsenz des Seins ausgehen. Wir erkennen sie dadurch, dass wir sie unmittelbar in unserem Körper und unserem Bewusstsein erleben, als eine Fülle oder Präsenz, die nicht physischer Natur ist. Ich beziehe mich hier nicht auf die gewöhnliche Bedeutung des Seins wie in „mit einem Fokus der Aufmerksamkeit oder des Bewusstseins präsent sein“. Stattdessen erleben wir uns als eine Art Medium oder Substanz, als ein Kontinuum, das kein physisches Empfinden ist, sondern tatsächlich Bewusstsein, das sich selbst unmittelbar als Bündelung empfindet, die ihre eigene Präsenz gleichmäßig durch das gesamte Medium hindurch fühlt. Sie erkennt sich selbst als jenes Medium, ohne von außen oder durch erinnertes Wissen darüber informiert worden zu sein. Dies ist im normalen Erleben ungewöhnlich, denn unser Bewusstsein ist sich normalerweise nicht seiner selbst gewahr, sondern anderer Dinge wie Emotionen, Empfindungen, Gedanken, äußere Objekte oder Phänomene, die allesamt Manifestationen des Bewusstseins sind. Hier ist es jedoch die Subjektivität, die sich selbst fühlt, die ihr eigenes Wesen erkennt. Sie ist intim und vollkommen unmittelbar. Wahrscheinlich hast du schon ein gewisses Gespür von diesem Bereich des Erlebens oder gewisse Ahnungen davon oder Einblicke darin gehabt. Doch es ist eine ganze *Welt* des Erlebens, und wir können einen Teil davon erforschen, indem wir die idealisierten Aspekte kennenlernen.

Wenn Lehrer heutzutage von Bewusstsein sprechen, das sich seiner selbst bewusst ist, dann meinen sie gewöhnlich das reine Bewusstsein ohne Eigenschaften. Aus dieser Perspektive ist es unendlich und grenzenlos und durchdringt alles. Hierbei handelt es sich um die nicht-duale Art und Weise, wie das Bewusstsein für sich selbst erwacht, die Präsenz reinen Bewusstseins oder Gewahrseins. Auch wenn dies real und wahr ist, berauben wir uns der Vielfalt und Fülle des Mysteriums des Bewusstseins, wenn wir glauben, es könne nur so sein. Es gibt noch so viele andere Möglichkeiten, es zu erfahren, die gleichzeitig authentisch und nützlich für das tägliche Leben sind. In der normalen Welt der Dualität kann sich das Bewusstsein seiner selbst auf eng begrenztem Raum, wie etwa in unserem Körper, bewusst sein, besonders im Bauch- oder Brustbereich. In diesem Sinne kann es sich ortsgebunden und nicht grenzenlos anfühlen: ein Medium, das den Bauch oder den gesamten Körper ausfüllt, ohne alles zu durchdringen. Es könnte die Form einer Strömung, einer Lache, eines Balls oder eine beliebige andere Form annehmen. Der springende Punkt bei der spirituellen Erfahrung in der gewöhnlichen Welt (im Gegensatz zur nicht-dualen) ist, dass sie örtlich begrenzt und spezifisch ist, mit einer bestimmten Form und häufig auch einer bestimmten Farbe, einem Geschmack und einer Struktur.

Für die Kenntnis der idealisierten Eigenschaften ist die Tatsache äußerst wichtig, dass Präsenz nicht nur Bewusstsein ist, das sich seines Seins bewusst ist, sondern dass es sich auch dessen bewusst ist, dass sich dieses Sein mit einer bestimmten Eigenschaft manifestiert. Das ist etwas, das nicht-duale Lehren häufig ignorieren und viele nicht-duale Lehrer möglicherweise nicht aus Erfahrung wissen. Wenn wir wahre Stärke erleben, fühlen wir uns stark, weil wir die Präsenz von Stärke an sich fühlen – wir sind voller Energie und Präsenz, die die Essenz der Lebenskraft ist. Die häufigste Erfahrung ist die, dass wir Hitze in der unteren Körperhälfte wahrnehmen, wie ein Feuer, das nicht brennt. Dieses kann optisch wie eine Flamme oder ein leuchtend rotes, loderndes Feuer wirken. Wahre Stärke ist ein Medium, das aus sich heraus leuchtet. Dieses Leuchten ist nicht nur das Leuchten von Gewahrsein und Sensibilität, sondern es zeichnet sich durch ein wunderschönes, herrliches rubinrotes Licht aus. Die feurige rote Präsenz ist mit einem besonderen, unverwechselbaren Affekt verbunden: dem Affekt der Stärke. Wir fühlen uns stark, weil wir von der Essenz der Stärke berührt oder erfüllt sind. Diese ist weder physisch noch tierisch, weder muskulär noch emotional, sondern organisch und angeboren, ein Teil dessen, was wir sind. Sie ist nicht etwas, das wir besitzen, sondern vielmehr eine Qualität dessen, wer wir sind, eine Qualität unseres eigenen Bewusstseins, ein Aspekt unseres Seins.

Außer als Feuer oder Flamme kann rote Stärke auch als fließende Lava erscheinen, als eine dichte Flüssigkeit, die durch das Becken, die Beine oder den gesamten Körper fließt. Sie kann auch wie eine rote, blutähnliche Flüssigkeit sein, die den Körper und das Bewusstsein durchströmt. Diese leuchtende und sich ihrer selbst bewusste Flüssigkeit ist sensibel und verbindet sich von Natur aus mit dem Gefühl von Kraft und Stärke – der Stärke des Seins, der Kraft des Geistes.

Wenn sich Menschen der Stärkeessenz zum ersten Mal bewusst werden, erkennen sie häufig nicht, dass es die Präsenz der Stärke ist, die sich selbst spürt und erkennt. Wir neigen dazu, zu glauben, dass wir sie als Ich-Persönlichkeit fühlen und erkennen. Es sind Neugier und Unterscheidungsvermögen erforderlich, um zu erkennen, dass wir Stärke gewöhnlich nicht auf diese Weise erleben und erkennen. Das Wissen um die Stärke stammt aus der Präsenz selbst; es stammt nicht aus erlerntem Wissen. Die Stärke hat ihre eigene Wahrnehmung; wir als Selbst spüren sie nicht. Es handelt sich hier um eine eigenständige Offenbarung, durch die die Dimension direkten Wissens, oder Gnosis, enthüllt wird.

Stärke ist angeboren und elementar und sie schließt die platonische Form ein, die alle anderen Arten von Stärke beseelt – auf der physischen, emotionalen, mentalen, moralischen Ebene und so weiter. Sie ist der Prototyp von Stärke auf jeder Ebene, doch sie ist gleichzeitig eine Stärke, die rein ist und für sich steht, nicht die Stärke von etwas, sondern Präsenz als Stärke. Wie ich erwähnt habe, kann diese wahre Stärke in vielen Formen auftreten, doch unabhängig davon, wie sie erscheint, ist sie häufig heiß, hat immer eine wunderschöne rubinrote, reine, ja geradezu unwirkliche Farbe und ist rein in ihrem Affekt der Stärke. Wenn diese Präsenz auftaucht, haben wir das Gefühl, dass wir da und präsent sind, aber gleichzeitig stark. Wenn wir sie vollständig und auf nicht-dualistische Weise spüren – was bedeutet, dass wir in unserem individuellen Bewusstsein untrennbar mit ihrer Präsenz verbunden sind –, dann haben wir das Gefühl, dass wir die Präsenz von Stärke, reine Stärke, die wahre Essenz von Stärke *tatsächlich sind.*

Die meisten Menschen kennen die weit verbreitete Eigenschaft physischer oder emotionaler Stärke, doch nur wenige sind sich bewusst, dass sie einen spirituellen Ursprung, ein himmlisches Pendant hat. Jetzt sehen wir, auf welche Weise sich dieser idealisierte Aspekt mit dem Ich-Ideal verbindet. Bei Letzterem handelt es sich um die gewöhnliche Stärke und um die sich selbst behauptende Aggression, die die meisten Menschen kennen, ohne zu begreifen, dass ihre Erfahrung eine Reflexion und folglich eine Verzerrung von etwas sehr viel Realerem und Authentischerem ist, nämlich einer konkreten Präsenz.

DIE EIGENSCHAFTEN WAHRER STÄRKE

Mit der Präsenz von Stärke hängen viele Eigenschaften zusammen, die Auswirkungen auf unser individuelles Bewusstsein und unsere Seele haben. (In unserer Arbeit verwenden wir die Begriffe *Seele* und *individuelles Bewusstsein* synonym für das gewöhnliche, bewusste subjektive Feld, das wir erfahren, jedoch eines mit mehr Dimensionen, als uns normalerweise bewusst ist.) Diese Charakteristika erhellen die Merkmale von Punkt Acht noch weiter.

Stärke, die feurige Energie und Präsenz, die wir fühlen, kann als Lebenskraft selbst auftauchen. Das liegt daran, dass die Lebenskraft diese essenzielle Stärke beinhaltet, auch wenn sie daneben noch Energie und dynamische, kreative Lebendigkeit umfasst. Wenn wir also Stärke erleben, sind wir häufig erstaunt darüber, wie lebendig wir uns fühlen, so, als wären wir von Leben erfüllt, als wäre die Lebendigkeit in unserem gesamten Körper und Sein erwacht. Wir können fühlen, dass wir das resiliente Leben selbst sind. Stärke zeichnet sich grundsätzlich durch Resilienz und Vitalität aus; sie durchtränkt die Lebenskraft mit ihrer starken Lebendigkeit. Dies ist die essenzielle

Quelle der ungestümen und lauten Eigenschaften, welche die Acht kennzeichnen, und sie erklärt auch ihre Neigung, sich mit Elan und ungezügelter Energie auszudrücken. Doch weil der fixierte Typ sich seiner essenziellen Stärke nicht bewusst ist, orientiert er sich an einer Reproduktion von Stärke, die als Lautheit und Ausgelassenheit daherkommt und nicht immer angebracht oder angemessen ist. Kraft und Vitalität drücken sich hier auf verzerrte Weise aus.

Eine andere Eigenschaft, die wir in Verbindung mit essenzieller Stärke erleben können, ist das Gefühl von Expansion. Wir fühlen uns groß im Vergleich dazu, wie wir uns normalerweise fühlen, größer als unser Körper, größer als andere Menschen, ja sogar größer als der Raum. Dafür, wie ausgedehnt wir uns fühlen können, gibt es keine Grenzen, und das führt zu Weite und Freiheit, zur Abwesenheit von Verengungen in Geist und Herz. Da Punkt Acht nicht in Kontakt mit dieser authentischen Expansion des Seins ist, wird das große Gefühl häufig unbewusst als Gefühl von Selbstgefälligkeit verstanden. Achten handeln expansiv, indem sie mit ihrer physischen Energie und Lautheit, mit ungehemmtem und umfassendem Ausdruck Raum einnehmen. Ihr Glaube, dass ihnen keine Grenzen gesetzt seien, entspricht jedoch gewöhnlich nicht der Wahrheit, sofern sie keine Machtposition innehaben, wie zum Beispiel Josef Stalin oder Saddam Hussein, deren Expansion eine unheimliche Wende auf Kosten vieler anderer Menschen nahm. Das war nicht die Expansion oder der Ausdruck wahrer Stärke, denn diese Art von Stärke verschwindet, wenn das Ego versucht, sie für die falschen Ziele einzusetzen.

Sowohl Stärke als auch Expansion steigern das Gefühl von Mut und spontaner Unerschrockenheit, das uns angesichts von Schwierigkeiten und Herausforderungen, Gefahren und Bedrohungen (seien sie real oder imaginär) wahrhaft furchtlos sein lässt. Churchill ist ein treffendes Beispiel dafür. Wir lassen uns nicht durch konventionelle Grenzen stoppen. Mut ist nicht dem Schlachtfeld vorbehalten, vielmehr steht er uns für all die endlosen Kämpfe des Lebens zur Verfügung, in denen wir uns herausfordernden Situationen oder schwierigen Menschen auf eine Weise stellen müssen, die funktioniert und zu realen und wirksamen Konsequenzen führt. Wir sind mutig darin, unsere Authentizität zum Ausdruck zu bringen und wir selbst zu sein. Wir ducken uns nicht weg oder sind passiv, wir lassen uns nicht zurückhalten oder sind klein in Wort oder Tat. Das Ausmaß an Kühnheit und Mut, das wir an den Tag legen, hängt davon ab, wie sehr wir echte Stärke in unser Identitätsempfinden integriert haben. Achten zeigen häufig eine Furchtlosigkeit, die nicht mit dieser tieferen Quelle verbunden ist und so gerne auf sozial unangemessene oder destruktive Weise zum Ausdruck gebracht wird.

Das bringt uns zum zentralen Thema des Charakters der Acht, ebenso wie des idealisierten Aspekts von Stärke: der Aggression. Achten neigen zu Aggression, wie an derber und rigoroser Sprache und ebensolchen Handlungen erkennbar ist, die scharf und unsensibel, aber auch lebhaft und stimulierend sein können. Die alltägliche Aggressivität kann jedoch zu einer äußerst destruktiven Eigenschaft werden und in Grausamkeit und Unmenschlichkeit münden, wie es bei vielen Despoten und Tyrannen der Fall ist. Diese Individuen sind extrem und spiegeln ein verzerrtes Verständnis dessen wider, was echte Aggression ist, nämlich ein Teil des Stärkeaspekts von Essenz.

Wenn wir essenzielle Stärke – das rubinrote Feuer, die Lava oder die Präsenz – integrieren, dann erleben wir ein Gefühl von Leistungsfähigkeit, ein Gefühl des „Ich kann". Dieses Gefühl, das mit Expansion und Mut einhergeht, wird zu der Fähigkeit, sich vollständig und ehrlich zu behaupten und die eigene Wahrheit uneingeschränkt und ohne zu zögern zu bekräftigen. Wir können uns in all unseren Beziehungen behaupten, sei es gegenüber uns nahestehenden Menschen oder Autoritätspersonen, Freunden oder Familienmitgliedern – überall dort, wo wir für uns selbst aufstehen müssen –, und unsere Durchsetzungskraft wird diese Beziehungen gesünder machen. Die Selbstbehauptung muss nicht laut oder grob sein, sie kann auch kühn und solide sein. Ja, sie kann sogar sanft und freundlich, aber dennoch bestimmt sein in dem Sinne, dass es keinen Rückzug und keine Zurückhaltung gibt: Sie zieht sich nicht in sich selbst zusammen. Eine solche Durchsetzung und Expansion, ein solcher Mut und ein solches Feuer des Geistes machen die wahre Aggression aus.

Der Begriff *Aggression* ist jedoch häufig negativ besetzt gewesen. Es gab eine Zeit, in der es Psychoanalytikern schwerfiel, einen Begriff zu finden, der zwar Aggression implizierte, aber nicht destruktiv war oder zornig klang. So entstand die Formulierung „neutralisierte Aggression", doch sie ist ungeeignet, um die wahre Aggression des Seins zu beschreiben. Wir könnten sie Angriffslust nennen oder einfach mutiges Durchsetzungsvermögen. Doch sie ist auch raumgreifend und kann im Dienste der Wahrheit explosiv werden und Falschheit und Lügen zerstören. Außerdem kann sie Zorn zu Hilfe nehmen, wenn er guten Zwecken dient, nicht nur in Bezug auf einen selbst, sondern auch auf alle anderen. Deshalb drücken manche verwirklichten Menschen Zorn aus, der gewöhnlich als „Heiliger Zorn" bezeichnet wird. Allerdings ist Heiliger Zorn weit von der Wut und Aggression entfernt, durch die sich die Fixierung der Acht in ihren extremen und rohen Ausdrucksformen auszeichnet, wo Zorn häufig Toben und Rasen im Dienste von Rache ist – einer Energie, die zu Grausamkeit und Brutalität werden kann. In den meisten Fällen jedoch ist die Aggression der Fixierung einfach nur lästig – sie ist weder sachdienlich noch nützlich, sondern lediglich verletzend. Sie ist reaktiver Zorn, der automatisch und konditioniert, statt sensibel oder eingestimmt ist. Dies ist der Zorn von Ego-Venge, ganz anders als der Zorn des Weisen, der sich als eine Macht des Seins ausdrückt, die Unbewusstheit und begrenzte Sichtweisen herausfordert. Selbst wenn er feurig und destruktiv ist, so steht er doch im Dienste der Wahrheit.

Die Annäherungen an die wahre Stärke zu erforschen kann uns den Weg zur wahren Essenzqualität im Ich-Ideal der Acht weisen. Diese Stärke zu integrieren ist für die Herausforderungen des Lebens recht hilfreich, doch ebenso für unsere spirituellen Praktiken und Erkundungen, da wir uns auf einem echten spirituellen Weg nicht fortbewegen können, ohne wagemutig zu sein und wahre Stärke zu verkörpern. Diese hilft uns allen dabei, hinter unsere eigene Fixierung zu kommen und zu dem tiefen Kern, der sie zusammenhält, vorzudringen. Die Verwirklichung wahrer Stärke befreit uns aus der äußeren Schale des Typs und macht uns bereit dafür, die eher innere Aufgabe anzugehen, uns über den inneren Kern klarzuwerden, um größere Freiheit zu erlangen.

DER DIREKTE WEG ZU WAHRER STÄRKE

Auch wenn das Verständnis des Ich-Ideals der Acht Hinweise auf essenzielle Stärke geben kann, ist dies nicht der leichteste oder direkteste Weg. Bestimmte spirituelle Praktiken können unmittelbarer und geschlossener dazu führen, dass man sie erleben und integrieren kann. Eine der einfachsten Methoden ist der tantrische Ansatz, der sich mit der Nutzung und Transformation von Energie beschäftigt, um das spirituelle Wesen zu entwickeln. Energie kann erotisch, ja sogar sexuell sein, oder sie kann emotional, mental oder einfach nur Energie sein. Ob wir nun eine Acht sind oder nicht, wenn wir Wut oder Rachsucht empfinden, dann besteht die tantrische Praxis darin, sie nicht auszuagieren oder dadurch auszudrücken, dass man den anderen anschreit, ihm die Schuld für etwas gibt oder ihn verflucht. Stattdessen spüren wir das Gefühl von Zorn oder Wut und bleiben bei dem reinen Gefühl. Wir versuchen nicht, es zu verändern oder zu unterdrücken. Wir verbünden uns nicht mit den Rechtfertigungen, die wir für das Gefühl haben, und hören auch nicht unseren Geschichten darüber zu. Wir fühlen einfach den Zorn in unserem Körper so vollständig wie möglich, während wir ihn gleichzeitig in Schach halten, damit die Energie nicht entweicht oder sich verflüchtigt.

Wenn wir ihn auf diese Weise spüren, dann offenbart er sich als starke, aggressive und schroffe Energie. Dadurch, dass wir darauf verzichten, ihn auszudrücken, können wir mit der Zeit seine Quelle erkennen und erleben ihn dann als feurige Qualität, statt als stacheligen Affekt. Wenn wir länger und öfter dabei bleiben – uns dies mit anderen Worten zur Gewohnheit machen –, dann erleben wir ihn schließlich als Präsenz von Stärke mit dem ihm zugehörigen Mut und seiner Ausdehnung. Möglicherweise erkennen wir ihn anfangs nicht als Präsenz, doch wir können das Gefühl von Hitze, Energie und Ausdehnung beobachten, das sich natürlich und organisch, ja sogar ursprünglich anfühlt. Das Gefühl von Präsenz zu kennen erfordert ein besseres Unterscheidungsvermögen in Bezug darauf, was diese Stärke genau ist.

Die Praxis, auf die sich diese Lehre eher konzentriert, ist die, bestimmte Bereiche der Persönlichkeit zu erforschen, die mit der Trennung von der wahren Stärke zusammenhängen. Der wesentliche Punkt ist, den Zustand von Schwäche zu fühlen, von dem wir annehmen, dass er vorhanden sein muss, wenn wir nicht imstande sind, Zugang zu wahrer Stärke zu bekommen. Schwäche ist der im Enneagramm der Vermeidungen erwähnte Charakterzug der Acht, der die Getrenntheit von der Präsenz von Stärke impliziert, was bedeutet, dass ihr Hindernisse im Weg stehen. Individuen vom Typ Acht hassen es, sich schwach zu fühlen. Doch genau dort müssen sie hingehen, um die Verbindung zu ihrer essenziellen Gabe wiederzuerlangen. Tatsächlich verbirgt sich hinter ihrem heftigen Zorn, dem lauten Überschwang und der ungezügelten Aggression häufig dieses Gefühl von Schwäche. So wehren Achten Schwäche ab und wehren sich dagegen, sie zu fühlen.

Um unseren Typ wirklich bis zum Punkt spiritueller Erleuchtung zu verstehen, brauchen wir Motivation sowie Liebe zur Realität und zur Wahrheit. Sie ermöglichen es uns, den Willen aufzubringen, uns für unsere Verletzlichkeit zu öffnen, was nötig ist, um sich dem darunterliegenden Zustand von Schwäche zu stellen. Zunächst müssen wir jedoch all die Arten und Weisen sehen, wie wir es vermeiden, uns schwach zu fühlen.

Das Vermeiden überdeckt unsere Schwäche und lenkt unsere Aufmerksamkeit so weit davon weg, dass wir uns nicht einmal bewusst sind, dass wir uns schwach fühlen. Dies kann auf vielfältige Weise geschehen. Die Vermeidungsstrategien hängen vom Individuum ab und nicht vom Typ. Wir erlernen sie in der frühen Kindheit durch den Umgang mit den wichtigen Menschen in unserem Umfeld. Zwei Arten, wie sie sich noch im Erwachsenenalter manifestieren können, sind, unsere Schwäche oder Verletzlichkeit zu leugnen, selbst wenn wir sie fühlen, und unsere Verletzlichkeit durch Wut zu kompensieren, um uns stark zu fühlen.

Damit wir uns dieser Erforschung unserer Angst vor Schwäche und Verletzlichkeit widmen können, müssen wir zunächst die Fähigkeit entwickeln, unseren Körper und das, was in ihm passiert, zu spüren.

Die Empfindungen im Körper wahrzunehmen ist anfangs nicht leicht. Die meisten Menschen spüren ihren Körper nur oberflächlich und viele Bereiche bleiben vollständig außerhalb ihres Gewahrseins. Nur indem wir unsere Aufmerksamkeit auf einzelne Teile des Körpers richten, können wir lernen, ihn vollständig zu fühlen. Und ohne dieses Ganzkörperbewusstsein sind wir nicht imstande, die Muster zu erkennen, die sich in ihm manifestiert haben. Spannungsmuster, die wir im Laufe unseres Lebens entwickelt haben, allmählich zu entspannen und loszulassen ermöglicht es uns mit der Zeit, unseren Körper ungehindert zu spüren. Diese Fähigkeit, den Körper ganz, tief und vollständig zu spüren, genau so, wie er in diesem Moment ist, ist eine eigenständige Praxis, die das Erkennen der Unmittelbarkeit der Präsenz unterstützt.

Wir müssen auch unsere Fähigkeit zu fühlen weiterentwickeln, indem wir erforschen, was uns daran hindert, unsere Emotionen zu erfahren – oder zumindest die speziellen Emotionen, gegen die wir uns wehren. Das wiederum ist Bestandteil der spirituellen Praxis und Disziplin. Wir können Gewahrsein entwickeln, indem wir Achtsamkeit praktizieren, doch die Praxis kann mental bleiben, wenn wir unsere Emotionen nicht fühlen. Damit wir sie tief und zur Gänze fühlen können, muss unser Herz offen sein und darf nicht durch Muster emotionalen Konflikts oder Abwehrmechanismen gegen Verletzung, Angst, Einsamkeit und so weiter blockiert werden. Unser Herz so vollständig zu öffnen, wie es die spirituelle Praxis verlangt, kann ein schwieriger und schmerzhafter Prozess sein. Doch es ist möglich, und dieser Prozess macht uns zu wahren Menschen.

Wenn wir zu allen idealisierten Aspekten Zugang bekommen haben, wird unser Körper transparent für Präsenz geworden sein. Und unser Herz wird offen und empfänglich dafür sein, die Affekte zu erleben, die die verschiedenen Qualitäten von Präsenz widerspiegeln. Wir werden unsere Fähigkeit entwickelt haben, zu spüren und bewusst verkörpert zu sein, da dies die Voraussetzung dafür ist, dass sich Transparenz einstellen kann. Und unser Herz wird willens und in der Lage sein, jede aufsteigende Emotion zu fühlen, unabhängig von ihrer Art oder Intensität.

Diese Bereitschaft des Herzens ermöglicht es uns, den wirklichen, den ungeschützten Zustand von Schwäche zu fühlen. Das Ego tut einiges, um ihn zu rechtfertigen oder zu erklären, ihn zu vertuschen oder zu leugnen, ihn zu unterdrücken oder zu beschränken, da es bemüht ist, diesen sehr realen Teil unserer Erfahrung zurückweisen. Doch wir nehmen stattdessen unsere Schwäche und Hilflosigkeit als kostbare Geschenke an, da sie unser Zugang zu unserem authentischen Wesen sind. Indem wir den Zustand von Schwäche fühlen, uns weder gegen ihn wehren noch ihn zu ändern versuchen, geschieht etwas Neues.

Dadurch, dass wir die Wahrheit unseres Grundgefühls von Schwäche anerkennen, werden wir offen für die Wahrheit, die jenseits davon liegt: die Wahrheit wahrer Stärke. Wir erkennen, dass Schwäche mit einer Art Leere verbunden ist, die wir im Bauch oder Becken oder manchmal auch entlang der rechten Körperseite fühlen können. Da der Zustand der Schwäche auf die Trennung von der wahren Stärke zurückzuführen ist, beinhaltet er sowohl das Gefühl von Getrenntheit als auch den Affekt, der die Abwesenheit der Qualität reflektiert. Mit anderen Worten, der Zustand der Schwäche wird – wenn wir mit unseren Manipulationen aufhören – ganz natürlich und spontan zum defizitären Zustand der Kraftlosigkeit. Wir empfinden die Trennung als Mangel, als eine Leere, die durch das Gefühl geprägt ist, keine Kraft zu haben. Statt uns schwach zu fühlen, fühlen wir: „Ich habe keine Kraft". Dieses Gefühl, dass keine Kraft da ist, ist der Zustand der Trennung, der sich als Zustand defizitärer Leere herausstellt. Einige Menschen sind mit dieser Art von Leere vertraut, andere sind es nicht. Diejenigen, denen sie nicht vertraut ist, könnte dieses Gefühl, dass „etwas fehlt", erschrecken. Trotzdem ist es real und wir müssen es fühlen.

Die defizitäre Leere kann Situationen aus unserer Vergangenheit ans Licht bringen, die zu der Trennung geführt haben – schmerzhafte Erfahrungen aus der frühen Kindheit mit einem Elternteil oder Geschwistern oder mit jemandem, der zu jener Zeit wichtig war. Die Dynamiken, die zu der Trennung geführt haben, werden sichtbar, und je besser wir sie kennen, sehen und vollständig fühlen können, umso besser verstehen wir sie und ihren Einfluss auf unsere gegenwärtige Situation. Dieses Verständnis ist kostbar und für den nächsten Schritt, das tatsächliche Auftreten des fehlenden Zustands von Präsenz, auch notwendig.

Wenn wir uns mit dieser Leere vertraut machen und uns wohl genug damit fühlen, um uns nicht länger gegen sie zu wehren, dann verändert sie sich von selbst. Sie wird zu einem Zustand der Weiträumigkeit, zu einer Offenheit, die klar und rein ist. In dieser Offenheit kann sich die Präsenz wahrer Stärke zeigen. Sie kann ein Hitzeempfinden oder ein Feuer im Bauchraum sein oder ein Fluss glühend heißer Stärke. Wir könnten uns stark fühlen und ein Gefühl von Fähigkeit und Kühnheit haben oder wir könnten das Gefühl wahrer Präsenz haben, die sich durch Stärke auszeichnet. So haben wir uns durch das spezifische Loch der Stärke hindurchbewegt, dem Tor zum Sein, das ich in Kapitel 1 als Theorie der Löcher beschrieben habe.

Indem wir weiter daran arbeiten, das zuzulassen, was uns bislang daran gehindert hat, Schwäche oder sogar Stärke zu fühlen, und indem wir unsere frühe Dynamik verstehen, gewinnen wir einen besseren Zugang zu unserer wahren Stärke und integrieren auch diesen Seinszustand als eine der Qualitäten unseres gegenwärtigen Bewusstseins. Das bedeutet, dass wir den Schlüssel gefunden haben, um den Knoten der Achter-Fixierung zu lösen. Doch wir haben auch eine Stärke gewonnen, die in unserem Leben nützlich sein wird, sowohl in unserer spirituellen Praxis im Allgemeinen als auch im Umgang mit dem Kern anderer Typen. Vor allem aber sind wir in die Dimension des Geistes eingetreten, indem wir die wahre Präsenz des Geistes verkörpern, die hier als Essenz und Kraftquelle in all ihren Dimensionen auftritt. Wir wissen jetzt, was Präsenz ist – was bedeutet, dass wir unsere spirituelle Natur erkannt haben –, und wir wissen, was wahre Stärke ist. Es ist eine Stärke, die nicht verblasst oder abnimmt. Sie kann sich nur ausdehnen und vertiefen, und sie verleiht unserem Leben mehr Vitalität, mehr Lebendigkeit und Ausdehnung. Diese Ausdehnung ist nicht mehr aufzuhalten und kann endlos sein, wenn wir unsere spirituelle Reise fortsetzen.

Ich habe ausführlich erörtert, wie man auf die essenzielle Qualität der Stärke zugreifen kann, um zu verdeutlichen, wie sich die Wiedergewinnung unserer Essenz vollzieht. Wir sehen, inwiefern uns die

Theorie der Löcher dabei hilft, direkt auf die Qualität zuzugreifen. In weiteren Kapiteln werde ich nicht alle Einzelheiten für jeden Typ durchgehen, doch der Prozess ist ähnlich. Es ist das Umfeld – die spezifischen Themen und die Themen aus der Vergangenheit, die unseren Zugang zu jeder Qualität blockieren –, das sich verändert.

3

Punkt Sechs: PERSÖNLICHER WILLE

Hinweise auf die Strukturierung des Ich-Ideals von Punkt Sechs sind in einer von zwei Kategorien zu finden: phobisch oder kontraphobisch. Beide bringen das Ich-Ideal zum Ausdruck, doch die phobische Sechs fühlt sich nicht erfolgreich, wenn sie sich ihm nähert, während die kontraphobische es tut. Beide spiegeln den idealisierten Aspekt wider und verweisen auf ihn. Doch es ist nicht leicht, die Reflexion zu erkennen, wenn wir gar nicht wissen, was der idealisierte Aspekt ist oder was einige seiner Eigenschaften sind, denn diese stimmen nicht immer mit dem herkömmlichen Wissen überein, so wie es die Achter-Eigenschaften tun.

Die für uns relevanten Merkmale sind Sturheit, Hartnäckigkeit, feste Entschlossenheit und die Weigerung, anderen zuzuhören. Wenn sich Sechsen auf Autoritäten oder Elternfiguren beziehen, äußern sich diese Eigenschaften in Form von Aufsässigkeit, in dem Bestehen darauf, den eigenen Willen durchzusetzen, sowie in sturer Beharrlichkeit trotz Widerstand und Herausforderungen.

Die kontraphobische Sechs neigt dazu, sich Autoritäten zu widersetzen, denn sie ist rebellisch, misstrauisch, ängstlich, ja sogar paranoid. Außerdem ist sie selbstsicher, manchmal so sehr, dass es wirklichkeitsfremd wirkt. Die phobische Sechs (in Ichazos Ausdrucksweise „Ego-Cow", auch als Loyalist bekannt) neigt dazu, Autoritäten hoch zu schätzen – und sie verpflichtet sich ihnen gegenüber dauerhaft, was zu Konformität und mitunter sogar Unterwürfigkeit führen kann. Phobische Sechsen bringen Autoritäten häufig auch Respekt, Verehrung, Loyalität und Ehrerbietung entgegen, was löbliche Eigenschaften sein können, die jedoch auch stark übertrieben werden können, sogar bis dahin, dass Entscheidungen und Selbstbestimmung aufgegeben werden.

Naranjo schreibt:

> Auf der unmittelbaren psychologischen Ebene stimmt, dass der Enneagrammtyp Sechs angesichts von Autoritäten seine Macht aufgibt. Aber es ist auch möglich, dass es das Seinsempfinden selbst ist, das er aufgibt – und zwar durch die Projektion auf Individuen, Systeme oder Ideen, welchen er eine „überlebensgroße" Wichtigkeit oder Erhabenheit beimisst.[2]

Sowohl kontraphobische als auch phobische Sechsen sehnen sich nach Sicherheit und müssen sich auf etwas Solides – eine Autoritätsperson, ein Anliegen, eine Organisation oder jemandes Glauben an ihre Meinungen und Entscheidungen – verlassen können. Unentschlossenheit und Unbeständigkeit in ihrem Verhalten und ihrer Haltung spiegeln ebenfalls ihr Ich-Ideal wider, nämlich in der Hinsicht, dass sie das Gefühl haben, ihm nicht zu entsprechen. Das zeigt sich auch in Ängstlichkeit und ihrer Neigung zu Besorgnis und Unsicherheit. Jiddu Krishnamurti begann sein Leben als phobische Sechs und war in jungen Jahren sehr gehorsam gegenüber seinen theosophischen Lehrmeistern. Doch nach seiner Transformation begann er zu rebellieren und wurde zu einer Art erwachter Sechs, die trotzdem ihre Fixierung nicht überwand. Er besaß Willensfestigkeit, widersetzte sich aber jeglicher Autorität, und das häufig auf unrealistische Weise und ungeachtet der Klarheit seiner Verwirklichung. Aber er

2 Naranjo, *Erkenne dich selbst im Enneagramm*, S. 217

war definitiv eine transformierte Sechs und wurde nicht von Ängsten, Paranoia oder Projektionen gesteuert. Ein Extremfall dieses Typs war Adolf Hitler, der die misstrauische und paranoide Persönlichkeit verkörperte, die im Besitz sämtlicher Befugnisse sein musste, und wir wissen heute, wie weit er in dem Glauben ging, er sei die einzige Autorität auf Erden.

DER IDEALISIERTE ASPEKT: PERSÖNLICHER WILLE

All diese Eigenschaften und Neigungen, Verhaltensweisen und Reaktionsmuster lassen sich leicht durch die wahre Seinsqualität erklären, der sich das Ideal anzunähern oder die es nachzuahmen versucht. Wahrer persönlicher Wille weist einige Ähnlichkeiten zum herkömmlichen Verständnis des Willens auf, doch er geht wesentlich weiter als dieses vertraute Gefühl. Aus diesem Grund ist es schwer, den idealisierten Aspekt in der Fixierung dieses Typs von den Mustern seiner Schale zu unterscheiden.

Die Vorstellung, die Typ Sechs vom Willen hat, entspricht eher Starrsinn oder dem, was gemeinhin als unbeugsamer Wille bekannt ist. Dieser kann so starr und stark sein, dass er als „eiserner" Wille bezeichnet wird. Viele sehen einen eisernen Willen als gute Eigenschaft an. Doch diese eiserne Qualität lässt einen Menschen defensiv und unflexibel, ja sogar gefühllos und unmenschlich sein. Sie tritt auch als Hartnäckigkeit auf. Wir können getrost sagen, dass Hitler einen eisernen Willen hatte, denn er übte unentwegt und erbarmungslos Macht aus und tat dies auf Kosten zahlreicher Opfer, die er unter Verdacht stellte oder fürchtete. Das spiegelte die Tatsache wider, dass er vom wahren Willen getrennt war und höchstwahrscheinlich unter dem Gefühl von Kastration und Unzulänglichkeit litt, gegen das er sich durch unentwegten Einsatz für Macht und Autorität zur Wehr setzte – einen Einsatz, der nicht schwanken oder schwächer werden, seinen Kurs ändern oder nachgeben durfte. Natürlich sind die meisten Sechsen nicht wie Hitler, doch wir nehmen ihn als Beispiel, um in karikaturesker Form zu zeigen, wie weit diese Verzerrung des persönlichen Willens gehen kann. Bei den meisten Sechsen ist eine Verzerrung des persönlichen Willens zu finden, doch in unterschiedlichem Maße kommen einige von ihnen dem wahren Willen nahe. Der Begriff, den wir in unserer Lehre verwenden, um uns auf diese Art der defensiven Entschlossenheit zu beziehen, ist „falscher" Wille. Wenn wir feststellen, dass wir auf hartnäckige und gefühllose Weise eigenwillig sind, können wir in unserem Solarplexus tatsächlich einen harten, unnachgiebigen Eisenball spüren. Trotz seiner Festigkeit und Undurchdringlichkeit ist er eine schlechte Imitation des wahren Willens. Der falsche Wille kommt unrealistisch übertrieben daher und ist weder hilfreich für das Lernen und die innere Entwicklung noch dafür, anderen und ihrem Wohlergehen zu dienen.

DIE PRÄSENZ DES PERSÖNLICHEN WILLENS

Genauso wie es viele Wege gibt, essenzielle Stärke zu erleben, gibt es verschiedene Möglichkeiten, um den persönlichen Willen zu erleben, der für Punkt Sechs der Schlüssel zur Freiheit von seiner Fixierung ist. Jede essenzielle Präsenz kann in unterschiedlichen Graden von Subtilität und Verfeinerung erfahren werden und jede spiegelt eine bestimmte Ebene von Verwirklichung oder Erfahrungstiefe wider. Manchen Menschen begegnet der persönliche Wille zum ersten Mal als „Vollmond" im Bereich des Solarplexus, ähnlich dem, wie einige Sufis auf diese Qualität schauen. Dieser Vollmond hat genau wie der Mond am Himmel eine leuchtende silbrig-weiße Farbe und wird als Leichtigkeit mit ein wenig Dichte erlebt. Er fühlt sich an wie eine Scheibe aus kondensiertem silbrig-weißen Licht, das uns selbstsicher und zentriert, entschlossen und standhaft sein lässt. Wir sehen bereits, inwiefern einige Merkmale der Schale Versuche sind, diese wahren, reinen Qualitäten nachzuahmen. Durch ihre Sturheit und ihren Eigensinn versucht die Sechs, die Eigenschaften von Entschlossenheit und Standhaftigkeit nachzuahmen, die mit der Zuversicht einhergehen, die von dem eigenen wahren Wesen herrührt. Sowohl phobischen als auch kontraphobischen Sechsen mangelt es an echter Zuversicht, doch beide reagieren jeweils anders auf diesen Mangel.

Das erste Auftreten des Willens ist zumeist eine subtile weiße Präsenz oder Substanz. Der Vollmond erscheint in der Regel dann, wenn sich das Zentrum für diesen Aspekt im Solarplexus öffnet. Auf dieser Ebene ist es eines der „Organe", die die Sufis *Lataif* oder „Feinheiten" nennen. Sie glauben, dass die weiße Präsenz, der Wille, die erste *Latifa* (Singularform von *Lataif*) ist, die aktiviert werden sollte, weil sie als Brücke zur spirituellen Welt dient und in ihrem System mit dem Propheten Moses assoziiert wird. (Im Sufisystem gibt es normalerweise fünf Lataif, von denen jede ihr eigenes Zentrum hat: weiß am Solarplexus, gelb oberhalb der linken Brustwarze, rot oberhalb der rechten Brustwarze, schwarz in der Mitte der Stirn und grün in der Mitte der Brust beziehungsweise des Herzzentrums. Wir werden uns bei Gelegenheit darauf beziehen, doch der Diamond Approach unterscheidet sich vom Sufi-System, auch wenn er die Farben und Zentren genauso sieht, wie es die Sufis tun.) Der Vollmond wird schnell zu einer weißen Latifa oder subtilen weißen Präsenz. Diese ist auch mit einem Gefühl von Zentriertheit und einer Art Willen verbunden, der nicht eigensinnig, sondern flexibel ist und auf unsere Bedürfnisse und die Notwendigkeiten und Anforderungen der Situation reagiert und sich ihnen entsprechend anpasst.

Die charakteristischste und häufigste Erfahrung des persönlichen Willens ist die Präsenz von Silber in flüssiger oder fester Form. Diese Ebene ist substanzieller als die weiße Latifa. Silber spiegelt den Umstand wider, dass es weicher und daher flexibler ist als das harte und starre Eisen. Hier ist das Gefühl von Präsenz am deutlichsten; es ist eine dichte, subtile Präsenz, die gewöhnlich als konzentrierte Masse reinen silbernen Bewusstseins den Bauch beziehungsweise die untere Körperhälfte füllt. Ist Silber fest, dann ist es normalerweise statisch und befindet sich an einer bestimmten Stelle im Körper, doch in flüssigem Zustand kann es je nach dem funktionalen Bedürfnis oder inneren Zustand überall im Körper hinfließen.

Außer als fester silberner Ball im Solarplexus oder Bauch kann die Präsenz auch als Säule gefühlt werden, die das Rückgrat ausfüllt und uns das Gefühl gibt, dass wir „Rückgrat haben", wie man so schön sagt. Alternativ kann die Präsenz als feste Masse auftreten, die den Unterkörper mit dem Gefühl von Grenzenlosigkeit und der Festigkeit eines Berges füllt. In Wirklichkeit ist diese Erfahrung von Silber die lebendige Gegenwart von Festigkeit. Die Präsenz zeigt sich häufig als eine Art großzügiger Weite, doch hier manifestiert sie sich als solide Masse mit eigener Wahrnehmung und Wissen um sich selbst. Es handelt sich dabei um eine Masse, die innerhalb ihres gesamten Feldes sensibel und bewusst ist, egal, ob sie nun fest oder flüssig ist. Die Sensibilität erkennt ihre eigene Präsenz und die Eigenschaft geschmeidiger Silber-Festigkeit, die charakteristisch für das Vorhandensein des persönlichen Willens ist. Dieser essenzielle Silber-Wille ist schimmernd und leuchtend, im Gegensatz zum eisernen Willen, der dazu neigt, sich dunkel und schwer anzufühlen – und manchmal sogar rostig und alt wie Gusseisen.

Viele, die Präsenz aus Erfahrung kennen, kennen sie als nichtphysisches Empfinden von Fülle oder Wesenhaftigkeit. Die Wesenhaftigkeit zeigt die Wirklichkeit und Existenz von Bewusstsein oder Sein an. Sie fühlt sich wahr und real an, und wir selbst fühlen uns präsent und authentisch. Möglicherweise ist dir nicht bewusst, dass Präsenz viele Qualitäten hat und dass sie als festes oder flüssiges Silber wahrgenommen werden kann. Hartsilber ist mit demselben Empfinden verbunden, das wir auf der physischen Ebene erleben: metallisch und kühl. Eisen fühlt sich zwar metallisch an, doch dieses Gefühl ist alles andere als angenehm, da seine Härte nicht reagiert und seine Unbeweglichkeit sich festgefahren anfühlen kann.

Dagegen fühlt sich Silber lebendig, sensibel und seiner selbst bewusst an, und seine metallische Qualität ist beruhigend, angenehm und leicht. Selbst in flüssiger Form hat Silber eine solide Präsenz, durch die wir uns klar und unmittelbar, verwurzelt und geerdet fühlen, ohne von den Launen der Zeit und der Umstände hin und her bewegt zu werden.

Es ist auch möglich, den gesamten Körper als gediegenes Silber zu fühlen, so, als wären wir eine lebende Statue aus glänzendem und poliertem Silber, die rein ist und sich mit einer Empfindung von

Jungfräulichkeit und Unberührtheit verbindet. Und trotzdem können wir uns leicht und geschmeidig bewegen, denn das gediegene Silber gibt dem Physischen, auch wenn es selbst nicht physisch ist, innere Unterstützung für seine Position und Bewegung. Dieser Körper aus Silber ist Präsenz, die sich ihres Fest- oder Flüssigseins bewusst ist und sich selbst als standhaft und stark erkennt. Sie erkennt sich auch als persönlicher Wille. Und dieses Wissen kommt aus der Präsenz selbst, nicht aus dem Verstand, denn dieser hat den Willen möglicherweise nie so kennengelernt.

Wir sehen hier etwas Wichtiges in Bezug auf die Präsenz und das mit ihr einhergehende Wissen, das sich vom konventionellen Erleben äußerer Objekte oder emotionaler und mentaler Zustände unterscheidet. Die Erfahrung von Präsenz und das Wissen, dass es sich um Präsenz handelt, sind ein und dasselbe. Wissen und Sein sind eins – ein Merkmal der Gnosis im Allgemeinen, die der spirituelle Modus des Wissens ist. Mit anderen Worten, dieses Wissen ist weder ein mentales Erinnern noch eine intellektuelle Folgerung.

Hier ist das Wissen, da wir eine bestimmte Qualität von Präsenz erfahren, die Präsenz des Willens. Die Empfindung der Festigkeit zu sein und sie als fest zu erkennen gehört also zusammen; beides ist untrennbar miteinander verbunden. Mit diesem Wissen können wir sie fühlen und spüren. Wir können die Beschaffenheit, die Glätte und die Kühle des Silbers spüren, ja sie sogar schmecken. Niemand muss uns sagen, dass es Präsenz oder die Präsenz des wahren Willens ist, und niemand kann uns von diesem Wissen abbringen. Denn in ihm ist die Gewissheit der Gnosis enthalten. Das gilt für unser Erleben von Präsenz im Allgemeinen, und wenn dieses vollständig genug ist, für das Erleben sämtlicher essenziellen Aspekte oder Qualitäten.

EIGENSCHAFTEN DES PERSÖNLICHEN WILLENS

Jetzt möchten wir herausfinden, wie der persönliche Wille mit den Merkmalen der Schale der Fixierung zusammenhängt. Wir stellen die Eigenschaften des wahren Willens teilweise durch seine Beschaffenheit und die mit ihm verbundenen Empfindungen fest, jedoch hauptsächlich durch die Art und Weise, wie er unser Bewusstsein beeinflusst. Mit Bewusstsein meine ich hier unser individuelles Bewusstsein, nicht das universelle oder kosmische Bewusstsein. Es ist auch das, was ich als unsere individuelle Seele bezeichne. Das kosmische Bewusstsein haben wir in *Facetten der Einheit* erörtert, und es ist wichtig, um die heiligen Ideen zu verstehen. Als Schlüssel für diesen Typ brauchen wir es jedoch nicht.

Festigkeit ist eine Möglichkeit, wie sich dieser Aspekt anfühlen kann; es ist das unmittelbare Erleben der silbernen Präsenz. Dabei ist allerdings zu beachten, dass Festigkeit, wenn sie verwirklicht wird, nicht ausschließlich im Zusammenhang mit dem persönlichen Willen auftaucht. Es gibt noch andere Eigenschaften, die das Gefühl von Festigkeit und Stabilität vermitteln, wie Wahrheit, Existenz, universeller Wille und Makellosigkeit, um nur einige zu nennen. Doch unsere erste Begegnung mit der Präsenz von Festigkeit findet häufig mit dem Willen in Form von Silber statt. Das Ich-Ideal der Sechs versucht, den wahren Willen zu imitieren, indem es emotionale und mentale Festigkeit findet, um sich sicher, geerdet, unbeirrt und standhaft zu fühlen. Doch die Sechs kann dies nur mit unbeugsamer Härte erreichen – einer Härte, die defensiv und unsensibel gegenüber anderen Menschen und Situationen ist. Eiserner Wille kann als eine Art Wille betrachtet werden; er ist jedoch nur ein Abglanz des wahren Willens. In phänomenologischer und emotionaler Hinsicht ist er defensiv und hart. Er erscheint als Eigensinn oder Starrsinn, als Unnachgiebigkeit in Bezug auf die Meinungen anderer und als mangelndes Verständnis für sie. Er setzt sich durch, ohne die Folgen für andere Menschen oder das Umfeld in Betracht zu ziehen. Während der persönliche Wille ein Ausdruck von Offenheit ist, zeigt der falsche oder eiserne Wille keinerlei Aufgeschlossenheit gegenüber anderen Menschen oder den Umständen. Unterschiedlichkeit bedeutet für die fixierte Sechs lediglich Opposition – sie ist nichts, was sie begrüßen würde –, und daher stellen kontraphobische Sechsen ständig das in Frage, was anders ist, während sich phobische Sechsen ihm willfährig unterwerfen.

Die Präsenz von Festigkeit beeinflusst unser Bewusstsein, indem sie uns das Gefühl gibt, sicher, geerdet und unterstützt zu sein. Das Gefühl der Angst der Sechs hängt mit dem Fehlen dieser Präsenz zusammen. Wenn wir keine innere Festigkeit besitzen, stellt sich ein Gefühl von Kastration ein – ein Verlust an Willenskraft und der mit ihr einhergehenden Macht. Es handelt sich dabei um ein intensives (wenn auch oft unbewusstes) Gefühl, von unserem Grund abgeschnitten zu sein. Die Reaktion auf diese unerträgliche Kastration – der spürbare Mangel an innerer Festigkeit – ist Unsicherheit, Furcht und Angst, was die zentralen Eigenschaften der phobischen Sechs sind. Die Angstreaktion bei kontraphobischen Sechsen wird von Härte und Rigidität überlagert, welche die nicht vorhandene Festigkeit kompensieren sollen. Es ist diese mangelnde Flexibilität, die den falschen Willen als vorgetäuscht entlarvt, denn der wahre Wille ist flexibel, auch wenn er fest ist. Er zeigt sich unerschütterlich angesichts von Herausforderungen und Bedrohungen und reaktionsfähig im Angesicht von Wahrheit und Realität. So fließt das befreite Individuum mit wechselnden Situationen mit und reagiert intelligent und flexibel im Umgang mit ihnen. Mit der Flexibilität ist kein Gefühl von Schwäche verbunden, während für die fixierte Sechs flexibel zu sein Schwäche bedeutet.

Die innere Festigkeit, die sich auf wunderbare Weise wie kompaktes, dichtes Bewusstsein anfühlt, ermöglicht es uns, unser wahres Fundament in der Realität wahrzunehmen, und macht uns so weniger verletzlich für den Einfluss von Projektionen oder vermeintlichen Ängsten. Sie gibt uns ein Gefühl echter Unterstützung, sodass wir uns von unseren eigenen inneren Ressourcen getragen fühlen. Meistens benötigen wir keine Unterstützung von außen, um zu sein, wer und was wir sind, und unsere Vorstellungen und Gefühle zum Ausdruck zu bringen. Es ist keine Angst da, weil uns die innere Unterstützung und Festigkeit ein authentisches Gefühl von Sicherheit vermitteln.

Dieses Gefühl von Sicherheit entsteht, wenn der Aspekt des persönlichen Willens das erste Chakra, das Muladhara, ausfüllt, welches das Zentrum der Selbsterhaltung und des Überlebens ist und sich in der Beckenregion befindet (*mula* bedeutet „Wurzel“, *adhara* „Unterstützung“). Wenn Hindernisse das Auftauchen des Willens in diesem

Zentrum blockieren, dann fühlen wir uns unsicher und neigen dazu, ängstlich, ja sogar paranoid zu sein. Unser Überleben fühlt sich dann nicht sicher an, da dem Sicherheitszentrum die essenzielle Qualität des Willens fehlt, die uns das Gefühl gibt, in uns selbst sicher und geborgen zu sein. Wenn der persönliche Wille in diesem ersten Chakra präsent ist, dann ist die Wahrnehmung unserer Umgebung in Bezug auf Bedrohungen oder Gefahren objektiv und leitet sich nicht aus unseren Projektionen, Fantasien oder früheren Erfahrungen ab.

Es ist allgemein bekannt, dass wir Willen brauchen, um durchzuhalten. Doch der fixierte Typ nähert sich dem notwendigen Willen so an, dass er entweder drängelt und sich bemüht oder sich und seine Sensibilität verhärtet. Ist hingegen wahrer Wille vorhanden, dann ist die Ausdauer natürlich und mühelos. Tatsächlich ist Mühelosigkeit eine der Wirkungen des Vorhandenseins von persönlichem Willen. Und wir können nicht wissen, was wahre Mühelosigkeit ist – die in vielen spirituellen Praktiken wichtig ist –, ohne dass wir den persönlichen Willen verkörpern. Der wahre Wille gibt einem ein ausgeprägtes Gefühl von Vertrauen in sich selbst und die Realität. Vertrauen ist im Grunde genommen die Präsenz der Qualität des Willens in unserem Bewusstsein und erscheint meistens im Solarplexus.

Ausdauer wird zu Entschlossenheit, die wiederum zu müheloser Beharrlichkeit werden kann. Von außen sieht es so aus, als würde man seinen Willen anwenden. Doch das ist nicht der Fall; der Wille ist einfach präsent. Ausdauer und Beharrlichkeit sind die äußeren Manifestationen des Zustands der Standfestigkeit – eines Gefühls, das auftaucht, wenn wir unter dem Einfluss des wahren Willens stehen. Vertrauen führt zu einer Art von Standfestigkeit, die mühelos ist, da wir mit der Wahrheit fließen. Echtes Vertrauen und wahre Standfestigkeit stehen in Kontrast zum Stottern und der Unentschlossenheit der phobischen Sechs oder dem Eigensinn der kontraphobischen Sechs, die beide den fehlenden Zugang zum persönlichen Willen anzeigen.

Im vorherigen Kapitel haben wir den Aspekt der Stärke erforscht. Hier können wir sehen, dass Stärke ebenfalls hilfreich sein kann, wenn sie zusammen mit dem Willen auftritt. Wahre Stärke gibt uns das Gefühl, fähig zu sein, ein Gefühl des „Ich kann“, das uns helfen wird, die Standhaftigkeit des „Ich will und ich werde“ zu fühlen. Dort, wo Stärke uns die Energie verleiht, die Initiative zu ergreifen, wird uns der Wille befähigen, die Aktion erfolgreich durchzuführen.

Standhaftigkeit und Ausdauer können sich auch als Entschlossenheit äußern und an einem gewissen Punkt auch als engagierten Einsatz für etwas. Tatsächlich können wir uns nicht wirklich auf eine Vorgehensweise oder eine Beziehung einlassen, wenn wir keinen eigenen, persönlichen Willen haben, denn ohne ihn sind wir unstet, misstrauisch und unsicher und vertrauen uns selbst nicht. Dann zweifeln wir an unseren Wahrnehmungen und Einsichten und beschäftigen uns mit imaginären Drohungen und Projektionen äußerer Gefahren. Ein gutes Beispiel aus der Literatur ist der von Cervantes geschaffene Charakter des Don Quijote. Das heißt nicht, dass wahren Willen zu besitzen äußere Gefahren beseitigen würde, doch wir sehen und schätzen sie realistisch ein, statt uns von Angst und Paranoia leiten zu lassen. Wir sind stabil und zuversichtlich, selbst wenn unser Leben bedroht sein sollte. Da uns der Wille die Fähigkeit zum Engagement gibt, sind wir stetig in unserem Handeln. Auch in unseren Beziehungen zu Individuen, Organisationen oder Anliegen schwanken und zögern wir nicht.

Die Erdung des Willens, die Freiheit von Hirngespinsten und Projektionen verleiht, fördert Klarheit und Objektivität in allen Situationen und Beziehungen. Das daraus resultierende Verhalten ist sicher, konkret und bestimmt und erfolgt unverzüglich. Wir sind bestimmt in unserer Wahrnehmung, unseren Beobachtungen und unserem Verständnis, denn der Wille unterstützt uns darin, die Wahrheit so zu sehen, wie sie ist, angstfrei und ohne uns etwas einzubilden.

Herkömmlichem Wissen zufolge erscheint es paradox, sich Willen als Mühelosigkeit vorzustellen. Die meisten Menschen glauben, dass Wille mit Anstrengung zu tun habe, dass wir unseren Willen anwenden und mit allen Mitteln versuchen müssten, durchzuhalten. Doch eigentlich ist Mühelosigkeit eine Begleiterscheinung der Präsenz des persönlichen Willens. Erwachte Wesen müssen sich keine Mühe geben, um beharrlich und standfest zu sein; beide Qualitäten stellen sich leicht und ganz von selbst ein. Und das kann eine Art und Weise sein, wie sich Glaube und Vertrauen ausdrücken. Der Festigkeit des Willens liegt Treue zugrunde, was der landläufigen Auffassung von dem, was Wille ist, eigentlich widerspricht.

Je besser wir den Willen verstehen, indem wir ihn selbst verkörpern, umso mehr erkennen wir, dass Beharrlichkeit, Zielstrebigkeit und Entschlossenheit allesamt Annäherungen an den wahren Willen sind. Es sind gute Annäherungen, aber trotzdem nichts weiter als das. Der wahre Wille kennt kein Streben. Wäre es vorhanden, dann würde daraus folgen, dass der göttliche Wille auch Anstrengung beinhalten müsste. Hat sich Gott etwa bemüht und es probiert und nicht locker gelassen, als er die Welt erschuf? Ist es nicht wahrscheinlicher, dass spontane, mühelose Schöpfung einfach geschieht? Ganz ähnlich ist die Erfahrung von Typ Sechs, sobald er von seiner Fixierung befreit ist.

Es ist nicht leicht, den Aspekt zu erraten, wenn man nur das Ich-Ideal kennt, denn dieses ist lediglich eine Widerspiegelung des Willens. Bevor wir nicht die Präsenz des Willens kennen, haben wir kein vollständiges und wahres Verständnis davon, was persönlicher Wille tatsächlich ist. Es ist möglich, aber nicht leicht, das herauszufinden. Es gibt allerdings einen direkteren Weg, um zu diesem Wissen zu gelangen.

DER DIREKTE WEG ZUM WILLEN

Die tantrische Methode für diesen Typ würde so aussehen, dass man direkt mit der Angst arbeitet, was offensichtlich nicht so einfach ist. Wenn man sich konsequent einer spirituellen Praxis widmet, dann kann man so mit der Zeit die Entwicklung der Fähigkeit unterstützen, bei der Angst zu bleiben, statt vor ihr wegzulaufen. Schließlich können wir sie sogar willkommen heißen. Wenn wir Angst vollständig fühlen können, ohne uns mit ihr zu identifizieren, sie auszuagieren oder zu vermeiden, dann begreifen wir sie einfach als Energie, als eine Art Stimulus. Wenn wir dabei bleiben, stellen wir fest, dass sie in Wirklichkeit nichts weiter als Gewahrsein ist, die Klarheit des Gewahrseins. Angst macht uns wachsam. Auf der biologischen Ebene wirkt sie als Achtsamkeitskatalysator bei Tieren und Menschen. Wachsamkeit ist ein fokussierteres Gewahrsein, als wir es sonst normalerweise erleben. Dieses Gewahrsein geht über unseren Selbsterhaltungsinstinkt hinaus, der hier durch die Neurose verzerrt wird, die sich für den Typ entwickelt hat. Wenn wir jedoch lernen, uns mit der Angst anzufreunden, dann offenbart sie ihren Ursprung als klares, scharfes Bewusstsein. Sie ist nicht der Aspekt des persönlichen Willens – der die idealisierte Eigenschaft ist –, sondern der Boden dafür.

Da wir die idealisierte Eigenschaft als Schlüssel brauchen, um die Fixierung zu lösen, wie bekommen wir da Zugriff auf die Eigenschaft? Wie können wir uns dafür öffnen, dass sie sich zeigen kann? Auch wenn die tantrische Methode zu klarem, gestochen scharfem Gewahrsein führen kann, funktioniert sie für den Willen nicht. Wir können uns nicht auf den wahren Willen zubewegen, indem wir lediglich den eisernen – oder falschen – Willen oder unser Bemühen deutlicher spüren. Das verstärkt den falschen Willen nur. Wir können jedoch den Zustand des eisernen Willens erforschen: unsere Sturheit und unseren Mangel an Flexibilität, unsere angestrengte Entschlossenheit und Beharrlichkeit. Oder wir können den Zustand des Nicht-Willens erforschen: unsere Ängstlichkeit und unseren Mangel an Zuversicht, unsere Unentschlossenheit und unser Zögern, unseren Zweifel und unsere Unsicherheit. Erforschen bedeutet, sie so zu fühlen, wie sie sind, anstatt zu versuchen, sie zu verändern. Es bedeutet, sie zu fühlen und offen für die Bedeutung zu sein, die sie haben oder verbergen könnten. Neugierig zu sein, was es bedeutet, einen eisernen Willen zu haben, mit anderen Worten, dermaßen stur zu sein, egal, wie sehr das unsere Freunde und die Menschen, die uns nahestehen, erzürnt. Wir können voller Neugierde und Wissensdurst jedes einzelne Merkmal des eisernen Willens untersuchen, ohne es abzulehnen, es zu beurteilen oder zu versuchen, es zu verändern oder zu unterdrücken. Wenn wir Angst oder Paranoia fühlen, erkennen wir die Gefühle an, ohne auf die Geschichten zu hören, die wir uns selbst darüber erzählen. Wir sollten immer davon ausgehen, dass wir sie nicht vollständig verstehen und dass es immer etwas bei jedem Gefühl gibt, das noch entdeckt werden kann.

Diese Art von Erkundung konfrontiert uns zunächst mit dem, was wir idealisieren und wie wir sein möchten. Das wiederum kann uns zu dem Mangel an dem führen, was wir gerne hätten, dem Mangel, den persönlichen Willen zu fühlen oder, anders gesagt, unserem Mangel an wahrer Zuversicht und der Unfähigkeit zu echter Standfestigkeit. Wenn wir diesen Mangel ertragen und geduldig mit ihm sind und nicht davon ausgehen, dass dies schon ausreicht, wird er nach und nach unsere Getrenntheit vom Willen zeigen, was sich wie eine Art Kastration anfühlen kann. Vielleicht fühlen wir ein Defizit an Festigkeit, Selbstvertrauen oder Sicherheit. Diesen Mangelzustand zu erleben kann die Vorgeschichte der Getrenntheit vom persönlichen Willen zum Vorschein bringen: Dinge, die zu einem frühen Zeitpunkt in unserem Leben passiert sind, als wir von Natur aus einen Willen und Selbstvertrauen hatten, sie dann aber verloren. Das kann erklären, was passiert ist, dass wir davon getrennt wurden. Sind wir durch eine Person oder einen Vorfall ‚kastriert' (im Sinne von geschwächt) worden? Sind wir ständig heruntergemacht worden und hat man uns nicht vertraut? Wurden unsere Zuversicht und Bodenständigkeit nicht geschätzt? Dieser Prozess kann viele Wunden offenlegen. Es ist wichtig, sie zu fühlen und sie durch eigene Erfahrung vollständig zu verstehen. Das bedeutet, wir erlauben uns alle Emotionen, die diese Erinnerungen und Assoziationen an die Oberfläche bringen, zu erleben, akzeptieren sie und sind gespannt auf sie, statt sie im Kerker unseres Unbewussten einzusperren. Fehlverhalten und Pflichtvergessenheit – die Merkmale, mit denen die Sechs im Enneagramm der Vermeidung beschrieben wird – scheinen die Wahrheit dieser Trennung nicht klar zum Ausdruck zu bringen. Die Vermeidung für jede Fixierung bezieht sich auf die unzulängliche Weise, in der die Person den Verlust der Verbindung zur Essenz erlebt. Fehlverhalten und Pflichtvergessenheit können auf eine Trennung vom Willen zurückzuführen sein, doch ich persönlich habe sie nicht oft bei Sechsen beobachtet.

Wenn wir bei dem fehlenden Willen bleiben und die Umstände verstehen, die uns von ihm abgeschnitten haben, dann zeigt sich das Fehlen selbst als bestimmter Mangelzustand. Er manifestiert sich im Allgemeinen als Leere, als leeres Loch im Solarplexus oder als Leere im Bauch, was einen geschwächten oder abwesenden Willen anzeigt. Trotzdem wird sich, wenn man neugierig und präsent bleibt und den Mut hat, mit der unmittelbaren Erfahrung der defizitären Leere zu sein, das Gefühl der Unzulänglichkeit wahrscheinlich auflösen und die Leere als klare Weite erkennen lassen. Aus dem Inneren jener weiten Leere – die transparent und rein ist, ohne irgendwelche Vorstellungen, Überzeugungen oder Erwartungen von dem, was als Nächstes passieren könnte – kann die Präsenz des persönlichen Willens auftauchen und uns von innen ausfüllen. Sie könnte in uns ab- oder aufsteigen. Der springende Punkt ist, dass der wahre Wille jetzt, wo die Hindernisse, die ihm entgegenstanden, beseitigt worden sind, auftauchen wird. Es kann der Vollmond des Willens sein oder die Präsenz des Willens in Form von weißem Licht oder metallischem Silber in fester oder flüssiger Form. Er kann im Solarplexus oder im Bauch auftauchen oder den gesamten Körper ausfüllen. Wenn er auftaucht, fühlen wir uns aufrecht und groß, präsent und stabil, sicher und selbstbewusst, bestimmt in dem Wissen, dass wir unser authentisches Wesen verkörpern. Wenn du eine Sechs bist, hast du jetzt den Schlüssel, um deine Fixierung aufzulösen und ihren Kern mit mehr Kapazität anzugehen. Er ist das passende Werkzeug aus der unsichtbaren Welt und hilft uns, uns von all den verzerrenden, lähmenden und problematischen Mustern und Eigenschaften zu befreien. Gleichzeitig bekommen wir wieder Zugang zu einem wichtigen Aspekt unseres Wesens, der uns helfen wird, unser Leben voller Selbstvertrauen und Standhaftigkeit zu führen, ebenso, wie er uns mit wahrem Engagement und wahrer Überzeugung bei unseren Praktiken helfen kann. Wir können uns fokussieren und in diesem Fokus stabil bleiben. Wir können achtsam sein und werden dank unserer natürlichen Standhaftigkeit und unseres echten, nicht-begrifflichen Engagements nicht vergessen, achtsam zu sein.

4

Punkt Zwei: VERSCHMELZENDE LIEBE

Punkt Zwei, den Ichazo als „Ego-Flat" bezeichnete und der auch der Helfer genannt wird, führt uns sowohl auf der Persönlichkeits- als auch auf der essenziellen Ebene auf ein anderes Terrain. Zweien schmeicheln, um zu bekommen, was sie gerne hätten, nämlich Liebe und Verbindung, insbesondere die Verbindung zu einer idealisierten Gestalt, in deren Schatten sie das Gefühl haben, die Liebe, die Aufmerksamkeit, die besondere Behandlung, den Wert oder die Unterstützung bekommen zu können, von denen sie das Gefühl haben, dass sie ihnen fehlen. Zweien idealisieren Hilfsbereitschaft und damit verbundene Eigenschaften, die sich zum Gesamtbild eines Ideals zusammensetzen. Wenn die Hilfsbereitschaft gesund und frei von den Knoten der Fixierung ist, dann stellt sie sich als aufrichtiges und warmherziges Geben dar. Wir sehen, dass die relevanten Begriffe für Typ Zwei auf dem Enneagramm der Idealisierungen „Hilfsbereitschaft" und „Geben" sind. Die Hilfsbereitschaft ist eigentlich Ausdruck einer echten, liebevollen Verbindung. Der fixierte Typ gibt jedoch, um zu bekommen. Bei ihm ist sie eine Art Manipulation. In dieser Hinsicht können Zweien co-abhängig sein, auch wenn sie sich unbewusst nach Autonomie und Unabhängigkeit sehnen. Ihre Unsicherheit, gepaart mit ihrem Bedürfnis, etwas Besonderes sein zu wollen, manifestiert sich als Gefühl von Stolz, das für andere in sozialen Situationen offensichtlich ist. Beziehungen sind in ihrem Leben zentral und der Fokus des größten Teils ihrer libidinösen und emotionalen Energie.

In *Die spirituelle Dimension des Enneagramms* schreibt Sandra Maitri folgendes über diesen Typ:

> Mit ihrer Hilfsbereitschaft und ihren Schmeicheleien versuchen die Zweien, sich unersetzlich zu machen. Sie bitten nicht direkt um das, was sie sich von anderen wünschen (vor allem Zuneigung), sondern geben es selbst, direkt oder symbolisch, in der Hoffnung, es vom anderen zurückzubekommen. Die Gaben der Zwei sind also insgeheim alle eigennützig – und Zweien gehen manchmal extrem großzügig mit ihrer Zeit, ihren Ressourcen und sogar mit ihrem Körper um. […] Hinter einer Fassade aus falscher Demut leiden sie an stolzer Selbstüberschätzung. Sie halten sich für etwas Besonderes und glauben wie die Vieren, dass ihnen eine Sonderbehandlung zusteht.[3]

DER IDEALISIERTE ASPEKT: VERSCHMELZENDE LIEBE

Es ist leicht zu erkennen, dass all die verschiedenen oben angeführten Merkmale und Verhaltensweisen – und viele andere, die die Schale dieses Typs prägen – Versuche sind, eine Art essenzieller Liebe zurückzugewinnen oder zu verwirklichen, und vor allem, dass die Grundlage des Ich-Ideals darin besteht, sich einigen Besonderheiten dieser essenziellen Liebe anzunähern und sie nachzuahmen. Es ist sehr wichtig, dass wir uns bewusst machen, dass wir üblicherweise Liebe nicht wirklich verstehen, sondern nur einige ihrer Eigenschaften. Außerdem tendieren selbst diese Eigenschaften dazu, eigennützig und daher verzerrt zu sein. Für die vorliegende Arbeit ist es wichtig, zu wissen,

---

3 Maitri, *Neun Porträts der Seele*, S. 181 f.

dass es nicht nur eine, sondern viele Arten von Liebe gibt und dass der Begriff *Liebe* Annäherungen an mehrere unterschiedliche essenzielle Qualitäten von Liebe umfasst. Zweien neigen dazu, nicht nur irgendeine Form von Liebe zu idealisieren und sich nach ihr zu sehnen, sondern eine bestimmte: die Liebe, die das Prinzip der Verbindung verkörpert. Sie wollen sich eng verbunden fühlen durch wachsende Intimität bis hin zur vollkommenen Verschmelzung und zum totalen Einssein. Natürlich wollen und brauchen Zweien in Wirklichkeit alle Arten von Liebe, doch was sie idealisieren, ist die besondere Art und Weise, wie unser spirituelles Wesen seine Liebe ausdrückt. Alle Arten von Liebe sind in Beziehungen wichtig und werden hauptsächlich in diesem Zusammenhang zum Ausdruck gebracht, doch diese besondere Liebe ist für Beziehungen von zentraler Bedeutung, da sie der Klebstoff ist, der sie zu echten Beziehungen macht.

Viele von uns erinnern sich an diese Art von Liebe dunkel aus ihrer frühesten Kindheit. Sie ist eine primäre Qualität, die eine gute Mutter-Kind-Beziehung in den ersten Monaten und sogar noch im ersten Lebensjahr der Kindheit ausmacht. Sie ist die Basis für eine gesunde Bindung, denn es handelt sich hier um eine echte Verbindung. Die meisten von uns suchen sie später in ihren Beziehungen, besonders in engen Liebesbeziehungen. Doch andere vermeiden sie wiederum, je nach den Dynamiken, die wir in unserer frühen Beziehung zu unserer Mutter (oder der Person, die uns bemuttert hat) erlebt haben. Wir können auch ambivalent in Bezug darauf sein und erleben dann häufig Unsicherheit und es fällt uns schwer, eine gesunde Beziehung oder Ehe aufrechtzuerhalten. Diese Art von Liebe ist nicht einfach eine Wertschätzung oder Sympathie füreinander, was eigentlich auf eine andere essenzielle Qualität von Liebe verweist. Sie ist auch keine leidenschaftliche, ekstatische Liebe, denn diese deutet wiederum auf eine dritte Qualität von Liebe hin.[4] Alle sind wichtig für Beziehungen, doch am relevantesten für uns ist in diesem Zusammenhang die verschmelzende Liebe, die buchstäblich die Beziehung formt, die Essenz für eine aufrichtige Verbindung bereitstellt und dazu beiträgt, dass

4 Vergleiche mein Buch *Love Unveiled* für weitere Informationen über die Eigenschaften der Liebe.

die Beziehung über eine bloße Begegnung hinausgeht und andauert.

Diese Liebe gegenüber einem anderen Menschen zu fühlen macht uns allerdings verletzlich, da wir unser Herz als äußerst weich und ausgeliefert erleben. Wir fühlen uns mit dem anderen Menschen aufs Engste in einer Art ekstatischer Einheit verbunden, die süß und nährend ist. Wenn wir diese Liebe empfinden, haben wir ein Gefühl von Genährtsein, Verbundenheit, Süße und Freude. Wir wissen nicht länger, wo der eine anfängt und die andere aufhört. Es ist das erfüllende Gefühl vorhanden, eins zu sein – untrennbar miteinander verbunden, unterstützt und bereichert.

DIE PRÄSENZ VERSCHMELZENDER LIEBE

Die direkte Erfahrung der Präsenz dieser Liebe kommt selten vor und ist schwer zu realisieren. Selbst bei denjenigen, die sie erleben, tritt sie nur vereinzelt auf, ist flüchtig und hängt von den Umständen ab. Sie ist das wahrhaftige Herz und ist für alle herzzentrierten sogenannten *Bhakti*-Wege notwendig, um sich mit dem Göttlichen zu verbinden und mit ihm eins zu werden. In unserer Arbeit nennen wir es aus sehr wichtigen Gründen das verschmelzende Gold. Viele Menschen stellen sich Liebe als golden vor, doch nur diese Liebe ist wahrhaft golden.

Das Gefühl dieser Liebe im Herzen ist eine Art Süße, für die es kein irdisches Gegenstück gibt. Ich kenne keine Süße, die mit diesem besonderen Geschmack von Süße vergleichbar wäre. Andere Eigenschaften von Liebe besitzen eine Süße, die wir anhand der Geschmäcker von Dingen identifizieren können, die wir aus unserem Leben kennen, doch das gilt nicht für diese Art von Liebe. Liebe ist häufig entwaffnend, doch hier ist sie mehr als das, sie ist auch verschmelzend. Wir können das Gefühl haben, als würde sich unser Herz in Liebe auflösen, doch das Schmelzen findet tatsächlich statt, es ist nicht metaphorisch. Das Herz oder die Natur des Herzens fühlt sich geschmolzen an, wie schmelzende Butter. Wir nehmen eine tatsächliche, nahezu physische Empfindung des Verschmelzens und Fließens wahr. Das Wesen dieser Liebe ist eine substanzielle Präsenz, die unser Herz und unseren Geist sanft und süß dahinschmelzen lässt. Jeden Teil unserer inneren Subjektivität, den sie berührt, bringt sie zum Schmelzen. Es könnte sich sogar so anfühlen, als würde sie unseren Körper zum Schmelzen bringen. Doch das ist ein subjektives Gefühl, denn der Körper wird nur völlig entspannt, ruhig und offen. Die Empfindung ist jedoch eine des Schmelzens – wir können dieses Schmelzen also zutreffend Liebe nennen. Ich bezeichne es aber als *verschmelzende* Liebe. Die Auswirkung auf zwei Personen oder auf eine im Verhältnis zur Natur oder zum Göttlichen ist das Gefühl, dass man in dem anderen aufgeht, mit ihm verschmilzt und sich eins mit ihm fühlt, auch wenn noch ein gewisses Bewusstsein von Differenzierung vorhanden ist. Es ist so, als würde unser Bewusstsein oder unser Seinsempfinden mit dem anderen verschmelzen, sei er menschlich oder göttlich. Wir können uns von innen heraus geschmolzen fühlen oder miteinander verschmolzen. Vielleicht fühlen wir uns auch in dem Sinne verschmolzen, dass wir von dem anderen aufgenommen und geschmolzen werden.

Die meisten Menschen erleben die verschmelzende Liebe als ein Aufsteigen in ihrem Bewusstsein, das gewöhnlich im Herzen zentriert ist, doch manchmal auch in andere Teile des Körpers fließt oder sie sogar ausfüllt. Die Erfahrung des Schmelzens fühlt sich an, als lösten sich unsere Körpergrenzen auf und als gäbe es kein Gefühl des Getrenntseins von dem anderen. Deswegen verwenden wir das Wort *verschmelzen*, denn es ist das Verschmelzen sowohl des Selbst als auch des anderen. Wie in der Kindheit bringt das Verschmelzen unser Gefühl, zu sein, wer wir sind, nicht vollständig zum Verschwinden. Doch die Verbindung ist so vollständig und überwältigend, dass die Grenzen zwischen beiden durchlässig werden und schmelzen. Über die schmelzende Süße hinaus ist der Affekt auch eine ungewöhnliche und erfüllende Form von Genuss – er ist umfassend, unmissverständlich und ekstatisch. Es fühlt sich an, als würde unsere Seele durch eine Art göttlicher oder himmlischer Freude genährt.

Die Freude und Ekstase dieser Liebe werden noch verstärkt durch einen visuellen Einblick in ihre Präsenz. Was wir sehen, ist eine wunderschöne, reine, durchsichtige goldene Flüssigkeit. Daher kommt der

Name schmelzendes Gold. Es ist auf eine Weise golden, die sich von goldenem Metall, goldenem Licht und goldener Farbe unterscheidet. Diese Flüssigkeit ist wie Honig, auch wenn sie nicht so dicht und klebrig ist. Sie fließt leichter und müheloser, da sie weniger zähflüssig ist. Diese goldene Flüssigkeit hat eine strahlende und ihr eigene Leuchtkraft. Sie ist warm, süß und strahlend, so, als würde Sonnenlicht durch sie hindurchfließen. Sie ist wunderschön, und es ist ein ekstatischer Genuss, diese Art von Liebe zu spüren oder fühlen.

Sie ist jedoch keine Emotion und keine physikalische Flüssigkeit. Es handelt sich vielmehr um eine essenzielle Präsenz, mit der sich in den meisten Fällen ein fluides Gefühl verbindet, das sich entweder als Gefühl des Fließens oder der Bündelung ausdrückt. Wenn zwei Menschen das schmelzende Gold zusammen vollständig erleben, dann haben sie das Gefühl, dass sie einen süßen und leuchtend-goldenen Pool genussvoller Liebe bilden. Eine ganze Gruppe kann sie zusammen fühlen, wie es in einigen unserer Lehrgruppen passiert, wenn sich jeder als Teil des süßen Pools wahrnimmt oder den Eindruck hat, dass der Raum süße goldene Liebe regnen lässt. Darin ist kein Gefühl des Verlangens oder der Besitzgier zu finden. Stattdessen ist es eine Empfindung des Loslassens oder der Hingabe unseres Herzens. Das wichtigste Gefühl in diesem Zustand ist jedoch dasjenige der Präsenz. Es ist das Gefühl eines Mediums oder einer Ausdehnung mit eigenem Gewicht und eigener Substanz. Diese Substanz ist die Fülle des Existierens, die Fülle des Seins und des Präsentseins im Hier und Jetzt. Wir können die Bündelung der Liebe als die Präsenz fühlen, die hier ist. Oder wir können aufgrund der schmelzenden Präsenz in unserem Bewusstsein unsere eigene Präsenz fühlen. So oder so spüren wir uns selbst intensiver. Unser Herz ist offen und wir sind dahingeschmolzen in Freude und Genuss.

Die Präsenz kann unterschiedliche Dichten haben – manchmal ist sie leicht wie Dunst, zu anderen Zeiten schwer wie eine substanzielle Präsenz. Ist sie leicht, dann scheint sie auf der Lataif-Ebene der inneren Erfahrung die Luft mit einer zarten, schwerelosen Fluidität zu erfüllen, die transparentes, leuchtendes Gold ist. Sogar die volle Präsenz weist unterschiedliche Dichtegrade auf, je nachdem, wie vollständig und tief wir sie erleben oder wie sie sich darstellt. Zum Beispiel kann unser Wesen den Aspekt des schmelzenden Goldes als fließenden Strom mit der Dichte von Wasser präsentieren. Das liebevolle Bewusstsein kann jedoch auch dichter und konzentrierter werden, sodass sich mit ihm ein Gefühl größerer Fülle, größerer Tiefe und größeren Reichtums verbindet. Unabhängig davon, wie es sich zeigt, ist schmelzendes Gold im Herzen oder im gesamten Brustkorb lokalisierbar. Oder es kann durch den ganzen Körper fließen und sogar aus ihm heraussickern. Wir können fühlen, wie es alles durchdringt und die Grenzen von allem schmelzen lässt, was es berührt.

Das Herz ist also tatsächliche Präsenz, nicht nur Gefühl und Affekt. Es gibt einen Affekt der Liebe, der eine angenehme Süße und Freude am anderen ist, und trotzdem ist die Liebe selbst eine Präsenz, ein Medium, eine Masse, die Weite hat. Und dieses Medium schmelzenden Goldes ist immer transparent, egal, ob es leicht oder schwer ist. Es ist nicht lichtundurchlässig wie Silber. Vielmehr ist es ein klares und süßes, goldenes Medium oder Kontinuum, mit dem ein Gefühl von Unmittelbarkeit einhergeht, wie es bei allen anderen Seinsqualitäten der Fall ist. Es gibt uns das Gefühl, im Hier und Jetzt zu sein, denn es ist die Präsenz des Jetzt.

DIE EIGENSCHAFTEN VERSCHMELZENDER LIEBE

Wenn wir das Ich-Ideal von Typ Zwei verstehen, dann können wir einen Großteil seiner Eigenschaften und Verhaltenstendenzen erklären. Natürlich üben auch der Kern der Fixierung und die spezifische Lebensgeschichte der Zwei erheblichen Einfluss aus. Hier finden wir den Schlüssel, um mit sämtlichen Einflüssen zu arbeiten, nämlich den, der im Ich-Ideal des Typs verborgen ist. Indem wir erkennen, inwiefern das Ich-Ideal eine Annäherung an den idealisierten Aspekt darstellt, verstehen wir die Schale der Fixierung besser und bekommen auch Zugang zu dem Schlüssel für diesen Typ.

Das größte Interesse der Zwei und ihre Hauptinvestition in Beziehungen – nämlich die ideale Intimbeziehung mit jemand Wichtigem zu haben – ist eine direkte Widerspiegelung ihres Bedürfnisses nach dieser verschmelzenden goldenen Art von Liebe. Wenn wir keinen Zugang zu dieser Qualität unseres essenziellen Wesens haben, dann kommt in einer intimen Beziehung zu sein dem Nachbilden dessen, wie es sich anfühlt, nahe. Doch in Wirklichkeit ist es ist nicht so nah. Die verschmelzende goldene Liebe ist die Essenz der Verbundenheit; wenn wir sie erleben, wissen wir, dass wir nicht getrennt sind. Sie steht also im Zentrum dessen, was eine Beziehung ausmacht, und je mehr sie dort präsent ist, umso näher und befriedigender fühlt sich diese an. In den meisten intimen Beziehungen wird eine gewisse Befriedigung aus einer Art von Nähe und Verbundenheit abgeleitet, die nur ein schwaches Abbild der Verbundenheit des schmelzenden Goldes ist. Ohne dieses Gefühl der Verbundenheit fühlen wir uns allein und einsam, was schmerzhaft sein und dazu führen kann, dass sich unser Leben leer anfühlt.

Zweien sehnen sich nach jeder Art von Verbundenheit in Beziehungen, einschließlich derer mit Freunden und Verwandten, Gruppen und Organisationen, doch insbesondere ersehnen sie sie in einer intimen Beziehung. Das ist definitiv primär für den sexuellen Typ, doch für die anderen instinktgesteuerten Typen ist es ebenfalls wichtig. Natürlich sind Beziehungen für alle Menschen relevant, doch dieser Typ investiert wesentlich mehr in sie, was wir an den anderen Eigenschaften ablesen können. Zum Beispiel haben Zweien gerade wegen ihres unbewussten Bedürfnisses nach schmelzender Liebe gewöhnlich einen schweren Stand in Beziehungen. Einige sehen sich mit der Herausforderung konfrontiert, überhaupt eine stabile Beziehung aufzubauen, und von denjenigen, die es tun, geraten viele schließlich in eine Situation der Abhängigkeit.

Aufgrund ihres fehlenden Zugangs zum schmelzenden Gold und ihrer Geschichte mit Elternfiguren um diesen Mangel herum sind Zweien im Inneren recht abhängig, egal, wie unabhängig sie erscheinen mögen. Das zeigt sich in Co-Abhängigkeit, bei der sie die Rolle des oder der Gebenden übernehmen, obwohl außer Frage steht, dass dieses Geben weder rein noch selbstlos ist. Als Gebende idealisieren sie das Helfen, doch mit ihrer Hilfe verfolgen sie ein bestimmtes Ziel: das Gefühl zu haben, dass ihnen geholfen wird. Es ist co-abhängig, weil das Individuum seine Abhängigkeit verschleiert, in dem es anderen hilft und den Eindruck erweckt, sie würden von ihm abhängen. Das ist ein bekanntes Muster, das erst dann vollständig aufgelöst werden kann, wenn die verschmelzende goldene Liebe bis zu einem gewissen Grad integriert worden ist. Hierzu ist es erforderlich, die Identität loszulassen, die von einer Art Unterstützung abhängt, die sich daraus ableitet, dass man sich auf diese Weise mit anderen verbunden und verschmolzen fühlen kann.

Das ist der Grund, warum Zweien dazu neigen, eine beliebige Persönlichkeit, eine Autoritätsfigur oder eine berühmte Person zu idealisieren. Sie geben der betreffenden Person Zuneigung und Hilfe unterschiedlichster Art, um eine Verbindung aufzubauen. Auch ohne mit ihr verheiratet oder in einer intimen Beziehung zu sein, gibt ihnen allein das Gefühl, mit ihr verbunden und wichtig für sie zu sein, eine gewisse Befriedigung, ein gewisses Gefühl von Schutz, Unterstützung und Genährtsein. Sie genießen es, sich im Glanze der idealisierten Gestalt zu sonnen, denn das gibt ihnen das Gefühl, sowohl etwas Besonderes als auch verbunden zu sein.

Zweien nähren andere, weil sie es selbst brauchen, genährt zu werden, was erneut Ausdruck der von ihnen häufig eingenommenen Position der Co-Abhängigkeit ist. Doch die wahre Nahrung, die sie suchen, existiert im tatsächlichen Zustand des schmelzenden Goldes und dem mit ihm verbundenen Gefühl umfassender, süßer Präsenz. Sie bemühen sich sehr, die Wirkungen dieses Zustands in Form von Genährtsein, Verbundenheit, Sicherheit und Unterstützung zu bekommen, indem sie als ihr Hauptwerkzeug Manipulation einsetzen. Diese Manipulation breitet sich dann auch auf andere Bereiche ihres Lebens aus und wird zu einer grundlegenden Strategie, um alles zu bekommen, was sie haben möchten oder brauchen. Eine dieser manipulativen Taktiken, insbesondere im Verhältnis zu idealisierten Personen, ist offene Schmeichelei. Schmeichelei ist eigentlich ein primitives Manipulationswerkzeug, das nur bei Menschen funktioniert, die sie brauchen. Es verwundert daher nicht, dass Zweien häufig in Beziehungen mit Individuen landen, die genauso bedürftig sind wie sie selbst.

Warum sollte man sich für Manipulation entscheiden? Nun, das lässt sich damit erklären, dass die vorrangig von Zweien eingenommene Position, nämlich die der Co-Abhängigkeit, selbst eine versteckte Manipulation ist. Je fixierter der Zweier-Typ ist, umso manipulativer wird er in der Beziehung zu anderen sein. Mit anderen Worten, Zweien wenden in der Hoffnung, dadurch genährt zu werden, eine ganze Bandbreite von manipulativen Verhaltensweisen an, von den offensichtlichsten und primitivsten bis hin zu äußerst subtilen und indirekten, die für das ungeübte Auge schwer zu erkennen sein können. Sie selbst sind sich unter Umständen ihrer Manipulationen nicht einmal bewusst, doch ihre Freunde, Kollegen und Partner werden sich häufig manipuliert fühlen, ohne zu wissen, warum. Dieses Verhalten ist bei Zweien der häufigste Grund für Zerwürfnisse im sozialen Bereich und in engeren Beziehungen.

Zweien können freigebig mit anderen teilen. Bei gesunden Zweien ist das Teilen echt, doch fixierte Zweien teilen selektiv je nach Fixierungsgrad, und ihre Freunde fühlen sich am Ende oft betrogen oder enttäuscht, denn überdies verheimlichen sie ihnen noch viel. Wenn das schmelzende Gold integriert ist, wird das Teilen, insbesondere das soziale, zu einem grundlegenden Faktor. Wenn diese Liebe die Quelle ist, dann gibt es kein Zurückhalten, keine Grenzen, nichts Verborgenes und keine Manipulation. Die befreite Zwei tut sich durch dieses authentische und offene Teilen hervor. Sie kann sehr gut darin sein, Gemeinschaft zu schaffen, sodass viele Menschen die Ergebnisse dieses Austauschs und dieser Verbindung genießen können.

Trotz ihrer co-abhängigen Fassade sehnen sich Zweien nach Unabhängigkeit und Autonomie. Das wird umso offensichtlicher, je mehr sie von den einschränkenden Mustern der Schale befreit werden. Doch selbst dann wird ihr Schritt in Richtung Unabhängigkeit häufig Machenschaften, verborgene Motive und Bedingungen beinhalten, denn Manipulation ist eine spezifische Reaktion im inneren Kern ihrer Fixierung. Es ist sehr viel tiefe Arbeit erforderlich, um diese Reaktion aufzulösen. Zugang zur wirklichen Verbundenheit der schmelzenden Essenz zu haben kann ein Schlüssel sein, um den Kern zu durchdringen. Er gibt Zweien Autonomie, da sie die Verschmelzung bereits kennen und nicht anderswo nach ihr suchen müssen. Dies gibt auch ihrer Intelligenz die Art von Unabhängigkeit und Freiheit, die notwendig ist, um mit dem Kern zu arbeiten.

DER DIREKTE WEG ZU VERSCHMELZENDER LIEBE

Zweien können am leichtesten Zugang zu dem idealisierten Aspekt bekommen, der sich in ihrem Ich-Ideal widerspiegelt, indem sie gezielt ihre unverhältnismäßig große Investition in Beziehungen untersuchen. Dazu gehört, dass sie sich ihre co-abhängige Position ansehen, um die innere Abhängigkeit und ihr Bedürfnis nach einer nährenden Verbindung offenzulegen. Die meisten Merkmale der Zwei heben dieses Bedürfnis nach Verbundenheit hervor; ihre tiefer liegende Abhängigkeit spiegelt die Abwesenheit derselben wider. Indem Zweien bewusst wird, dass ihnen die Verbundenheit fehlt, um die sie sich immer bemühen – was so aussehen kann, als wollten sie in einer Gemeinschaft oder Gruppe jemand Besonderes sein –, kommen sie der Trennung von der essenziellen Qualität nahe. Die Trennung vom schmelzenden Gold ist nicht leicht zu ertragen, und Zweien fühlen sich am Ende verlassen und einsam, bedürftig und manchmal sogar im Stich gelassen und vergessen. Hier können die Eigenschaften der Stärke und des Willens hilfreich sein. Sie machen es leichter, bei dem Mangel zu bleiben und die Trennung zu fühlen.

Die mit der Trennung einhergehende Einsamkeit, Leere und Verarmung zu fühlen ist der direkte Weg, um sich wieder mit der schmelzenden Liebe zu verbinden. Doch zunächst einmal müssen wir erfahren und akzeptieren, wie es ist, sich nicht verbunden zu fühlen und nicht die Liebe und das genussvolle Genährtsein zu fühlen, die unsere Seele braucht. Wir müssen uns unserer Manipulation bewusst sein, vor allem der, die bei der Co-Abhängigkeit passiert. Wenn wir an diesen Punkt in unserem inneren Erleben gelangen, dann stellt sich die Trennung rasch als Leere heraus, die von Einsamkeit und dem Mangel an Liebe und Fülle geprägt ist. Wie das Enneagramm der Vermeidungen zeigt, erleben Zweien diesen Mangel häufig als Bedürftigkeit. Es ist das ausgeprägte Gefühl eines Bedürfnisses nach einer liebevollen Verbindung vorhanden, das im unteren Brustraum als Leere erscheinen kann, denn das Zentrum der verschmelzenden Essenz befindet sich an der linken Seite des Brustbeins.

Naranjo, dessen Werk *Erkenne dich selbst im Enneagramm* die Typen hinsichtlich ihrer spezifischen Leidenschaften beleuchtet und aufzeigt, inwiefern sie die Folge der Trennung vom Sein sind, schreibt Folgendes über diesen Typ:

> Man kann sagen, dass sich im stolzen Charaktertyp trotz der oberflächlich gehobenen Stimmung, Lebendigkeit und bombastischen Art eine geheime Anerkennung einer inneren Leere verbirgt – eine Anerkennung, die umgewandelt wird in den Schmerz hysterischer Symptome, in erotische Verführung und in das Klammern an Liebesbeziehungen.[5]

Durch die defizitäre Leere hindurchzugehen ist eine Art partieller Ego-Tod und führt zu einer Öffnung, einer Weite, die das Zentrum dieses Aspekts öffnen kann, so, als würde man einen Korken aus einer Flasche ziehen oder einen Knoten lösen. So kann der Fluss innerer Güte ins Fließen kommen und die ausgelaugte Seele nähren, vielleicht zum ersten Mal überhaupt. Die Belohnung dafür, dass man diese einsame und verzweifelte Leere ausgehalten hat, ist das Aufsteigen des wunderschönen, transparenten Stroms goldener Liebe. Dieser ist wie ein Sprudeln im unteren Brustraum oder eine Fontäne im Herzen. Die nährende Süße scheint von unserem Herzen verströmt zu werden. Wir fühlen uns von dieser erlesenen Qualität und ihrer erstaunlichen Süße energetisiert. Sie ist nicht nur befriedigend und erfüllend, sondern lässt auch unser Herz und unsere harten Kanten schmelzen, ent-

5 Naranjo, *Erkenne dich selbst im Enneagramm*, S. 175 f.

spannt uns und gibt uns das Gefühl ursprünglicher Sicherheit. Wir haben das Gefühl, dass alles, was wir brauchen, da ist.

Wenn wir eine Zwei sind, haben wir auf diese Weise die Muster unseres Typs, die unsere Seele einschränken und sie ihrer Freiheit berauben, geklärt und aufgelöst. Jetzt haben wir auch Zugang zu einem Werkzeug, das uns hilft, uns dem tieferen Kern zu nähern, ihn zu durchdringen und zum Schmelzen zu bringen. Außer, dass sich die tieferen Knoten unseres Typs lösen und unsere innere Praxis unterstützen, bereichert das Erleben und die Integration dieses Aspekts auch unser Leben. Die verschmelzende Liebe kann als enorme Bereicherung unseres Herzens in unsere Beziehungen und unser Leben im Allgemeinen ausstrahlen. Unser Geben wird aufrichtig, die Verbundenheit mit unserem Herzen ist real und Schmeichelei und Manipulation sind nicht länger erforderlich. Mit anderen Worten, die Integration des schmelzenden Goldes in die eigene Seele macht Typ Zwei aufrichtiger und wahrhaftiger, direkter und transparenter in seinen Interaktionen und seinem Umgang mit der Welt. Dies sind einige der Ausdrucksformen der befreiten Zwei. Doch du musst keine Zwei sein, um diese großzügige Herzenswärme oder diese Art der Annäherung an Beziehungen und das Leben im Allgemeinen zu erfahren. Du brauchst dafür lediglich Zugang zu der essenziellen Qualität.

5

Punkt Eins: BRILLANZ

Punkt Eins oder Ichazos „Ego-Resent“ (auch der Reformer genannt), idealisiert Perfektion, Richtigkeit oder Rechtmäßigkeit, Integrität, Optimierung und andere damit verbundene Charakterzüge, und diese Eigenschaften bilden sein Ich-Ideal. Naranjo schreibt: „Was dem Geist des Enneatyps Eins vor allem Fülle verspricht, ist das Streben nach Perfektion – eine Perfektion, die zum Gesetz gemacht wird.“[6] Doch es gibt vieles, was aus Perfektion und Rechtmäßigkeit als Ich-Ideal folgt. Das Enneagramm der Idealisierungen beschreibt diese Vorstellung von Typ Eins als „Ich habe recht“ und „Ich bin gut“. Wir können die Schale der Fixierung der Eins großenteils durch dieses Ideal verstehen, und wir können sie sogar noch besser verstehen, wenn wir die idealisierte Qualität und ihre Eigenschaften kennen.

Einsen glauben, dass sie gut sind, und sie wollen dieses Gute auch für andere. Folglich wollen sie Dinge verbessern, sie besser und perfekter machen. Wenn Einsen frei von den Zwängen und begrenzenden Mustern ihrer Fixierung sind, ist dieser Wunsch aufrichtig. Viele Einsen haben im Laufe der Geschichte auf diese Weise viel Gutes getan, insbesondere in alter Zeit der chinesische Philosoph Konfuzius. Doch

6 Naranjo, *Erkenne dich selbst im Enneagramm*, S. 175 f.

wenn sie nicht frei von ihrem Ich-Ideal sind, dann kann dieses zu einem rigiden und starren Maßstab von Perfektion und Güte führen, der aus dem Einser-Geist kommt, aus der Strukturierung ihrer frühen Erfahrungen und aus den Verzerrungen, die sie hinsichtlich der mit diesem Ideal verbundenen wahren Qualität haben. Sie haben vielleicht ein Gefühl oder eine Ahnung davon, dass etwas richtig ist, doch sie können nicht anders, als diese Richtigkeit durch die Linse ihres Über-Ichs zu verzerren. Daher kann es sein, dass sie kritisch sich selbst und anderen gegenüber werden. Sie können auch voreingenommen und nachtragend sein und große Anstrengungen unternehmen, um sich selbst, andere oder Situationen entsprechend den Maßstäben ihres Über-Ichs zu verändern. Ein konkretes Beispiel dafür sind die zahlreichen Missionare, die in ferne Länder gereist sind, um die einheimische Bevölkerung zu bekehren und sie zu perfekten Christen zu machen, jedoch nicht entsprechend der Lehre Christi, sondern entsprechend ihrer eigenen internationalisierten Maßstäbe von Perfektion.

Wie Freud lehrte, ist das Ich-Ideal Teil der Struktur des Über-Ichs, und niemand zeigt dies deutlicher als Typ Eins. Das Über-Ich urteilt gemäß seinem Ich-Ideal. Es kann barsch, voreingenommen, kritisch und streng sein, was zum einen auf die Verzerrungen der Eins durch den von ihr idealisierten Aspekt und zum anderen auf die internalisierten Über-Ichs seiner Eltern oder sogar auf kulturelle und religiöse Einflüsse zurückzuführen ist. Je strenger und voreingenommener die Eltern gegenüber der Eins waren, umso strenger und voreingenommener wird dieser Typ schließlich selbst in seinen perfektionistischen Bemühungen sein, Menschen und Dinge verändern und verbessern zu wollen.

Hudson und Riso beschreiben dies in *Die Weisheit des Enneagramms* folgendermaßen:

> Einsen glauben, sich vor sich selbst und anderen rechtfertigen zu können, indem sie sich eine strenge Disziplin auferlegen und „perfekt“ werden. Oft erfinden sie jedoch eine Art Perfektion, mit der sie ihre ureigene Hölle erschaffen. […] Wenn

> Einsen der Faszination ihrer Persönlichkeit restlos erlegen sind, können sie zwischen sich selbst und dieser strengen, unversöhnlichen Stimme kaum mehr unterscheiden. Wachstum bedeutet also für Einsen, sich von dieser Stimme zu lösen und deren Stärken und Schwächen anzuerkennen.[7]

Freud glaubte, dass unser Gewissen aus dem Über-Ich und seinen Idealen gebildet wird. Und deshalb kommt unsere Moral von dort. Doch es handelt sich hierbei um das Gewissen des Ichs, das keine authentische Quelle hat, zu wissen, was ein echtes Gewissen ist. Vielmehr ist es dem, was uns in unserem Leben begegnet, entnommen, insbesondere dem, was die wichtigen Menschen in unserer Kindheit als wegweisenden moralischen Kompass ansahen. Das Ich beziehungsweise die fixierte Seele hat keine Ahnung davon, dass unser essenzielles Wesen die Prinzipien des wahren Gewissens verkörpert und dass dieses Gewissen uns mit der authentischen Moral des Seins leitet, die flexibel und reaktionsfähig ist, aber nie rigide oder brutal, unmenschlich oder grausam.

DER IDEALISIERTE ASPEKT: BRILLANZ

Einsen können gesund und quicklebendig aussehen. Ihr Äußeres spiegelt die idealisierte Eigenschaft essenzieller Intelligenz wider, und wir werden verstehen, warum, wenn wir uns näher damit beschäftigen. Die meisten Menschen glauben, Intelligenz habe mit unserem IQ und unserem Gehirn zu tun oder damit, wie viele Synapsen oder wie viel graue Substanz wir haben. Oder wir glauben, wir seien mit einem gewissen Grad an Intelligenz geboren worden, der mental ist und damit zu tun hat, clever, aufgeweckt oder brillant in unseren Ideen, Gedanken, Theorien oder Vorschlägen zu sein. Manchmal nennen wir schlaue Leute brillant. Doch was hat Brillanz mit Intelligenz zu tun? Leuchten diese intelligenten Menschen oder strahlen sie Licht aus?

7 Russ Hudson und Don Riso, *Die Weisheit des Enneagramms*, S. 146.

Brachte Einstein einen dunklen Raum zum Leuchten, wenn er ihn betrat? Natürlich nicht, doch diese Vorstellung deutet auf eine tiefe Intuition für authentische Intelligenz hin, die eine Erklärung für die Metapher der Brillanz liefert. Authentische Intelligenz erweist sich als Seinsqualität, die mit intensiver Helligkeit leuchtet, was uns veranlasst hat, diesen Aspekt *Brillanz* zu nennen.

Brillanz unterscheidet sich von den anderen Aspekten, mit denen wir gearbeitet haben, auf eine entscheidende Weise, die ihr viele ihrer Eigenschaften verleiht. Jede essenzielle Qualität beziehungsweise jeder essenzielle Aspekt ist einzigartig und unterscheidet sich von anderen Aspekten; er zeigt sich explizit als Qualität, die in unserem Wesen implizit ist. So sind mit unserem wahren Wesen, unserem wahren Selbst – oder unserer spirituellen Natur – Wille, Stärke, Freude, schmelzendes Gold und so weiter verbunden. Die Essenz von Intelligenz unterscheidet sich von all diesen darin, dass sie alle Seinsqualitäten in einer Qualität manifestiert. Diese Qualität birgt alle anderen in sich, doch sie sind vollständig synthetisiert und ohne innere Differenzierung. Sie funktionieren als *eine* Qualität. Brillanz drückt also alle Eigenschaften aus, auch wenn sie als eine einzige Eigenschaft, nämlich diejenige essenzieller Intelligenz, erscheint. Das bedeutet, dass Intelligenz alle Seinsaspekte in ihrer Präsenz enthält und sie in ihrer Gesamtheit für ihr Funktionieren nutzt.

Folglich ist eine ihr zughörige Eigenschaft die der Vollständigkeit. Und diese Vollständigkeit ist es, die ihr den Affekt oder das Gefühl der Vollkommenheit verleiht. Brillanz ist vollkommen, da sie vollständig ist; sie beinhaltet alle sublimen Qualitäten des Seins. Wenn wir diesen Aspekt erleben, fühlen wir uns vollständig, nicht nur intelligent. Das bedeutet, dass Intelligenz auf der essenziellen Ebene eine vollständige Manifestation der wahren Natur ist, aber in unserem individuellen Bewusstsein als besondere und einzigartige Qualität mit eigener Struktur, eigenem Gefühl, eigener Dichte, Zähigkeit und Farbe erscheint. Auch wenn Brillanz der Intelligenz-Aspekt ist, beschränkt sie sich nicht auf den Kopf. Sie taucht im Kopf auf, wenn wir unseren Verstand auf scharfsinnige oder kluge Weise nutzen, doch sie erscheint auch im Herzen, wenn wir emotional reagieren und die

Fähigkeiten unseres Herzens auf intelligente Weise nutzen. Wenn unsere Handlungen und Bewegungen anmutig, effektiv und zielgerichtet sind, kann sie auch den Bauch ausfüllen.

Daraus lernen wir etwas Wichtiges über Intelligenz: Intelligenz hat mit Vollständigkeit zu tun, damit, all unsere spirituellen Eigenschaften synthetisiert zu nutzen. Mit der sich daraus ergebenden Funktionsweise ist das Gefühl verbunden, vollkommen recht zu haben; so recht, dass es perfekt ist. Und Perfektion hat mit der Vollständigkeit des Seins zu tun, damit, lückenlos wir selbst zu sein.

DIE PRÄSENZ VON BRILLANZ

Wie es bei den anderen Eigenschaften der Fall ist, so gibt es auch bei Brillanz viele Möglichkeiten, wie sie sich in verschiedenen Graden von Dichte und Fülle in unserer Erfahrung manifestieren kann. Die Textur ist, wenn wir sie zum ersten Mal erleben, ziemlich auffällig. Sie fühlt sich geschmeidig an – so fließend und vollkommen in ihrer Geschmeidigkeit, dass es folgerichtig erscheint, dass sie unsere Neuronen und all unsere versteckten kleinen Ecken durchdringen könnte. Da sie so geschmeidig ist, fließt sie sanft und ohne Widerstände überallhin und scheint keine Viskosität zu haben. Sie muss keinen Druck ausüben, um durchzudringen, da ihre Geschmeidigkeit sie fein genug macht, um in Ritzen einzusickern und in Oberflächen einzudringen.

Obwohl Brillanz eine ähnliche, wenn auch leichtere Konsistenz als Quecksilber hat, ist sie trotzdem dicht und substanziell und kann sich auf kraftvolle und gewaltige Weise manifestieren. Ich erinnere mich an das erste Mal, als sich Intelligenz explizit in meinem individuellen Bewusstsein manifestierte. Mein Körper zitterte und bebte. Ich wusste nicht, was passierte, doch ich hatte das Gefühl, dass etwas Heftiges in der Mitte meiner Brust auf der Höhe des Brustbeins vor sich ging. Etwas brach mit Intensität und Macht aus mir hervor. Während es das durchdrang, was immer es vorher blockiert hatte, stellte sich ein Gefühl von unendlicher Weite ein – eine immense Präsenz, die kraftvoll und dicht zugleich war. Die Präsenz, die mich mit ihrer ungeheuren Macht durchdrang, fühlte sich intensiv, gewaltig und zwingend an und beeinflusste alle anderen im Raum. Schließlich ließ das Zittern nach, sodass ich die Geschmeidigkeit der Präsenz und die Vorzüglichkeit ihres Fließvermögens wahrnehmen konnte.

Eines, was ich aus dieser Erfahrung gelernt habe, ist, dass sich das Zentrum der Brillanz nicht im Kopf, sondern mitten im Zentrum des Körpers befindet, am unteren Ende des Brustbeins. Sie erinnern sich vielleicht, dass die schmelzende Essenz von der linken Seite dieses Zentrums ausgeht, das wir als Möbius bezeichnen. Es ist weder eines der Lataif noch eines der Chakren, sondern ein geheimes Zentrum, das mit einem subtilen Netzwerk von Zentren verbunden ist, über die ich noch nie etwas gehört oder gelesen habe. Es ist ein tieferes Netzwerk als das Chakren- oder Lataif-System. Bei dem Netzwerk geht es nicht allein um Intelligenz, beim Möbius hingegen schon, da die Essenz der Intelligenz von der Mitte des Möbius ausgeht.

Das explosionsartige Auftauchen der Qualität war der Anfang. Danach erschien die Brillanz in erster Linie als geschmeidige, dichte und erstaunlich glänzend aussehende Flüssigkeit, deren Geschmeidigkeit sie unglaublich reaktionsfähig machte. Sie war weder zäh noch klebrig, sondern strömte ohne jegliche Reibung dahin. Die glatte Textur allein ist wunderbar und angenehm in der Weise, wie man ganz selbstverständlich erlesenste Verfeinerung genießt. Doch bei diesem Aspekt geht es nicht nur um den Affekt. Er kann überall im Kopf oder im Körper fließen, und wenn der Intellekt auf der essenziellen Ebene aktiv wird, taucht er häufig im Gehirn auf. Es verleiht dem Geist die Fähigkeit, zu synthetisieren – das verbindende Element zu sehen, das viele getrennte Dinge zusammenführt –, da es der Inbegriff von Synthese ist. Und Synthese ist eine der Qualitäten wahrer Intelligenz, worin sich die Tatsache widerspiegelt, dass sie eine Synthese aller essenziellen Qualitäten ist. Wenn Synthese in unserem Gehirn oder Kopf wirkt, dann kommt der Effekt dem nahe, was Menschen als „brillant sein" bezeichnen, denn sie kann es unserem Geist ermöglichen, brillant zu sein. Die Präsenz kann auch als Ansammlung einer geschmeidigen, dichten Flüssigkeit im Bauch auftreten, die uns das

Gefühl gibt, voller Präsenz zu sein beziehungsweise auf eine volle, dichte Weise präsent zu sein. Wir können uns zerbrechlich und vergeistigt fühlen, während wir in unserer Präsenz dicht und gewaltig sind. Es ist eine hervorragende Art und Weise, Präsenz zu erfahren und zu erkennen.

Am auffälligsten an der Brillanz ist, dass sie keine Farbe hat, was daran liegt, dass sie alle Farben beinhaltet – genauso wie Sonnenlicht keine Farbe hat, sondern das gesamte Farbenspektrum beinhaltet. Doch selbst das vermittelt nur ein ungenaues Bild von der visuellen Erfahrung, die eher so ist, wie direkt in die Sonne zu schauen oder den Glanz des Sonnenlichtes zu sehen, der vom Wasser reflektiert wird. Was wir sehen, ist die Farbe der Brillanz, die so hell und intensiv ist, dass es schwer ist, sie anzuschauen. Da sie aber das intensive Leuchten unseres spirituellen Wesens ist, können wir sie direkt ansehen, ohne dass es unserem inneren Auge weh tut. Wir sprechen hier nicht über Intelligenz in Bezug auf ihre Wirkung oder Funktionsweise, sondern darüber, wie deren Präsenz aussieht. Die Essenz von Intelligenz ist reine Brillanz und nicht die intensivere Ausprägung der Eigenschaft einer bestimmten Farbe oder eines bestimmten Lichtes (wie strahlendes Weiß). In der essenziellen Präsenz von Brillanz (*briliancy*) ist Brillanz oder strahlender Glanz zu einer Erfahrung für sich geworden. Deshalb gibt es nichts Vergleichbares auf der Erde oder der physischen Ebene.

Das Wesen von Brillanz ist die reine Helligkeit des Lichtes, die kompakt und dicht ist. Es ist die intensive Leuchtkraft des Lichts.[8] Und Präsenz ist Brillanz durch und durch, nicht nur an der Oberfläche: Brillanz als substanzielles Medium oder als Feld von Präsenz. Sie ist nicht transparent, denn das gesamte Brillanz-Feld strahlt Helligkeit aus. Es ist eine verblüffende Wahrheit, dass es eine solche Sache, eine solche Realität gibt.

Wir erkennen die Präsenz von Brillanz immer als Intelligenz. Viele Menschen verwenden, wenn sie diese essenzielle Eigenschaft zum ersten Mal in sich wahrnehmen, den Begriff *Intelligenz*. Wenn jemand

8 Weitere Details zu diesem Aspekt und Informationen darüber, wie man auf ihn zugreifen kann, sind in meinem Werk *Brilliancy* zu finden.

über eine außerordentlich strahlende Intelligenz verfügt, dann, glaube ich, würden wir ein paar Tropfen Brillanz in seinem Gehirn oder im Medium seines Bewusstseins finden. Und das beeinflusst unseren Zustand so, dass wir uns tatsächlich brillant fühlen – wir empfinden uns als klug („helle"), durchdringend und effektiv. Der äußere Ausdruck von Brillanz schlägt sich in der Genialität intelligenten Funktionierens nieder. Wir verwenden Begriffe wie *brillant* und *helle*, da wir intuitiv wissen, dass Intelligenz das subtile visuelle Merkmal intensiver Helligkeit hat. Intelligenz besteht aus der Brillanz des Seins, welche die wahre Strahlkraft des Seins, unsere essenzielle Präsenz, ist. Ich glaube, das ist einer der Gründe, warum Menschen, die die Präsenz spirituellen Lichtes erblicken, häufig sagen, es sei weiß oder strahlend weiß. Es ist eine Weiße, die so leuchtend ist, dass das Weiß in dem Strahlen verschwindet.

DIE EIGENSCHAFTEN VON BRILLANZ

Jetzt können wir sehen, was das Ich-Ideal nachzuahmen versucht. Brillanz oder essenzielle Intelligenz hat den Affekt der Vollständigkeit, des Lückenlosen, dessen, dass nichts fehlt. Also fühlt sie sich wie Vollkommenheit an. Da sie unser Wesen in all seinen erhabenen Eigenschaften zum Ausdruck bringt, ist sie die reine Perfektion. Dies ist ein Beispiel für die Verbindung zwischen der heiligen Idee – heilige Vollkommenheit für die Eins – und der essenziellen Gabe; Brillanz mit der ihr innewohnenden Vollkommenheit. Die Vollkommenheit liegt weder in etwas Äußerem, in einer Handlung oder Schöpfung, noch beruht sie auf einem bestimmten Maßstab. Vielmehr ist sie in der Präsenz selbst zu finden, die Vollständigkeit und auch Kostbarkeit ist. Der Affekt beinhaltet also all diese Dinge: Vollständigkeit, Richtigkeit in all ihren Formen, Vollkommenheit, Kostbarkeit und Unschuld. Aus diesen Affekten leiten sich die Merkmale dieses Typs ab. Da Einsen die Kostbarkeit ihrer wahren Natur zum Ausdruck bringen möchten, sie aber nicht wirklich kennen, wollen sie, dass Dinge und Menschen, einschließlich ihrer selbst, vollständig, stimmig und vollkommen sind. Sie haben das Gefühl, dass ihre moralischen Prinzipien aus ihrem Gewissen kommen, weil sie der festen Überzeugung sind, ihr Gewissen wisse, was alles kostbar – und potenziell vollkommen – macht, während ihr Sinn für Kostbarkeit in Wirklichkeit nur ein schwaches Abbild der Kostbarkeit der wahren Natur ist.

Da ihr Ideal nicht die Brillanz selbst ist, sondern die Widerspiegelung einiger ihrer Eigenschaften oder eine Annäherung an sie, werden Vollkommenheit und Richtigkeit, Güte und Optimierung zu ihrem Ideal. Vollkommenheit ist definitiv eine Eigenschaft von Brillanz, doch Einsen sehen sie im Hinblick auf die physischen Ausdrucksformen von Menschen: Gedanken, Handlungen und Interaktionen, einschließlich ihrer eigenen, und wie sie sich anfühlen. Sie sind perfektionistisch und bemühen sich sehr, immer das Richtige zu tun, da sie die Aktion der Brillanz imitieren, die immer richtig liegt, die eindeutig, effektiv und vollständig ist. Doch was Einsen für Vollkommenheit halten, hat eher mit ihren Vorstellungen von Vollkommenheit zu tun, die ihren Annahmen und Überzeugungen hinsichtlich dessen folgt, wie Dinge sein und Menschen sich verhalten, auftreten, fühlen und handeln sollten. Deshalb drückt Vollkommenheit nicht die Intelligenz des Seins aus, sondern vielmehr die Vorstellungen und Urteile des Über-Ichs. Und wenn die Handlungen und Meinungen von Einsen – oder anderen – ihrem Perfektionsanspruch nicht genügen, dann werden sie ungemütlich, nachtragend, selbstgerecht und wütend. Sie wollen, dass die Dinge richtig laufen, und sie bemühen sich sehr, sie in Ordnung zu bringen, entsprechend den Normen, von denen sie sicher sind, dass sie objektiv sind und für jeden gelten sollten.

Es ist kein Wunder, dass Einsen in ihrem Bemühen, der Welt mehr Gerechtigkeit zu bringen, sei sie sozial, moralisch, politisch, ideologisch, philosophisch oder Ähnliches, zu Reformern werden können. Erwachte Einsen lehnen ab, was nicht richtig ist und nicht im Einklang mit dem Sein und seiner Vollkommenheit steht. Aber sie sind aufgeschlossen und flexibel und reagieren auf den Gemütszustand und die soziale Stellung von Menschen. Ihnen sind die Nuancen des Lebens wichtig und im Gegensatz zu fixierten Einsen sind sie weder rigide noch unflexibel. Brillanz ist recht fließend und zeigt sich in erwachten und befreiten Einsen als Flexibilität in der moralischen Orientierung und als Anerkennung der Grenzen und Fähigkeiten von Menschen. Sie sind intelligent in ihrem Bemühen, Dinge zu verbessern und umzugestalten, und daher punktgenau. Ihre Handlungen beinhalten keine harten Urteile, keine Bestrafungen aufgrund von Groll oder Zorn und keine Verurteilungen. Stattdessen beobachten sie mit Verstand, was vor sich geht, und reagieren mit einer umfassenden Handlung – das heißt mit einer, die die gesamte Situation in Betracht zieht. Wir sehen das am Beispiel Mohammeds, des Propheten des Islam, der zunächst hauptsächlich als Reformator der Exzesse und Probleme seiner Gesellschaft auftrat. Er galt als Beispiel für unschuldige Gerechtigkeit. Das bedeutet jedoch nicht, dass jede erleuchtete und befreite Eins Reformer oder Aktivist wäre. Jeder findet seine eigene wahre Berufung. Brillanz hat keine Einstellungen, Meinungen oder Urteile; sie ist lediglich die Präsenz von Vollkommenheit als Intelligenz. Deshalb können wir uns genau richtig ausdrücken, das heißt, mit dem entsprechenden Anteil an Intensität oder Leichtigkeit, Sanftheit oder Zorn, Durchdringung oder Verfeinerung. Bei der Eins geht es um wahre Bewegung hin zur Perfektion, die die Verwirklichung des eigenen authentischen Wesens ist. Im Wesentlichen ist der richtige Weg der Weg zum Erwachen und zur Verwirklichung. Die Arbeit ist das Große Werk, die innere Arbeit daran, zu sein, wer wir sind. Vollkommenheit stellt sich dann ganz natürlich ein, und wir haben recht, weil wir redlich im essenziellen Gewissen sind, statt verspannt in einer geistig konstruierten Moral.

Einsen glauben, dass sie gut sind, sie bemühen sich sehr, gut zu sein, und wachsen häufig als das gute Mädchen oder der gute Junge auf. Das spiegelt die Tatsache wider, dass Brillanz alles ist, was gut ist, denn sie ist das Leuchten unserer wahren Natur, das, was Plato „das Gute“ nannte. Als Präsenz der Brillanz fühlen wir uns auf umfassende und vollkommene Weise präsent und dicht, aber gleichzeitig fließend, intelligent und vollständig. Wir sind die Essenz des Guten, ohne feste Vorstellungen oder starre Ansichten. Unsere Intelligenz und unser Geist sind flüssig, flexibel und nicht rigide, und für sie besteht keine

Notwendigkeit, unnachgiebig und unveränderlich zu sein. Folglich ist unser Geist offen und geschmeidig, was ihn nicht nur intelligent macht, sondern auch menschlich und eingestimmt. Einsen haben häufig ein starkes Bedürfnis, recht zu haben. Als brillante Präsenz müssen wir nicht im Recht sein; wir können unrecht haben, und wenn es so ist, sind wir bereit, zuzuhören und zu lernen. Wir sind jedoch die Richtigkeit selbst, die Richtigkeit unseres wahren Wesens.

Es ist kein Wunder, dass Einsen gut sein wollen, denn das ist Teil ihres Ich-Ideals. Doch gut zu sein richtet sich für fixierte Einsen nach einer geliehenen oder konstruierten Moral, was häufig bedeutet, dass sie sich ihrer Verantwortung gegenüber ihrem wahren Wesen entziehen. Wir können die verschiedenen Merkmale von „Ego-Resent" als Reflexion einer partiellen und verzerrten Sichtweise des idealisierten Aspekts betrachten. Doch wir können jene Merkmale auch nutzen, um zu erkennen, was das Ich-Ideal ist, und wenn wir imstande sind zu begreifen, dass es nicht real ist – dass es vielmehr konstruiert ist und sich durch die Erfordernisse der Zeit entwickelt hat –, dann können wir es durchschauen und uns so dem idealisierten Aspekt nähern.

Königin Elisabeth II. ist eine Eins, die das Streben nach Perfektion verkörpert, angeleitet und eingeschränkt durch royale Traditionen, die gnadenlose Maßstäbe in Bezug auf Verhalten und Erscheinungsbild vorsehen. Als Königin ist sie nicht immer in der Lage gewesen, ihrer Familie oder ihrem Land einfach die Maßstäbe der Vergangenheit aufzuerlegen. Stattdessen musste sie den Rahmen und die Funktion dieser Maßstäbe verstehen. In ihrer nahezu siebzigjährigen Regentschaft ist Elisabeth häufig mit der Spannung zwischen starrer Tradition, reibungslosem Funktionieren und kultureller Notwendigkeit konfrontiert worden – was für eine Eins eine überaus schmerzliche Herausforderung ist, und eine, die sie zweifellos hier und da näher an die essenzielle Intelligenz herangeführt hat. Die Königin ist ein gutes Beispiel für eine Eins, die sich dem Ideal in der richtigen Richtung angenähert hat.

Wenn wir das Ich-Ideal nicht für bare Münze nehmen, sondern es stattdessen erforschen, um zu schauen, wo es herkommt, werden wir als Erstes denjenigen Einflüssen in unserem Leben begegnen, die unser Über-Ich und unsere Maßstäbe geprägt haben. Wir können herausfinden, wo unsere Urteile herkommen, wenn wir sie uns selbst gegenüber nicht rechtfertigen, indem wir uns oder anderen die Schuld dafür geben, dass wir sie haben. Sich für das Ich-Ideal zu interessieren und daran zu arbeiten, es zu verstehen, kann uns zu den vergessenen Eingebungen und Gefühlen führen, die seinen Kern bilden. Diesen Kern zu sehen kann der erste Schritt sein, um herauszufinden, wo die Gefühle herkommen. Bei diesem Prozess könnten wir uns der Brillanz selbst öffnen, der wahren Perfektion, die unserer Moral und unserem Gewissen einen essenziellen Grund verleiht.

DER DIREKTE WEG ZUR BRILLANZ

Ein direkter Zugang zur Brillanz ist der, unsere Vorstellungen vom Fehlen von Vollkommenheit und Richtigkeit in unserem Leben zu untersuchen – warum wir ständig Fehlerhaftigkeit und Unrichtigkeit vorfinden und dann wütend und reizbar werden. Wir können uns die Tatsache ansehen, dass wir keine Vollkommenheit kennen, die beständig und unzerstörbar ist. Das kann dazu führen, dass wir zunächst die Trennung von der Perfektion erfahren und danach die defizitäre Leere, die als Türöffner zu der wahren Qualität dient.

Auf der anderen Seite kann eine effektivere Untersuchung die sein, unsere Beziehung zur Intelligenz zu erforschen und herauszufinden, ob wir das Gefühl haben, sie zu besitzen oder nicht. Haben wir das Gefühl, sie zu besitzen, dann wollen wir herausfinden, was diese Intelligenz ist. Wenn wir das Gefühl haben, es nicht zu tun, dann wollen wir diesen Mangel verstehen. Die meisten Menschen müssen dabei an der Beziehung zu ihrem Vater arbeiten, denn etwas an der Brillanz drängt uns dazu, diese Qualität auf unseren Vater zu projizieren – nicht in allen Situationen, aber in den meisten. Für die Seele repräsentiert der Vater häufig Brillanz, genauso wie die Mutter das schmelzende Gold repräsentiert. (Auch wenn dies für die meisten Menschen gilt, gibt es sicherlich Ausnahmen.) Brillanz erweist sich als der wahre Vater, genau wie schmelzendes Gold die wahre Mutter ist. Sie sind die essenziellen Eltern, die für die Tatsache stehen, dass wir als individuelle Seelen Kinder des Seins, Kinder unserer spirituellen Natur sind. Indem wir Brillanz integrieren – die Essenz der Intelligenz und wahre Perfektion –, lernen wir auf signifikante Weise etwas über unser Sein und verstehen tiefer, was Präsenz ist. Brillanz ist ein wichtiges Instrument, um synthetisierende Erkenntnisse aus vielen Dimensionen zu gewinnen, da sie uns die Fähigkeit zur Synthese verleiht, die dem gewöhnlichen Geist nicht zugänglich ist. Und Brillanz liefert uns auch den spezifischen Schlüssel, der die Schale des Einser-Typs lösen und helfen kann, in seinen tieferen Kern vorzudringen.

6

Punkt Drei: PERSÖNLICHE ESSENZ

Punkt Drei – Ego-Go nach Ichazos ursprünglicher Ausdrucksweise, in anderen Modellen Der Macher – ist sehr auf sein Image bedacht. Doch dieses Image beruht auf einem Erfolgsmodell, das der Kultur entspricht, in der die Drei lebt. Dreien sind damit beschäftigt, wie Menschen sie sehen. Sie wertschätzen das, was sie als Erfolg sehen, und arbeiten hart daran, es zu erreichen. Sie sind praktisch und effektiv in dem, was sie tun, und neigen dazu, zu tun, was zu tun ist. Sie sind Macher und Vollender und haben reichlich Energie, um etwas zu erreichen und sich in dem Bereich hervorzutun, für den sie sich entschieden haben. Das Enneagramm der Idealisierungen beschreibt das Ich-Ideal von Typ Drei als „Ich bin erfolgreich" und „Ich kann erreichen".

Doch je fixierter Dreien sind, umso mehr täuschen sie sich selbst und andere, denn die Wahrheit entzieht sich ihnen leicht. Sie schätzen Erfolg, so wie er durch das Prisma ihres Persönlichkeitstyps gesehen wird, höher als einen tieferes, wahreres Werteempfinden. Das Image von Erfolg oder Ruhm – der von der Gesellschaft geschätzte Star zu sein – ist ihr vorrangiges Anliegen und führt zur vollständigen Vermeidung der Hilflosigkeit, durch die sich ihr innerer Kern auszeichnet.

Ihre spezifische Reaktion des Strebens erscheint als Ego-Ideal der Effizienz. Dreien sind gewöhnlich effizient, jedoch nicht darin, ihre grundlegende Natur zu verkörpern. Vielmehr sind sie effizient darin, das Bild des idealisierten Paradigmas von Gesellschaft zu erzeugen, so als wäre es das, was ein Mensch sein sollte. Naranjo schreibt: „Im Dienst der Effizienz ist das Denken meist präzise; oft findet man einen Hang zur Mathematik. Typisch ist auch ein schnelles Tempo; es hat sich wahrscheinlich aus dem Wunsch heraus entwickelt, durch besondere Tüchtigkeit herauszuragen."[9]

Sandra Maitri erläutert:

> Dreien sind unruhig und zielstrebig, und nichts ist ihnen wichtiger, als auf ihrem Gebiet erfolgreich zu sein. Sie wollen ihre Ziele erreichen, und alles andere – körperliche, wirtschaftliche oder durch ihre Herkunft bedingte Einschränkungen und Gefühle, die von anderen und sogar die eigenen – steht bei ihnen an zweiter Stelle. Ihr Ehrgeiz führt häufig dazu, dass sie sich gnadenlos antreiben und andere Menschen sie leicht für rücksichtslos, berechnend und auf knallharte Weise zielstrebig halten. Dreien sind pragmatisch, kühl und sachlich, sie setzen alles ein, auch Manipulationen und Tricks, um zum Ziel zu kommen.[10]

Je fixierter dieser Typ ist, umso betrügerischer, imageorientierter und skrupelloser wird er vorgehen, um seinen vermeintlichen Spitzenstatus zu erreichen. Dreien neigen aufgrund ihrer Idealisierung von Effizienz, Kompetenz und Erfolg dazu, die schädlichen Folgen ihres Handelns zu überspielen, während sie häufig auf Kosten anderer oder ihrer eigenen Integrität und Wahrheit die Erfolgsleiter hinaufklettern. Sie suchen nach einem Wert, der normalerweise äußerlich ist und mit den Augen dessen betrachtet wird, was die Kultur idealisiert, anstelle von dem, was einmalig und wahr an ihnen selbst ist. Folglich sind Dreien die extrovertiertesten und dynamischsten aller Enneatypen,

9 Naranjo, *Erkenne dich selbst im Enneagramm*, S. 189
10 Maitri, *Neun Porträts der Seele*, S. 107

und sie fühlen sich am stärksten verpflichtet, alle nötigen Anstrengungen zu unternehmen, um ihr von außen beeinflusstes Bild von Erfolg zu erreichen. Sie scheinen persönlich und fürsorglich zu sein, doch dieses persönliche Auftreten ist oft oberflächlich und mit einem Ziel verbunden, das sie erreichen möchten. Es ist ein Akt, der nicht wirklich gefühlt und ohne wahres Verständnis oder eine Verbindung zu dem durchgeführt wird, wer die andere Person wirklich ist. Je befreiter Dreien von den Grenzen ihrer Fixierung sind, umso aufrichtig persönlicher werden sie, und umso mehr steht ihre Effektivität im Dienste wahren Funktionierens statt in dem ihres Images oder dem, was in den Augen anderer richtig ist.

DER IDEALISIERTE ASPEKT: PERSÖNLICHE ESSENZ

Die persönliche Essenz ist möglicherweise eine der überraschendsten und am häufigsten missverstandenen aller essenziellen Eigenschaften. Normalerweise glauben Menschen, dass sie wüssten, wie es ist, mit jemand anderem persönlich zu sein und in wirklichen Kontakt zu treten. Sie glauben auch zu wissen, was ein wahrer Mensch, was eine Person ist. Doch in vielen Fällen könnte nichts weiter von der Wahrheit entfernt sein.

Zu verstehen, was ein Mensch ist, erfordert engagierte innere Arbeit und ein hohes Maß an Reife, weshalb die wenigen spirituellen Traditionen, die diesen Aspekt kennen, ihn als „kostbare Perle" oder „unschätzbare Perle" bezeichnen. Der Held der spirituellen Suche macht sich in die normale Welt – die Welt der Lügen – auf, um die verborgene Perle zu finden. In diesen Traditionen wird die Perle gewöhnlich von einem furchteinflößenden Drachen bewacht, der das vorrangige Ego des Typs symbolisiert. Der Held muss den Drachen überwinden oder an ihm vorbeikommen, um das kostbare Schmuckstück zurückzubekommen und mit ihm in sein spirituelles Zuhause zurückzukehren, das jetzt mit einer Qualität ausgestattet ist, die vorher nicht verfügbar war.

Mit anderen Worten, diese Qualität – ein persönliches Sein – wird erreicht, indem man mit den Umständen des Lebens ringt, während die Seele wächst und heranreift, bis es ihr möglich wird, ihre Individualität auf der essenziellen oder spirituellen Ebene auszudrücken, während sie ein menschliches Leben führt. Diese Erkenntnis steht im Gegensatz dazu, ein transzendentes Absolutes oder eine unpersönliche Weite zu sein und sich von der Welt zurückzuziehen. Die persönliche Essenz ist eine Errungenschaft, doch im Gegensatz zur äußeren Leistung der fixierten Drei resultiert diese Errungenschaft daraus, dass man wächst, sich weiterentwickelt und lernt, ein Mensch zu sein, der die essenzielle Natur in ihrer Reife verkörpert. Wir sind dann sowohl die transzendente als auch eine echte Person, eine, die das Transzendente zum Ausdruck bringt, indem sie im wahrsten Sinne des Wortes ein menschliches Wesen ist.

Aus der Perspektive des Diamond Approach ist eine der Annahmen, die diesen Aspekt schwer vorhersehbar macht, die Haltung, die Menschen oft aufgrund dessen, was sie in vielen spirituellen Lehren hören, als wahr annehmen, nämlich dass, wenn man eine Person ist, man zwangsläufig ein Ego sein müsse. Dieser Trugschluss basiert teilweise auf der Haltung, dass ein Individuum oder eine Person eine getrennte Wesenheit sein müsse und folglich nicht im nicht-dualen Zustand sein könne, was bedeutet, dass das Individuum zwangsläufig eine Illusion oder Konstruktion sein muss. Diese Position steht im Widerspruch zu der Entwicklung in der westlichen Welt, das Individuum – individuelle Autonomie und Einzigartigkeit, individuelle Menschenrechte und Beiträge – zu schätzen.

Es ist wahr, dass die westliche Kultur in ihrer Verehrung des einzigartigen Individuums häufig auch das Ego verehrt. Doch wir müssen uns fragen, wo der Westen die Idee herhatte, dass das Individuum mit seiner persönlichen Einzigartigkeit und Unterschiedlichkeit überhaupt wichtig sei. Eine noch wichtigere Frage ist die, warum alle Menschen als Individuen auftreten und leben, bis sie sich der Weite der nicht-dualen, unendlichen und transzendenten Realität bewusst werden. Wo hat die Seele gelernt, sich als Individuum zu strukturieren? Eine weitere Beobachtung, die nicht-duale Lehren gerne ignorieren, ist die, dass keine zwei realisierten, nicht-dualen Meister gleich sind, was auf die Tatsache verweist, dass individuelle Unterschiede nicht im Widerspruch zu nicht-dualer Gleichheit stehen.

Wahr ist aber auch, dass einige Menschen ein echtes Individuum intuitiv als jemanden erkennen, dem es gelingt, eine wahrer Mensch mit wahrer Personalität und der Fähigkeit zu zwischenmenschlichem Kontakt und effektiver Funktionalität zu sein, und als jemanden, der dem menschlichen Leben einen Sinn verleiht, statt es als illusionäre Phase auf dem Weg zu unermesslicher transzendenter Weite zu verstehen. Die Idealisierung von Typ Drei rührt von dieser dunklen Ahnung her, doch geprägt wird sie durch das, was die eigene Gesellschaft oder Gruppe für einen vorbildlichen Menschen hält. Dieses falsche Ideal wird noch durch den zusätzlichen Einfluss der jeweiligen persönlichen Geschichte und Begegnungen im Leben verstärkt.

Das Ideal erscheint nicht als Individuum oder Person, sondern in Form einiger mit ihm verbundener Eigenschaften der essenziellen Qualität: denjenigen von Effizienz, Kompetenz und Vortrefflichkeit, besonders im Tun. Dreien idealisieren Effizienz und bemühen sich sehr, so tüchtig wie möglich zu sein. Sie versuchen, effektiv in ihrem Streben nach Erfolg und kompetent in allem zu sein, was sie tun. Sie konzentrieren sich darauf, keine Zeit zu verschwenden, bodenständig und praktisch zu sein und nach bestem Vermögen hervorragende Leistungen zu vollbringen. Doch ihr Image von Effizienz und Kompetenz aufrechtzuerhalten ist nur wichtig, um das zu erreichen, von dem sie glauben, dass es sie zu einem Vorbild für Erfolg in ihrer Gesellschaft machen wird. Dann werden sie zu dem geworden sein, was ein Mensch „sein sollte" und was Beifall, Liebe und Bewunderung bringt. Dreien glauben, dass dies die verlorene Liebe und das eingestimmte Halten zurückbringen wird, die es ihnen schließlich ermöglichen werden, sich einfach zu entspannen und zu sein, ohne sich um irgendetwas Sorgen machen zu müssen.

Russ Hudson schreibt über das gesündere Beispiel dieses Typs:

> Wir haben den Persönlichkeitstypus *Drei* Macher genannt, weil er viel in Bewegung setzen kann. Gesunde Dreien sind Menschen, zu denen man gern aufschaut. Sie regen einen dazu an, das eigene Potenzial voll auszuschöpfen. In ihnen werden die Träume, denen sich andere hingeben, Wirklichkeit.
>
> Dreien sind oft beliebt und erfolgreich, da sie von allen Typen am meisten an sich und ihre Entwicklungsmöglichkeiten glauben. Aufgrund ihrer Verkörperung der anerkannten Werte wirken sie als lebendige Vorbilder. Gesunde Dreien wissen, dass sich die Mühe, nach dem Besten zu streben, für sie lohnt, und ihr Erfolg inspiriert andere dazu, es ihnen gleichzutun.[11]

Dies ist das Beispiel für den gesunden Typ, und auch wenn die meisten Dreien keine so vorbildliche Entwicklung durchlaufen, handelt es sich hier trotzdem nicht um den befreiten Typ. Letzteres sind die Dreien, die den Schlüssel zu ihrer Fixierung bekommen, ihre Schale entschlüsselt und ihren Kern durchdrungen haben. Doch wir können diese Unterscheidung erst dann verstehen, wenn wir besprochen haben, was dieser Aspekt ist und wie er das Ich-Ideal und die Muster der Schale bildet.

DIE PRÄSENZ PERSÖNLICHER ESSENZ

Diese Präsenz ist in vielen Lehren entweder unbekannt oder wird nicht anerkannt, auch wenn sich der Taoismus, die Lehren der Sufis und der Kabbala sowie einige Bereiche der christlichen Mystik auf sie beziehen. Das in diesem Buch angebotene Wissen hat sich mit der Lehre des Diamond Approach entwickelt. Es beinhaltet psychologisches Wissen, das sich im 20. Jahrhundert entwickelt hat und noch nicht zur Verfügung stand, als diese älteren Lehren entstanden.[12] Die

---

11 Hudson und Riso, *Weisheit des Enneagramms*, S. 199

12 Weitere Details und eine Erörterung dieser Thematik finden Sie in meinem Werk *The Pearl Beyond Price*.

persönliche Essenz oder Perle entsteht als eine Form von Präsenz, als Präsenz mit Form. Sie hat einige Entwicklungsphasen, da sie im Gegensatz zu anderen Präsenzqualitäten eng mit der Reifung unserer Seele, unseres individuellen Bewusstseins, verbunden ist und alle Eigenschaften des kosmischen Bewusstseins verkörpert.

Ich werde von drei Phasen ihrer Entstehung berichten, die ich aus meiner persönlichen Erfahrung abgeleitet habe. Diese Phasen sind für die vorliegende Untersuchung relevant, doch es gibt weitere, die für die nicht-duale und andere Arten von Verwirklichung ausschlaggebend sind. In der ersten Phase, die ich feststellen konnte, ging es um eine Entwicklung im Bereich des physischen Herzens. Einmal sah ich dort etwas, das wie ein primitives Gitterbettchen aussah. Es war eine Menge schmelzendes Gold im Bereich des Herzens vorhanden und ein wenig Weiß in dem Kinderbett. Doch in dem Bett aus Gold schien sich ein lebendiger, stiller Embryo zu befinden. Es war, als habe die Seele einen Embryo in sich, als sei sie befruchtet worden. Taoisten sprechen von dem göttlichen Embryo, doch ihrer Auffassung nach entwickelt er sich im Bauch und nicht im Herzen.

Die zweite Phase begann, als sich mein eigener Prozess zum Bauch hinbewegte. Das Kinderbett mit dem Gitter war ein einzelnes Vorkommnis, und auch wenn es meinem Gefühl nach ein Prozess war, weckte es meine Aufmerksamkeit erst dann, als es sich in Richtung Bauch bewegte. Dann erlebte ich einige Zeit lang eine Fülle im Bauch. Und diese Fülle wurde im Laufe der Zeit so groß, dass ich allmählich begann, mich zu fühlen, als wäre ich schwanger. Der Zustand dauerte einige Tage an und zog gelegentlich meine Aufmerksamkeit auf sich. Ich wusste, dass es eine Art Präsenz war, doch ich erkannte die Qualität noch nicht. Ich fühlte mich voller Präsenz und manchmal sogar wie die Präsenz selbst. Dieses Gefühl der Fülle im Bauch, das einigen Menschen das Gefühl gibt, schwanger zu sein, ist die Erfahrung, die Schüler am häufigsten machen, bevor sie die persönliche Essenz unmittelbar erkennen und ihre Perlenform sehen können.

Die dritte Phase war die endgültige Erfahrung, die einige Zeit später stattfand, als ich in einem Café saß. In den 1980er-Jahren ging ich häufiger in Cafés, um Tagebuch zu schreiben oder mit Weggefährten zu sprechen. Ich sann und grübelte über eine Beobachtung nach, die ich an mir selbst gemacht hatte. Es war in den ersten Jahren, nachdem ich begonnen hatte, Schüler zu unterrichten, und ich war mir bewusst, dass ich die Präsenz war, die mit Offenheit, Liebe und Fürsorge für jeden lehrt. Trotzdem hatte ich das subtile Gefühl, dass etwas in meiner Lehre fehlte, insbesondere in der Beziehung zu meinen Schülern. Sie alle lagen mir individuell und in ihrer Gesamtheit am Herzen, doch mir fiel auf, dass ich ihnen gegenüber nicht so persönlich war, wie ich es hätte sein können. Es war nicht so, dass ich *nicht* persönlich war. Im herkömmlichen Sinne des Wortes war ich persönlich, denn ich kannte die Namen meiner Schüler und kommunizierte mit jedem individuell auf eine abgestimmte und einfühlsame Weise. Trotzdem fehlte etwas. Es war, als wäre ich nicht persönlich auf eine Weise, die ich noch nicht kannte.

Als ich bei meiner Erkundung dieses Verständnis erlangte, öffnete sich ein tiefes schwarzes Loch in der Mitte meiner Brust. Aus diesem Loch tauchte schlagartig eine unerwartete Präsenz auf: eine große Perle, die sich meiner bemächtigte. Ich fühlte mich wie eine runde, volle Perle, die sich in ihrer Fülle fleischig, resilient und flexibel anfühlte. Die Fülle kam wie ein gesunder junger Muskel vor, doch sie war nicht physisch. Der Raum fühlte sich an, als sei er in einen bernsteinfarbenen Regen getaucht, der sich wie die Essenz des Wertes anfühlte. Ich erkannte, dass diese Präsenz, die spontan auftauchte, einen ungewöhnlichen Wert für mich, die Lehre und die Menschheit hatte.

Die persönliche Essenz wird in erster Linie als runde, volle Präsenz erlebt; die Fülle- Empfindung hat die Dichte und Widerstandsfähigkeit eines hart gekochten Eis. Doch sie ist nicht physisch; sie ist reines Bewusstsein. (Dieser Aspekt ist selten amorph oder verschwommen, auch wenn er es, falls nötig, sein kann – zum Beispiel, wenn er flüssigkeitsähnlich wird und die subjektive Atmosphäre durchdringt.) Als diese Präsenz der Fülle hat man das Gefühl, Präsenz zu sein – eine Präsenz, die weiß, dass sie präsent ist, und weiß, dass sie persönliche Präsenz ist.

Persönlich hat hier zwei Bedeutungen. Eine ist, dass sie fähig ist, auf eine direktere und einfachere Weise persönlich zu sein, als allgemein bekannt ist. Diese Präsenz ist nicht persönlich in dem Sinne, dass sie Geschichten über sich selbst erzählt oder den Geschichten und persönlichen Situationen anderer Menschen zuhört. Sie fühlt sich einfach persönlich an, da sie die Essenz des Persönlich-Seins ist. Sie lässt sich nicht definieren oder weiter aufschlüsseln. Sie ist die Essenz des Persönlich-Seins, die nur erkannt werden kann, indem man sie erfährt. Mir wurde bewusst, dass der herkömmliche Sinn des Persönlich-Seins, der sich durch Worte und Handlungen ausdrückt, eine Widerspiegelung dieser Präsenz ist. Dieses Persönlich-Sein ist allein dadurch präsent, dass man mit der anderen Person man selbst ist. Wir fühlen, dass wir persönlich sind, ohne dass wir etwas Persönliches über uns sagen. Es ist einfach wie wir sind und Umgang pflegen. Außerdem erkennt man in der Interaktion die Einzigartigkeit des anderen an und reagiert darauf – die anderen fühlen, dass man persönlich mit ihnen in Kontakt tritt, dass man sich mit ihnen als einer weiteren echten Person verbindet, als sie selbst mit all ihren Qualitäten und Fähigkeiten. Die persönliche Essenz hat diese Eigenschaft, die Essenz des Persönlich-Seins zu sein. Eine weitere Bedeutung ist, dass wir das Gefühl haben, eine Person zu sein, eine echte Person. Es stellt sich heraus, dass diese Person nicht reduzierbar ist. „Person" ist eine platonische Idee oder Form, der Urtypus der Person, was damit gleichzusetzen ist, ein echtes Individuum zu sein. Hier sind wir eine Person des Seins, eine Person der Präsenz. Präsenz manifestiert sich als Person, doch sie ist auch eine *menschliche* Person. Eine Person ist also nicht nur Geist, sondern etwas über den Geist hinaus. Sie ist nicht reines Bewusstsein oder Gewahrsein, sondern etwas mehr. Die Weite oder unendliche Ausdehnung der unpersönlichen Leere oder des unpersönlichen Bewusstseins kann keine Person sein. Nur ein individuelles Wesen kann eine Person sein. Diese transzendenten Dimensionen der wahren Natur können sich jedoch in Form eines menschlichen Wesens ausdrücken, in Form einer Person mit denselben Qualitäten wie das fundamentale Bewusstsein. In den hinduistischen Veden wird dies als Gott Krishna anerkannt, der eine Person ist, nicht nur eine unpersönliche Weite wie Brahma. Wenn das reine Bewusstsein oder der Geist sich nicht in individuellen Wesen manifestiert, dann können sie sich weder selbst kennen oder erfahren, noch können sie ihre Qualitäten und Weisheiten zum Ausdruck bringen. Eine Person ist der Höhepunkt der Entwicklung eines Wesens.

Das Gefühl der Präsenz ist in der persönlichen Essenz wesentlich greifbarer als bei jedem anderen von uns erörterten Aspekt. Es ist unverwechselbar. Einige Menschen machen sich Sorgen, dass sie zunehmen könnten, wenn sie die mächtige Fülle in ihrem Bauch spüren, und lehnen dann, wenn sie keine Führung bekommen, diese Präsenz-Fülle vielleicht sogar als Widerspiegelung übermäßigen Gewichts ab. Sie ist eine greifbare Präsenz des reinen Bewusstseins, die weiß, dass sie präsent ist, und auch weiß, dass sie eine Person ist. Im Grunde genommen ist sie die Antwort auf die Frage, die ich vorher gestellt habe: Wo hat die Seele gelernt, ein Individuum zu sein? Sie hat es vom Urtypus des Person-Seins gelernt. Es ist auch möglich, dass Kinder im Alter von etwa zwei Jahren diese Qualität von Präsenz erfahren, wenn sie anfangen, sich von ihren Eltern zu trennen und sich zu individuieren, was ein normaler Prozess für alle Menschen ist. Wenn sie es tun, sind sie sich der Präsenz vielleicht nicht bewusst. Was wahrscheinlich größeren Eindruck auf sie machen wird, ist das Gefühl, eine Person zu sein. Dieses Gefühl kann als Intuition oder Prägung bestehen bleiben, um die herum sich das Ego-Individuum durch die Konstruktion von Bildern und Strukturen entwickelt. Das könnte erklären, warum sich alle Menschen als Individuen entwickeln statt als etwas anderes.

Außer dass sie ein Individuum sein möchten, wollen Menschen insbesondere in westlichen Kulturen eine eigene Persönlichkeit sein, einzigartig und unverwechselbar. Es ist ein Zeichen des Respekts, wenn man als Person behandelt wird und nicht als Ding oder Objekt.

Diese Präsenz der persönlichen Essenz ist normalerweise weiß und glänzend, wie eine weiße Perle. Deshalb nennen wir sie auch Perle oder die unschätzbare Perle. Sie ist nicht glänzend oder strahlend, sondern leuchtend, mit einem sanften Schein, der uns das Gefühl gibt, wir selbst zu sein. Der Ausdruck „Ich bin" passt hier sehr gut, ebenso wie derjenige „Ich bin ich selbst – authentisch und real". Die Sufis sehen das Zentrum der Perle als Zentrum des Herzens an, welches sie *latifa ana'iya* nenen, was bedeutet, dass es mit einem selbst, mit dem Selbst und der Identität zu tun hat. Sie nennen dieses Zentrum „das Verborgenste", um auf das Geheimnis hinzuweisen, das darin liegt – ein Geheimnis, das kaum bekannt ist. Wir sind unsere eigene Person, autonom und nicht von jemand anderem abhängig. Doch die Autonomie geht über eine psychologische Haltung hinaus, denn wir sind eine Person, unabhängig davon, was der Verstand sagt, unser eigener eingeschlossen. Der Prozess, einen solchen Zustand zugänglich zu machen und ihn als Station zu etablieren, ist langwierig. Deswegen habe ich ein ganzes Buch über diesen Aspekt geschrieben.[13]

EIGENSCHAFTEN DER PERSÖNLICHEN ESSENZ

Das Ich-Ideal von Typ Drei hat wenig damit zu tun, eine echte Person zu sein. Das Ideal des Typs ist ein Schatten dessen, was eine echte Person sein kann. Es geht dabei darum, entsprechend dem Modell einer bestimmten Gesellschaft oder Gruppe effizient, kompetent und erfolgreich zu sein. Das Ideal nimmt einige der Eigenschaften der Perle an und baut ein Image um sie herum. Die Perle mit all ihren Eigenschaften beleuchtet die Schale dieses Typs jedoch nahezu vollständig. Um das zu würdigen, brauchen wir ein vollständigeres Verständnis seines Kerns. Typ Drei will erfolgreich sein, allerdings erfolgreich als Musterbeispiel für seine Gruppe oder Gesellschaft. Das Musterbeispiel ist ein Individuum, das erreicht hat, was es nach Meinung der Gesellschaft bedeutet, „es als Mensch geschafft zu haben". Dies ist eine Widerspiegelung dessen, wofür die Perle steht, denn sie ist das Musterbeispiel dessen, was ein menschliches Wesen sein kann – nicht gemäß den Maßstäben der Gruppe, einer Tradition, Kultur oder ihrer Gebräuche, sondern gemäß den einzigartigen Seinsqualitäten einer Person, gemäß ihrer wahren Fähigkeiten und Fertigkeiten. Diese Einzigartigkeit ist unabhängig von jeglichem gesellschaftlichen Einfluss,

13 Vergleiche hierzu *The Pearl Beyond Price*.

auch wenn es bei einigen Menschen Ähnlichkeiten mit bestimmten sozialen Gebräuchen geben kann.

Die wahre Geschichte menschlichen Erfolgs besteht darin, die Perle zu finden beziehungsweise so weit heranzureifen, dass man imstande ist, sie zu verkörpern, statt auf eine äußerliche Weise oder in der äußeren Welt erfolgreich zu sein. Dann sind wir wahrhaft menschlich: ein Mensch, der das Göttliche repräsentiert, sozusagen ein Statthalter oder eine Statthalterin des Heiligen. Wir sind auch das Fenster, durch das das Göttliche in die Welt der Manifestation hineinschaut, während es sich gleichzeitig seiner Göttlichkeit bewusst bleibt. Die Perle ist eine Erfolgsgeschichte, denn sie bedeutet, eine Person wie andere zu sein, aber zur selben Zeit eine, die den Geist mit all seinen Qualitäten zum Ausdruck bringt. Sowohl die Kabbala als auch die Sufi-Lehren definieren ihr Ideal nicht als Erleuchtung der Transzendenz, sondern als vollständiges oder vollkommenes menschliches Wesen. Eine solche Person wird als Brücke zwischen der gewöhnlichen und der göttlichen Welt gesehen, als ein Mensch, der in beiden Welten gleichzeitig lebt. Man ist sowohl nicht-dual als auch dual und führt sein Leben in beiden Bereichen.

Die Perle hat die Eigenschaften der Personalität, aber auch die des Kontakts. Eine wahre Person kann Kontakt herstellen, einfach, indem sie sie selbst ist; sie muss weder etwas sagen noch tun. Allein durch ihre Präsenz findet Kontakt statt, und trotzdem schließt das nicht die anderen äußeren Wege aus, mit anderen in Kontakt zu treten. Die Perle ist auch der funktionale Aspekt von Essenz. Sie steht nicht nur für das Person-Sein an sich, sondern auch für funktionales Person-Sein. Ein Teil dieser Funktionalität ist beziehungsorientiert, und in diesem Zusammenhang sind das persönliche Element und der persönliche Kontakt wichtig. Doch die Perle hat mit allen Arten von Funktionsfähigkeit in der Welt zu tun. Wenn wir sie verkörpern, sind wir frei von Geschichte, auch wenn wir immer noch eine Person sind. Wir können auf effektive und objektive Weise in der Welt funktionieren, was die Perle effizient macht. Unsere Funktionsfähigkeit ist effizient und sie erreicht Exzellenz. Diese Effizienz beschränkt sich nicht auf das weltliche Funktionieren, sondern sie verbindet beide

Welten miteinander. Wir können sowohl in der normalen als auch in der göttlichen Welt gut funktionieren. Ohne die Perle haben wir über das reine Sein hinaus keine Funktionsfähigkeit in der unsichtbaren geistigen Welt.

Wir können sehen, dass der Dreier-Typ versucht, die wahre Person des Seins zu imitieren, am Ende jedoch nur Abbild dessen ist, was sein kann. Dreien können leistungsfähig sein, jedoch nur in weltlichen Dingen und nur in dem Bereich, in dem sie Erfolg haben. Die echte Person ist fähig, wo immer Fähigkeiten vonnöten sind. Die Empfindungen, die wir bei dem anderen *lataif* erforscht haben – „Ich kann“ und „Ich will und ich werde“ – gehören beide zur Perle, zu der wirklich gereiften und individualisierten Seele, dem „Ich bin“. Befreite Dreien verkörpern das, was an unserem spirituellen Wesen wahr ist, nicht nur das, was in ihrer Kultur oder Gruppe am besten ist. Die befreite Drei ist das wahre Vorbild, und zwar nicht für eine bestimmte Gesellschaft, sondern für die gesamte Menschheit. Wer immer die Perle verkörpert, ist das Musterbeispiel für Menschlichkeit und das echte Vorbild für das, was ein Mensch sein kann. Solche Menschen sind effizient, aber in Bezug auf die richtigen Angelegenheiten und auf eine Weise, die andere als eigenständige Personen anerkennt. Sie erkennen sogar Gruppen als das an, was sie sind, und beziehen sich auf sie, wobei sie auf ihre Einzigartigkeit eingestimmt sind. Die befreite Drei kann dadurch einen Beitrag für die Gesellschaft und die Menschheit insgesamt leisten. Der Prophet Mohammed war keine Drei, doch er wurde als vollkommener Mensch, als Vorbild für die Menschheit angesehen. Er war definitiv eine Person; er lebte und wirkte wie eine. Er war unmittelbar mit dem Göttlichen verbunden, doch er führte ein menschliches Leben. Er war Reformer, Führungspersönlichkeit, Staatsmann, Ehemann und Vater. Er kam in seine Gemeinschaft, um zu deren Befreiung von Ignoranz und Barbarei beizutragen und eine wahrhaft humane Gesellschaft zu begründen. Das ist sein Vermächtnis. Doch wie viele seiner Anhänger wissen das oder bemühen sich, ihn als Vorbild zu sehen? Die Sufis und einige seiner anderen Gefolgsleute tun es. Doch für die Übrigen ist seine Botschaft zu einer Religion von Gesetzen und Regeln geworden. Eine wahre Person kennt keine Regeln. Nur die innere Realität bestimmt, was richtig und nützlich ist.

Einige der hebräischen Propheten hatten diesen Status, denn dies ist das Ideal der hebräischen Spiritualität. König Salomon wird als eine solche Person angesehen. In unserer modernen Zeit ist ein gutes Beispiel für eine entwickelte, aber nicht erleuchtete Drei der frühere Präsident der Vereinigten Staaten, John F. Kennedy. Er verhinderte auf intelligente Weise einen Atomkrieg und diente seinem Land auf viele fortschrittliche Weisen. Er verkörperte das Ideal der Nation, aber gleichzeitig auch viele Menschheitsideale.

Statt eine wahre Person zu sein, was einen erfolgreichen oder vollendeten spirituellen Weg voraussetzt, versucht die Drei, dem nachzueifern, was es bedeutet, ein wahrer Mensch zu sein, und setzt die Energie, Dynamik und Effizienz der inneren Praxis für äußere Fähigkeiten und Ziele ein. Dreien sind zweifellos in der Gesellschaft erfolgreich. Doch je fixierter sie sind, umso mehr erreichen sie diese Erfolge, indem sie sich selbst und andere täuschen. Sie werden zu Anbetern des goldenen Kalbs, und ihre Fähigkeit, persönlich sowie beziehungs- und kontaktorientiert zu sein, wird zur reinen Fassade, zu einer Zurschaustellung, der es an der echten Fülle der Perle mangelt. Sie werden vielleicht berühmt – Filmstars oder Spitzensportler –, doch in ihrer inneren Welt leuchten sie nicht. Ihr Leuchten ist weltlich und unecht.

Die Muster der Fixierung zu verstehen kann uns helfen, das Ich-Ideal klarer zu sehen. Und wenn wir erkennen, dass dieses Ideal ein aus den Ideen und Einflüssen der gegenwärtigen Zeit konstruiertes Faksimile ist, dann sind wir vielleicht offener für den echten Aspekt, der idealisiert wird. Wir verstehen dann vielleicht auch, dass man diesen Aspekt durch Wahrheit erlangt und nicht durch Lügen oder Täuschung.

DER DIREKTE WEG ZUR PERSÖNLICHEN ESSENZ

Der direkte Weg ist unkompliziert. Wir müssen uns unsere Fähigkeit ansehen, persönlich zu sein, Kontakt herzustellen und uns auf eine reale Weise zu beziehen, ebenso wie unsere Funktionsfähigkeit. Wir müssen uns auch anschauen, *wie* wir funktionieren. Funktionieren wir effizient als Maschine oder als Mensch mit Herz? Erreichen wir Dinge mithilfe von Wahrheit und Integrität oder mit Lügen und Halbwahrheiten? Sehen wir andere als eigenständige Personen an oder sind sie für uns nur Mittel zum Erfolg oder Spiegel unserer Vortrefflichkeit? Wir können diese Fragen beantworten, indem wir erforschen, was es heißt, eine Person zu sein, ein wirklich autonomes Individuum, kein Selfmademan und keine Selfmade-Frau. Eine echte Person ist ein Mensch, der frei vom Verstand sowie von den Anforderungen der Zeit und dem Einfluss von Kultur und Familie ist. Ihm sind die eigene Kultur und Familie durchaus wichtig, doch er bezieht sich auf sie, so wie sie wirklich sind: als Mitglieder der Gesellschaft natürlich, doch vor allem als echte und authentische menschliche Wesen. Wir sind Menschen, bevor wir Mann oder Frau, schwarz oder weiß, nationalistisch oder ideologisch … oder irgendetwas anderes sind.

Wir schauen, ob wir diese Art von Person sind oder diese Art von persönlichem Kontakt herstellen können. Diese Erkundung könnte uns dazu bringen, mitfühlend die Tatsache anzuerkennen, dass wir es nicht sind, dass wir eine Fälschung oder Imitation sind. Wenn wir unsere Künstlichkeit und unsere Falschheit sehen, werden wir uns bewusst, dass wir davon getrennt sind, eine echte Person zu sein. Wir entdecken die Leere, die unter der falschen, leeren Schale liegt. Im Enneagramm der Vermeidungen wird die Vermeidung von Typ Drei als Versagen oder Hoffnungslosigkeit beschrieben. Das erinnert an die spezifische Schwierigkeit, die Teil des Kerns dieser Fixierung ist. Diese Art von Leere zu schätzen und sie als Wahrheit willkommen zu heißen hilft uns, uns aus dem, was wir vorgeben zu sein, zu befreien. Wir werden offen für das Auftauchen der echten Person, die wir sind.

Vielleicht sind wir bereit und reif genug, um zur unschätzbaren Perle zu werden.

Die persönliche Essenz zu erfahren und dauerhaft Zugang zu ihr zu haben sind jedoch zwei verschiedene Dinge. Der Zugang erfordert einen Reifungsprozess, was bedeutet, dass wir die Wahrheit aller Aspekte unseres Lebens unterscheiden und integrieren müssen, den Metabolismus des Sinns in unseren Erfahrungen. Dies verlangt von uns, dass wir unser Leben untersuchen müssen, sodass es vollkommen transparent und seine Wahrheit klar und endgültig ist. Diese Wahrheit ist es, die die Seele nährt, während sie wächst und heranreift. Der Reifungsprozess wird zu einer essenziellen Individuation, die in der Station der unschätzbaren Perle gipfelt, dem Königtum des inneren Reiches.

7

Punkt Vier: ESSENZIELLE IDENTITÄT

Typ Vier ist der tragische Typ, der für seine Melancholie und seine tiefe Trauer bekannt ist. Vieren neigen dazu, traurig und dramatisch zu sein, so, als würde ihnen immer etwas Essenzielles fehlen. Sie verhalten sich, als seien sie von einem Geliebten getrennt worden, den sie nicht länger finden können, also verzehren sie sich, obwohl sie manchmal nicht wissen, wonach. Sie sind von ihrer Originalität, ihrer Besonderheit und ihrer ästhetischen Kompetenz überzeugt. Ihr Vorbild ist der archetypische leidende Künstler, der talentiert ist, aber übersehen und im Stich gelassen wird und nicht imstande ist, zu einem zufriedenen Leben zu finden. Vincent van Gogh ist wahrscheinlich ein gutes Beispiel für diesen Typ. Ebenso sind es Joni Mitchell und Katherine Hepburn. Die Vier ist als der Individualist bekannt („Ego-Melan" in Ichazos ursprünglicher Ausdrucksweise).

Hudson und Riso schreiben dazu Folgendes:

> Dennoch berichten Vieren oft, dass ihnen in ihrem Innern etwas fehlt, von dem sie allerdings nicht wissen, worum es sich handelt. Wenn sie an sich arbeiten, erkennen sie jedoch, dass sie sich ihres Selbstbilds – ihrer gesamten Persönlichkeitsstruktur – unsicher sind.[14]

14 Hudson und Riso, *Die Weisheit des Enneagramms*, S. 227

Dieses Fehlen einer stabilen Identität trägt zu der Notwendigkeit bei, etwas Besonderes sein zu müssen, manchmal sogar etwas „ganz Besonderes". Doch wenn Vieren ein einigermaßen stabiles Selbstempfinden haben, können sie auch stark und entschlossen, ebenso wie furchtlos im Angesichte von Herausforderungen sein. Deshalb beschreibt das Enneagramm der Idealisierungen ihr Ich-Ideal als „Ich bin fleißig" und „Ich bin die Elite und weiß, was Sache ist". Die Vier hat jedoch die Tendenz, zu versuchen, sich selbst und ihre Umstände zu kontrollieren. Das erzeugt einen Konflikt, denn die Kontrolle steht im Widerspruch zu ihrer Idealisierung von Spontaneität und Originalität. Sie brauchen Kontrolle, denn Kontrolle ist eine Möglichkeit, um das instabile Selbstempfinden zu stützen, doch sie sehnen sich auch nach der Originalität, von der sie das Gefühl haben, sie sei ihr Geburtsrecht. Originalität, Authentizität, Besonderheit und verwandte Eigenschaften bilden ihr Ich-Ideal und spiegeln den Ausdruck des von ihnen idealisierten Aspekts wider. Vieren idealisieren ihre spezielle Gabe, den besonderen Aspekt, der ihr Geburtsrecht ist, doch sie wissen nicht, was er wirklich ist. Vielmehr haben sie ein dunkles Gefühl oder eine Ahnung davon und konstruieren ihr Ideal von Originalität darum herum. Das gilt für alle Typen. Sie idealisieren ihre besondere essenzielle Gabe, ohne wirklich zu wissen, worin sie besteht. Stattdessen fühlen sie eine vage Reflexion davon und bauen daraus ein Ideal auf, das die Struktur für die Schale ihrer Fixierung bildet.

Sandra Maitri schreibt über diesen Typ:

> Vieren möchten gern einzigartig, originell, ästhetisch und kreativ erscheinen und stellen sich auch so dar. Sie gehören zu den Image-Typen, also zur Drei und den beiden Punkten rechts und links von ihr. Vieren wertschätzen ihren edlen Geschmack und ihre Sensibilität, die sie oft für intensiver und tiefer halten als die der anderen.[15]

---

15 Maitri, *Neun Porträts der Seele*, S. 157

Ihre Missgunst anderen gegenüber kann sich als harte Selbstverurteilung, ja sogar als Selbsthass bemerkbar machen, doch sie halten trotzdem insgeheim ein Bild von sich selbst als jemand Besonderem – ja beinahe Auserwähltem – aufrecht. Deshalb finden wir einige Vieren, die glauben, sie seien die Wiederkunft Christi oder der Messias. Ein berühmtes Beispiel dafür ist der jüdische Rabbi Schabbtai Zvi, der glaubte, der ersehnte jüdische Messias zu sein. Sein Gefühl, eine Art grandioser Herrscher im Stile eines indischen Rajas zu sein, führte zu seiner Verhaftung durch den osmanischen Sultan, den er aufgesucht hatte, um ihn zum Judentum zu bekehren.

DER IDEALISIERTE ASPEKT: ESSENZIELLE IDENTITÄT

Fixierte Vieren erleben sich als mehr als ein Individuum mit einigen Unterscheidungsmerkmalen. Im Zentrum ihres Gefühls von Individualität, ihres Selbstempfindens, steht ein Identitätsgefühl, ein Empfinden dafür, wer sie sind. Das gilt für das Ich im Allgemeinen, denn das Ich ist die Seele, die als Individuum und mit einem Identitätsgefühl strukturiert wurde. Du kannst ein Individuum sein und kein Empfinden dafür haben, wer du bist, doch dein Identitätsgefühl gibt den emotionalen und begrifflichen Wegweiser vor, der dir sagt, wer du durch die Veränderungen des Lebens und durch die Jahre hindurch bist. Immer bist du es, unabhängig von den Veränderungen, die sich durch die Begegnungen mit Lebenssituationen ergeben.

Wir wissen aus der modernen Tiefenpsychologie, dass Themen im Zusammenhang mit unserem Identitätsempfinden destabilisierend sein und uns empfindlicher und narzisstischer machen können.[16] Das Ausmaß der Instabilität in Bezug auf unser Selbstempfinden bestimmt unseren Grad an Narzissmus, die der Diamond Approach als Distanz unserer Identität davon, wer wir wirklich sind, begreift.[17]

16 Vergleiche die Werke von Heinz Kohut für weitere Informationen.
17 Siehe mein Buch *The Point of Existence* für weitere Details und Erörterungen.

In spirituellen Lehren im Allgemeinen lässt sich keine klare Unterscheidung zwischen der Individualität des Ichs und seiner Identität ausmachen. Sie werden miteinander verquickt als Ich (bzw. Ego) oder Selbst, das unserer Verwirklichung im Wege steht. Wir sehen dies in der folgenden Aussage, mit der Naranjo die besondere Entfremdung von Typ Vier korrekt beschreibt: „Grundlegender jedoch ist, dass er in der Suche nach Sein und im eifrigen Streben, dem Selbstideal gerecht zu werden, auf einem Fundament aufbaut, das eigentlich aus der Blindheit gegenüber dem Wert des wirklichen eigenen Selbst und aus Selbstablehnung besteht [...].“[18]

Auch wenn das stimmt, mangelt es dieser Aussage an der Genauigkeit, die wir für unsere Arbeit brauchen, insbesondere dann, wenn wir den idealisierten Aspekt dieses Typs verstehen wollen. Die meisten Lehren erfassen Identität nicht einmal begrifflich, außer vielleicht als ultimatives Selbst oder als Information, dass die eigene wahre Identität Brahman oder Shiva oder „Ich bin das“ sei. Es lässt sich nur schwerlich eine Lehre finden, die eine wahre essenzielle Identität der Seele oder des individuellen Bewusstseins anerkennt, die nur für sie oder es gilt und sich folglich auch von den Identitäten anderer Seelen unterscheidet. Ausnahmen gibt es in einigen Sufi-Lehren, die das wahre Selbst als Stern charakterisieren, oder in der Raja-Yoga-Lehre, die den *Atman* als leuchtenden Stern anerkennt. Die nicht-duale Wahrnehmung des „grenzenlosen Selbst“ als eigene Identität hilft nicht besonders, um Typ Vier zu verstehen, denn sie gilt für alle Typen. Nisargadatta Maharaj, ein Lehrer des nicht-dualistischen Vedanta, spricht zwar über den Punkt des Lichts, doch er sagt nichts über seine Beziehung zur Identität oder zum Selbst.

---

18 Naranjo, *Erkenne dich selbst im Enneagramm*, S. 118

DIE PRÄSENZ ESSENZIELLER IDENTITÄT

Es gibt eine essenzielle Präsenz, die als Lichtpunkt erfahren wird. Von dieser Präsenz haben viele Lehren Kenntnis, doch die meisten von ihnen sind sich ihrer Bedeutung als Identität der Seele nicht bewusst. Für sie ist sie mit dem grenzenlosen Selbst der Nicht-Dualität, wie Brahman, Shiva oder dem *Kether* der Kabbala, verbunden. Im Diamond Approach hingegen sehen wir sie als essenziellen Aspekt an, der die wahre Identität der Seele offenbart, und für Punkt Vier ist sie die Quelle seiner Idealisierung. Es ist möglich, dass die Vieren ihr Vorhandensein als Kinder gefühlt haben, jedoch nicht wussten, was sie erlebten, auch wenn sie vielleicht das Identitätsempfinden und die mit ihm zusammenhängenden Eigenschaften von Besonderheit, Originalität und Authentizität gefühlt haben. Sie ist ihre wahre Gabe, also hatten sie als Kinder wahrscheinlich ein besseres Gespür für sie als andere Typen.

In vielen Lehren wird von der Erfahrung eines Lichtpunktes berichtet, der wie ein Stern leuchtet und gewöhnlich zunächst wie eine Sternschnuppe erscheint. Doch dann könnte es vielleicht so aussehen, als würde er in unserem Bewusstsein herumschwirren, ohne dass wir wissen, was er ist, auch wenn wir vielleicht von seinem Strahlen und Funkeln fasziniert sind. Er wird hauptsächlich von denen erkannt und erlebt, die eine innere Vision haben, da das Gefühl an sich noch nicht die Empfindung eines leuchtenden Sterns hervorruft, sondern vielmehr die eines Punktes von Präsenz. Wenn unsere fühlende Empfindung dieses Punktes jedoch aufrechterhalten wird, dann erkennen wir, wie er sich anfühlt und wofür er steht.

Es stimmt, dass er sich wie die in einem Punkt konzentrierte Präsenz anfühlt, so wie es Nisargadatta Maharaj erkannte und beschrieb. Doch vielleicht begreifen wir auch, dass er noch einen anderen Affekt hat als den der Selbsterkenntnis als Präsenzpunkt. Dieser Affekt ist ein essenzielles „Ich"-Empfinden, ein eindeutiges Gefühl von Identität. Dieses Gefühl oder dieser Affekt von Identität ist nicht erlernt oder geliehen, sondern dem Punkt inhärent. Folglich hat er von Natur aus ein Wissen von sich selbst als Selbst, als „Ich", als Identität, die nicht reduzierbar ist und nicht durch andere Dinge erklärt werden kann. Bei dem Präsenzpunkt handelt es sich weder um ein Konstrukt noch um mentales Wissen; es ist ein gnostisches, unmittelbares Wissen um den Punkt und das, was ist. Das zeigt auch, dass das Identitätsempfinden, das Empfinden des „Ichs", eine platonische Idee ist, die nicht vom Geist erschaffen oder von anderen übernommen wurde.

Das ist nichts anders als das Erkennen aller anderen essenziellen Aspekte, bei denen das Erkennen inhärent und vom Wissen um Präsenz nicht zu trennen ist. Es ist eine Präsenz mit einem bestimmten Affekt, in diesem Falle dem der Identität. Beim Erleben unseres essenziellen Punktes benötigen wir Intimität und Nähe, um den unerschaffenen Affekt der Identität, das reine Gefühl des Ich-Seins, erkennen zu können. Wenn wir uns näher damit beschäftigen, erkennen wir, dass mit ihm das Empfinden von Authentizität einhergeht, denn er entspricht authentisch dem, was wir sind – unserer wahren Natur als unserer Identität. Bei der umfassendsten Erfahrung des Punktes des Lichts und der Präsenz geht es nicht darum, diese zu sehen oder zu fühlen, sondern darum, sie zu sein. Der Übergang vom Erleben zum Sein ist ein Quantensprung in unserer spirituellen Entwicklung, denn hier ist die Geist-Seele, was wir sind, und nicht, was wir haben oder erleben. Es ist der Schritt von der spirituellen Erfahrung hin zur spirituellen Verwirklichung. Wir erkennen, dass wir der Punkt sind, und erleben uns als solchen.

Diese Erkenntnis ist erstaunlich. Wir haben das Gefühl, ein Zentrum von Licht und Weisheit zu sein, eine Singularität von Präsenz, die alle Eigenschaften und Aspekte als Teil ihres strahlenden Lichtes ausstrahlt. Doch jede Person oder Seele hat ein anderes Strahlen, nicht nur, was die Intensität, Größe oder Konzentriertheit des Punkts angeht, sondern auch hinsichtlich der Lichtstrahlen, die von ihm ausgehen. Einige haben eine bläuliche Färbung, andere einen Hauch von Pink oder goldener Liebe. Andere senden eine grüne Strahlung aus, die sie mitfühlender und freundlicher sein lässt. Es gibt unendlich viele Kombinationsmöglichkeiten, was den Punkt jeder Person einzigartig macht, auch wenn jeder vor allem weiße Brillanz ist. Es zeigt sich, dass uns der Punkt das Empfinden von Einzigartigkeit verleiht, die von Typ Vier idealisiert wird und von der er glaubt, dass sie ihn zu etwas Besonderem macht.

Wenn wir uns selbst als den Punkt oder als essenzielle Identität erfahren, dann haben wir das Gefühl, authentisch wir selbst zu sein. Wir empfinden die Gewissheit unmittelbaren göttlichen Wissens. Als Punkt können wir uns wie eine dichte, volle Konzentration oder ein heller Lichtpunkt fühlen. Wir können den Punkt so vollständig fühlen, dass wir ihn nicht länger als Punkt ausmachen können, da wir in ihm aufgegangen sind. Es kann sogar vorkommen, dass wir unser „Ich"-Empfinden verlieren. Diese Erkenntnis verleiht uns eine neue Fähigkeit, die es uns ermöglicht, jede essenzielle Präsenz oder Qualität als das zu erleben, was wir sind. Wir erfahren die Seele nicht länger; wir *sind* die Seele, unabhängig davon, welche Qualität sie annimmt. Im Diamond Approach erkennen wir die Bedeutung des Punktes in unserem spirituellen Prozess an, weswegen es bemerkenswert für uns ist, dass viele Lehrer sie nicht sehen. Sie erleben eine Manifestation von der Präsenz dessen, wer sie sind, und bleiben häufig dabei stehen.

Die Qualitäten, die wir dadurch erfahren, dass wir der Punkt sind, sind Freiheit, Weite, Leichtigkeit, Verspieltheit, Einzigartigkeit und Authentizität. Wir sind definitiv das, was wir sind. Das „Wer" und das „Was" der Seele werden eins. Als Punkt können wir uns an einen Ort gebunden fühlen oder in unserem persönlichen Bewusstsein oder sogar der Weite des universellen, kosmischen Bewusstseins umherschwirren. Der Punkt kann sich in jedem Teil unseres Körpers zeigen oder irgendwo in unserem individuellen Bewusstsein, und wir erkennen ihn als die einzigartige, essenzielle Identität unserer Seele. Er kann unsere Seele mit strahlendem, freudigem Licht erfüllen, während er sie gleichzeitig zentriert und uns ein Gefühl von Stabilität und Integrität gibt.

EIGENSCHAFTEN DER ESSENZIELLEN IDENTITÄT

Vieren haben den Kontakt zu ihrer essenziellen Identität verloren, folglich suchen sie sie in der Idealisierung einiger ihrer Eigenschaften. Indem wir die essenzielle Identität erforschen und sie mit den Mustern dieses Typs in Zusammenhang bringen, können wir sehen, wie die Idealisierung die Schale dieser Fixierung strukturiert hat. Da der Punkt das Zentrum der Seele ist, fühlt er sich wie unser Ursprung und Kern an. Da er auf eine tiefe Weise der Ursprung der Seele und ihrer Eigenschaften und Fähigkeiten ist, sind Vieren an Originalität interessiert. Der Punkt beleuchtet auch den Seinsgrund der Seele – den universellen Ursprung von allem –, und so signalisiert uns seine Verwirklichung schnell, dass wir uns tiefer in diesen fundamentalen Ursprung hineinbewegen sollen. Doch für fixierte Vieren hat Originalität ihre wahre Quelle verloren und ist deshalb ichbezogen und vom Ego in Besitz genommen. Für den Punkt ist Originalität einfach der Ursprung der eigenen Qualitäten und das Zentrum des eigenen Seins ohne Besitz oder Ichbezogenheit. Je befreiter die Vier ist, umso mehr wird die Frage der Originalität zu einer Sehnsucht nach dem Ursprung, statt danach, einzigartig zu sein, und das führt zu der Einsicht, dass originell zu sein nicht bedeutet, ichbezogen zu sein. Die Sehnsucht nach Originalität ist ein signifikantes Muster der Vier und kann zu der Melancholie, tiefen Trauer und Niedergeschlagenheit führen, die viele Menschen dieses Typs auszeichnet.

Da der Punkt des Lichts der individuelle essenzielle Ausdruck der Welt der Seele in ihrer Gesamtheit ist, fühlt sich die Trennung davon wie ein enormer Verlust an, auch wenn Vieren vielleicht nicht genau wissen, was sie da verloren haben. Es kann sich anfühlen, als würde man sein Zuhause oder etwas Kostbares verlieren, und die Sehnsucht danach löst eine tiefe Traurigkeit aus. In Wirklichkeit richtet sich die Sehnsucht auf den inneren Geliebten oder die innere Geliebte, die unser wahres Wesen in seiner universellen und kosmischen Unendlichkeit ist. Der Punkt des Lichts kann als Ausdruck dieser transzendenten Wahrheit in der individuellen Seele angesehen werden. Doch

Vieren wissen das normalerweise nicht und glauben, die Sehnsucht richte sich auf alle möglichen anderen Dinge. Je bewusster Vieren werden, umso eher erkennen sie, dass das, was fehlt, sich im Innern befindet.

Die Sehnsucht nach Authentizität ist in Wirklichkeit eine konkrete Sehnsucht und Bewegung hin zum Punkt des Seins. Als Punkt haben wir das Gefühl, dass wir nicht nur authentisch wir selbst sind, sondern die Authentizität selbst. Doch das Authentizitätsgefühl, das Vieren idealisieren, wird zu dem verzerrten Glauben und der egozentrischen Überzeugung, sie seien originell und kreativ oder ihre Kreativität sei besonders, authentisch und besser als die anderer Menschen. Ein Anflug davon in Vieren und allen anderen Typen ist das Gefühl, dass das, was man künstlerisch oder anderweitig erschafft, authentisch und etwas Besonderes sei. Doch meistens kommt dieses Gefühl daher, dass sie es selbst gemacht haben und nicht, weil die Schöpfung einen Wert an sich hat.

Ihre Kreativität ist zum Teil eine Imitation des Strahlens des Punktes mit seinen zahlreichen Eigenschaften und Farben, das Ausdruck der universellen Kreativität des transzendenten und universellen Geistes ist, der das Universum ständig entfaltet.[19] Vieren fühlen sich besonders, da der Punkt das ist, was wirklich besonders an uns ist. Es ist die Besonderheit und Kostbarkeit unserer spirituellen Natur, und der Punkt ist der Aspekt, der diese Wahrheit am deutlichsten sichtbar macht. Die Sehnsucht oder Aspiration nach dem Besonderen ist die Sehnsucht nach dem Punkt des Lichts, gepaart mit einem Empfinden oder Gefühl, dass dieser in unserer Erfahrung fehlt. Diese Sehnsucht der Vier ist ein wichtiges Muster, das die Idealisierung des Punktes widerspiegelt und einige Hinweise auf das gibt, was durch Vorstellungen und die Geschichte verdunkelt wird.

Das Drama, auf der anderen Seite, ist das Gegenteil dessen, was der Punkt ist und wie er sich anfühlt. Die Idealisierung von Authentizität und Originalität wird zum Drama. Sie taucht in intimen und sozialen Beziehungen in Form von dramatischen Ausdrucksformen und Handlungen auf. Treffende Beispiele dafür sind zwei Schauspieler,

19 Vergleiche mein Buch *Diamond Heart: Book 5: Inexhaustible Mystery*

die in wichtigen Hollywood-Dramen aufgetreten sind: Peter O'Toole, der Lawrence von Arabien gespielt hat, und Richard Burton, dessen Ehe mit Elizabeth Taylor die ganze Dramatik und Tragödie der Vier aufwies. Elizabeth Taylor selbst war wahrscheinlich ebenfalls eine Vier. Dieses Drama bewegt sich als Teil der eigenen Originalität weiter von dem idealisierten Aspekt weg und näher an die verzerrten Reflexionen des Punktes heran. Mit dem Punkt verbindet sich die Empfindung von Einfachheit und Normalität, die die Essenz dessen ist, wer wir authentisch sind. Wenn wir authentisch die Person sind, die wir sind, dann haben wir kein Bedürfnis, gesehen zu werden oder unsere Persönlichkeit auf dramatische Weise zum Ausdruck zu bringen, um Aufmerksamkeit zu bekommen. Wir sind zufrieden mit dem einfachen Sein – ohne großen Wirbel und Drama, ohne das Bedürfnis oder den Wunsch nach dramatischen Farben oder Ausdrucksformen. Wir möchten lieber als normaler Mensch gesehen werden, als jemand, der nicht auffällt. Doch Vieren wollen auffallen, sie möchten ihre Besonderheit reflektiert sehen und versuchen, dies durch ihre Kreativität in den Bereichen Drama, Tanz, Kunst und Poesie zu gewährleisten. Sie können gute Künstler sein, und je näher sie der idealisierten Eigenschaft sind, umso stärker bringt ihre Kreativität – sei es ihre Dichtung, Musik, Malerei oder Schauspielkunst – etwas zum Ausdruck, das aussagekräftiger und tiefgründiger ist.

Indem wir diese Hauptmuster des Typs identifizieren und sie insbesondere als Ausdrucksformen einer Idealisierung begreifen, können wir uns der Möglichkeit nähern, die idealisierte Eigenschaft der Präsenz zu finden. Genauer gesagt, indem wir unsere Idealisierung tatsächlich erkennen und sie als Imitation oder Widerspiegelung von etwas Realem und Tiefgründigerem begreifen, öffnen wir uns für das Auftauchen des eigentlichen idealisierten Aspekts des Lichtpunktes. Daraus können sich zwei wichtige Folgen für Vieren ergeben: Zunächst einmal führt diese Erkenntnis zu größerer Freiheit von den einschränkenden und einengenden Mustern der Fixierung – zu mehr Freude und Freiheit und wahrer Authentizität. Zweitens, und das ist noch wichtiger, können Vieren die von ihnen idealisierte essenzielle Qualität entdecken. Diese Erkenntnis bedeutet, dass sie ihren wahren spirituellen Funken sehen und begreifen können, dass sie, wenn sie wirklich sie selbst sind, die Möglichkeit haben, im Ursprung der Dinge zu ruhen. Das ist spirituelles Erwachen, nicht nur eine Befreiung von den psychologischen Mustern des Typs. Die erwachte Vier ist ein Licht für andere, ein wahrer Ausdruck dessen, wie das Sein dem Leben eines Menschen Fokus und Sinn verleiht. Die Gefühle dieses Menschen kommen dann aus dem essenziellen Herzen und die Handlungen aus dem Zentrum seines wahren Seins.

DER DIREKTE WEG ZUR ESSENZIELLEN IDENTITÄT

Für Vieren kann es schwieriger sein, ihre essenzielle Qualität zu entdecken als für viele andere Typen. Der Punkt des Lichts und der Präsenz – die essenzielle Identität – ist eine Essenzqualität, die eher im Zentrum steht und darin der unschätzbaren Perle ähnelt. Doch die Hürden, um zu ihr zu gelangen, sind höher, und es braucht mehr Mut und Reife, um sie zu überwinden. Trotzdem ist der Weg derselbe wie bei den anderen Aspekten. Als Erstes müssen wir erkennen, wie es um unsere vertraute Identität oder unser Selbstverständnis steht – wie sie sich anfühlt und worauf es aufbaut. Wir müssen es erforschen, bis wir seine konstruierte gedankliche Natur sehen können. Das ist nicht leicht, weil wir glauben, dass wir das wirklich sind, und uns weigern zu sehen, dass es nicht so sein könnte. Unsere Identität als mentales Konstrukt zu begreifen ist ziemlich bedrohlich. Es bringt den Narzissmus ans Tageslicht, den wir alle haben, solange wir uns mit dem durch unsere Ego-Fixierung definierten Bild identifizieren.

Uns mit unserem Identitätsgefühl zu konfrontieren bedroht uns, und so fühlen wir uns verletzlicher und unsicherer. Diese Unsicherheit bringt unsere narzisstischen Tendenzen zum Vorschein, ebenso wie das Bedürfnis, gesehen zu werden, und noch spezifischer, als besonders oder wichtig angesehen zu werden. Sie lässt die Verletzung und die Wut wiederaufleben, die wir empfinden, weil wir in unserer frühen Kindheit diese Art von Anerkennung nicht bekommen haben.

Es bringt auch all das ans Tageslicht, was wir unternehmen, um unser Identitätsgefühl zu stützen – sämtliche Strategien, die wir anwenden, um unsere Identität zu stützen, damit ihre Fadenscheinigkeit nicht offenbar wird. Das kann uns zwingen zu erkennen, wie uns unsere Idealisierung anderer hilft, uns unterstützt zu fühlen, einfach, indem wir mit ihnen in Verbindung gebracht werden, und auch, wie sehr wir es brauchen, idealisiert und bewundert zu werden. Das sind in emotionaler Hinsicht sehr sensible Bereiche, und viele Menschen können ohne professionelle Hilfe – womit ich diejenige eines erfahrenen Therapeuten oder eines eingestimmten und psychologisch informierten spirituellen Lehrers meine – nicht wirklich mit ihnen umgehen.

Wenn wir unser gewöhnliches Identitätsgefühl erkennen und imstande sind, seine konstruierte mentale Beschaffenheit zu sehen, dann wird das wie üblich unsere Trennung von unserer essenziellen Identität zum Vorschein bringen. Häufig wissen wir nicht, wovon wir eigentlich getrennt sind: Wir fühlen uns einfach nicht real, wir fühlen uns falsch und unecht. Wenn wir genauer in die Trennung hineinspüren können, dann werden wir uns verloren fühlen und nicht wissen, wer oder was wir sind. Oder wir werden desorientiert sein und nicht wissen, wie wir in unserem Leben agieren sollen. Deshalb identifiziert das Enneagramm der Vermeidungen Verzweiflung und Verlorenheitsgefühle als das, was die Vieren am stärksten zu vermeiden suchen. Wenn wir kompetente Unterstützung bekommen oder in der Lage sind, solche Zustände zu tolerieren und uns als Bestandteil unserer laufenden Erkundung und Praxis mit ihnen zu beschäftigen, dann können wir vielleicht die Leere fühlen, die die Abwesenheit oder der Mangel an essenzieller Identität mit sich bringt. Es ist das Gefühl, leer und ohne Substanz zu sein, gepaart mit dem Empfinden, nicht zu wissen, was unsere eigentliche Identität ist.

Wenn wir geduldig und mitfühlend mit uns selbst sind und in dieser Art von Leere verharren, dann kann sie sich in eine friedliche Weite verwandeln, in der es kein Selbstempfinden, aber auch kein Leiden deswegen gibt. Wenn wir in dieser stillen Ruhe bleiben, kann der Punkt des Lichts in unserem Bewusstsein auf- oder absteigen. Das erlaubt es uns, ihn als unser wahres Identitätsgefühl zu erkennen beziehungsweise zu ihm zu werden und uns selbst als wahr und authentisch zu empfinden. Wir fühlen, dass wir sind, wer und was wir eigentlich sind. Es gibt viele verschiedene Möglichkeiten, wie wir den Punkt empfinden können. Wir können uns explizit als Punkt von Licht und Präsenz erfahren. Vielleicht haben wir auch die Empfindung von Kostbarkeit, die keine äußere Spiegelung und Widerspiegelung erfordert, oder sogar das Gefühl der Zeitlosigkeit unseres wahren Wesens. Dann sind wir uns sicher, wer wir sind, und frei, wir selbst zu sein – nicht das Produkt unserer persönlichen Geschichte, sondern auf spontane und natürliche Weise das, was wir genau in diesem Augenblick sind.

Beachte, dass es hier nicht nur darum geht, um Präsenz zu wissen, sie zu erfahren oder einfach im Jetzt zu sein. Es handelt sich hier um eine speziellere und spezifischere Empfindung von Präsenz und Jetzt-Sein. Sie ist sowohl eine Identität als auch eine zeitlose Empfindung von Sein oder Präsenz.[20] Wenn wir diese essenzielle Identität verwirklichen und integrieren, werden wir gleichzeitig frei von den Mustern der Vier und uns der Eigenschaften und Merkmale hinter der Idealisierung bewusst. Wir sind authentisch und auf eine gewöhnliche Weise besonders – auf eine Weise, die kein Rampenlicht oder Applaus braucht, die innig und tiefgehend ist, ohne dies anderen ankündigen oder Dramen um sie herum erzeugen zu müssen. Wir sind einfach deshalb originell, weil wir wir selbst sind, und unsere Kreativität neigt dazu, auf natürliche und spontane Weise originell zu sein, ohne dass wir nach Originalität streben müssen. Wir sind komplett und unser Ausdruck ist wahr und authentisch. Wir leben einfach in einer Freiheit, die keine Anerkennung braucht. Das ist wahre innere Freiheit.

20 Die Tatsache, dass diese Qualität von Präsenz so zentral und ihre Verwirklichung so schwierig ist, ist genau der Grund, weshalb ich *The Point of Existence* geschrieben habe.

8

Punkt Sieben: FAHRZEUG DES GENUSSES

Punkt Sieben sind die Dilettanten. Sie probieren viele Dinge aus, von denen sie glauben, dass sie ihnen Glück und Freude bringen werden. Doch sie sind auf der Suche nach Stimulation und sofortiger Befriedigung, und die stärker fixierten Siebenen bleiben nur selten lange genug bei einer Sache, um sie wirklich genießen zu können. Siebenen planen immer für die Zukunft, von der sie glauben, dass sie ihnen das Glück und die Freude bescheren wird, die sie befriedigen können. Folglich lautet Ichazos ursprünglicher Name für diesen Typ „Ego-Plan". Doch wie immer ist das ihre spezifische Reaktion, die sich auf das Ich-Ideal als Möglichkeit konzentriert, den Zustand bedingungsloser Liebe zurückzugewinnen und das zu halten, wozu sie den Kontakt verloren haben.

Sandra Maitri beschreibt die Hauptmerkmale der Sieben wie folgt:

> Siebener sind lebhaft, forsch, optimistisch, an allem interessiert, geistig jung, zukunftsorientiert und scheinen sich selbst immer einen Schritt voraus zu sein. Anscheinend sorgloser und positiver als die anderen Typen, benutzen die Siebener genau diese Eigenschaften als ihre stärkste Abwehr. Sie brauchen die

> Anregungen, die von neuen Ideen, Erfahrungen und Interessen ausgehen, und jede Wiederholung führt bei ihnen zu Langeweile und Unzufriedenheit.[21]

Russ Hudson und Don Riso wählen für die Eigenschaften stärker entwickelter Siebenen eine noch positivere Sprache:

> Wir haben diesen Persönlichkeitstypus Enthusiast genannt, da Siebenen sich für alles begeistern, was ihre Aufmerksamkeit erregt. Sie gehen an das Leben mit Neugier, Optimismus und Abenteuerlust heran, wie Kinder, die sich mit großen Augen im Spielzeuggeschäft umsehen. Ihre Ziele verfolgen Sie mit fröhlicher Entschlossenheit.[22]

Beide Beschreibungen spiegeln die Merkmale und Verhaltensmuster dieses Typs genau wider und zeigen auch sehr gut das Ich-Ideal, das bei näherer Betrachtung auf die idealisierte Qualität verweist, zu der die Siebenen die Verbindung verloren haben. Viele dieser Merkmale sind entweder Widerspiegelungen der spirituellen Qualität oder Annäherungen daran. Einige von ihnen sind ein direkter Ausdruck derselben, jedoch auf eine verzerrte oder ignorante Weise, die Siebenen in Wirklichkeit von der Dynamik ihres Kerns wegführt. Das ist der Grund, warum sie ständig auf der Suche nach jener flüchtigen Befriedigung sind, die nie anzuhalten scheint, selbst wenn sie glauben, sie gefunden zu haben. Das Enneagramm der Idealisierungen beschreibt ihr Ich-Ideal als „Ich bin in Ordnung" und „Ich leide nicht".

Das Ich-Ideal der Sieben ist von Optimismus und Positivität geprägt und beruht auf diesem Selbstbild der „Okayness". Doch es ist noch mehr als das; es ist Freude und Abenteuer, Leichtigkeit und Begeisterung. Siebenen idealisieren die Fähigkeit, magische und faszinierende Welten und endlose Möglichkeiten für Genuss und Freude zu entdecken, zu erschaffen und sich vorzustellen. Sie weichen Leid und Schmerz als schlichtweg falsche Sichtweise auf das Leben oder

21 Maitri, *Neun Porträts der Seele*, S. 256

22 Hudson und Riso, *Weisheit des Enneagramms*, S. 305.

die eigene Situation aus. Stattdessen freuen sie sich lieber auf die Freuden, die ihnen das Leben bringen wird. Und sollte das Leben sie enttäuschen, dann nehmen sie einfach einen Kurswechsel vor und visieren eine neue Möglichkeit an. Sie sehen es als ihre Stärke an, sich weder festnageln noch einschränken zu lassen und immer die Tür offenzuhalten, um weiterzugehen, wenn die Lage allzu düster wird. Und trotzdem können sie ein Bestreben an den Tag legen, neue Erlebnisse zu konsumieren, die ihr unbekümmertes Selbstbild Lügen straft.

DER IDEALISIERTE ASPEKT: DAS FAHRZEUG DES GENUSSES

Es ist erstaunlich, wie nah Siebenen der von ihnen idealisierten spirituellen Qualität sind und wie weit sie trotzdem davon entfernt sein können, sie tatsächlich zu erleben und als solche zu erkennen. Der Zugang zu dieser spirituellen Qualität ist nicht leicht, da sie nicht nur eine Seelenqualität ist oder das, was wir einen essenziellen Aspekt nennen. Sie ist eine Bündelung der essenziellen Qualitäten in einer bestimmten Konfiguration, die wir als „diamantenes Fahrzeug" bezeichnen.

Diamantene Fahrzeuge sind Träger des Wissens über verschiedene Elemente im Wesen der Seele und ihrer Entfaltungsreise. Dieses besondere Fahrzeug erfordert das, was die Sufis Latifa oder *qalb* (Herz) nennen und mit dem Propheten Abraham und der Farbe Gelb verbinden. Das Zentrum dieser Qualität der Freude ist ein Ort, der sich etwas oberhalb der linken Brustwarze befindet (genauso, wie sich das Rot der Stärke auf der rechten Seite und das Weiß am Solarplexus befindet.) Bei einigen Menschen könnte es sich öffnen, ohne dass sie es mitbekommen, wenn sie auf unbeschwerte Weise glücklich sind, besonders dann, wenn sie frei von Sorgen und entspannt und gelassen sind. Gewöhnlich schließt es sich jedoch genau in dem Moment, in dem wir merken, dass wir voller Freude sind, denn die Eigenschaft der Freude ist extrem subtil und reagiert empfindlich auf den Verstand und auf emotionale Reaktionen. In dieser Hinsicht ist es sogar das Subtilste aller Lataif.

Wenn sich das Zentrum zum ersten Mal öffnet, können wir eine transparente gelbe Sonne in der Mitte sehen. Sie ist nicht intensiv wie unsere normale Sonne, sondern zart, subtil und wunderschön – eine strahlende Sonne mit einem sanften gelben Leuchten. Der Affekt ist echte, unverfälschte Freude, eine expansive Leichtigkeit und ein Entzücken ohne ersichtlichen Grund. Er erinnert uns daran, uns glücklich zu fühlen, auch wenn er so feinstofflich ist, dass er nicht den gewöhnlichen Voraussetzungen des Geistes zum Glücklichsein entspricht. Doch das ist nicht die Qualität, die diesem Typ genau entspricht; im Grunde genommen ist sie nur ein Bestandteil davon, auch wenn sie ein grobes Gefühl für jene Qualität vermittelt. Diese Unterscheidung treffen zu können erfordert ein hohes Maß an spiritueller Erfahrung und Urteilsvermögen. Wenn Siebenen jedoch Zugang zu ihrer essenziellen Gabe, dem diamantenen Fahrzeug des Genusses, bekommen – das auch Freude beinhaltet –, dann steht ihnen der Schlüssel zur Offenbarung der Geheimnisse der Fixierung zur Verfügung und kann sie tiefer führen und ihnen helfen, den inneren Kern zu lösen.

DIE PRÄSENZ DER MERKABA

Es ist normalerweise schwierig, die Präsenz dieser Qualität unseres Seins, des diamantenen Fahrzeugs des Genusses, das wir Merkaba nennen, zu erfahren und zu erkennen, denn sie ist tiefgehend und drückt sich in vielerlei Formen aus. Die Merkaba umfasst sämtliche in einer bestimmten Konfiguration angeordneten essenziellen Qualitäten, und jede von ihnen bringt eine bestimmte Variante von Genuss oder Glückseligkeit zum Ausdruck. Wenn wir sie das erste Mal fühlen, erleben wir eine Präsenz von Fülle oder Dichte – ein sattes, befriedigendes Gefühl des Seins, das etwas anderes ist als Liebe, Freude oder Erfüllung, auch wenn sie alle in dieser Präsenz inbegriffen sind. Wird sie unmittelbar genossen und unterschieden, dann kann die im Vordergrund stehende Qualität nur als Genuss bezeichnet werden –

ein süßer, spritziger, köstlicher Genuss, der gleichzeitig heilig und tiefgehend ist, sodass man ihn leicht als Glückseligkeit oder Ekstase bezeichnen kann.

Dieses Fahrzeug hat zwei Modi, wobei jeweils einer von ihnen zu einer bestimmten Zeit unsere Erfahrung dominiert. Der tiefere Modus fühlt sich wie eine tiefer innerer Genuss verschiedenster Art an, bei dem sich Präsenz mit der Empfindung von Fülle und Sattheit verbindet. Der andere Modus wird eher als ausdrucksstark im Außen erlebt und fühlt sich expansiv und feierlich an, wie eine fröhliche Feier mit Gesang und Tanz. Dieser Modus ist spielerisch und leicht.

Im Gegensatz zu den Qualitäten, über die wir bisher gesprochen haben, können wir die Merkaba entweder als volle Präsenz des Fahrzeugs fühlen oder als diejenige eines spezifischen Aspekts desselben, der sich als Genuss manifestiert. Jeder Aspekt erscheint hier als seine eigene Qualität, aber auch als Freude darüber, diese Qualität zu erleben. Es ist leichter, einen Aspekt nach dem anderen zu fühlen, denn das Fahrzeug ist tiefgründig und seine Verwirklichung erfordert tiefe Arbeit und spirituelle Offenheit. Das Entscheidende hier ist, dass diese Form von Präsenz als Genuss oder ekstatische Glückseligkeit unterschiedlichster Art auftauchen kann. Süße ist immer ein Teil des Genusses der Präsenz, da jede Präsenz von einer himmlischen Süße durchtränkt ist, die zu ihrem Genuss beiträgt. Die Kombination aus Süße und Glückseligkeit zentriert diese Präsenz eindeutig im Herzen. Doch jede Qualität hat ihren eigenen, typischen Geschmack von Süße. Die gelbe Freude schmeckt wie Zucker, der schwarze Frieden wie Lakritz, die Qualität von Erfüllung wie Aprikose, die grüne Freundlichkeit wie Minze und so weiter. Wir können die Süße auf der Zunge oder im Mund schmecken. Doch wir können sie auch im Angesicht der Präsenz schmecken, unabhängig davon, ob sie im Brustkorb, im Kopf oder in anderen Teilen des Körpers auftritt. Die innere Fähigkeit des Schmeckens ist im Gegensatz zur physischen nicht im Mund lokalisiert. Wir können eine Qualität überall dort schmecken, wo sie präsent ist.

Das gilt immer für jede Präsenzqualität, denn dies ist ein Teil des Geheimnisses oder Mysteriums von Präsenz. Die Anwesenheit der Qualität, das Wissen um sie, die mit ihr verbundene Empfindung, ihre

Textur, ihr Geschmack und sogar ihr Klang sind alle dort zu finden, wo die Qualität präsent ist. Da Präsenz selbst ein Ausdruck des reinen Bewusstseins ist, bevor es sich in die Sinnesmodalitäten differenziert, verfügt es in seinem Wissen immer über eine Eigenschaft namens Synästhesie, die sämtliche Sinnesmodalitäten beinhaltet. Synästhesie ist ein physischer Zustand, bei dem die Stimulation einer Sinnesmodalität durch eine andere wahrgenommen werden kann – zum Beispiel wird Klang geschmeckt oder eine Farbe gehört. Hier beziehen wir uns auf die Tatsache, dass das Erleben in der Präsenz noch nicht in einzelne Sinnesmodalitäten ausdifferenziert ist, sodass die unterschiedlichen Modalitäten nicht als getrennt voneinander erscheinen. Jede einzelne Qualität essenzieller Präsenz hat von Natur aus diese synästhetische Eigenschaft, doch nicht jede Seele hat die Fähigkeit zur spirituellen Synästhesie entwickelt. Einige spüren, einige sehen, andere schmecken und wieder andere haben mehr als eine Fähigkeit des Wissens. Natürlich ist das Wissen um die Qualität in dieser sowohl als Kognition als auch als Affekt inhärent, doch sie beinhaltet auch all die Arten und Weisen, wie sich dieser Bewusstseinsaspekt durch die verschiedenen Sinne ausdrücken kann.

Davon abgesehen, dass wir die Qualität schmecken und sehen können, können wir sie auch spüren, und in diesem Spüren fühlen wir die Struktur der Präsenz. Wir können entweder die jeweilige Qualität des Genusses einzeln spüren und sehen oder das Fahrzeug als Ganzes mit seiner majestätischen Schönheit und seinen zauberhaften Farben. Wenn wir die Muster dieses Typs erforschen, werden wir sehen, auf welche Weise man die unterschiedlichen Qualitäten des Genusses nutzen kann, um die betreffenden Muster und Merkmale der Sieben zu erhellen.

Die Merkaba kann sich leicht und prickelnd oder spielerisch anfühlen, mit wechselnden Qualitäten des Entzückens. Oder sie kann sich als tiefer, zutiefst beglückender Genuss manifestieren. Im Grunde genommen ist sie die *Essenz* von Genuss, Entzücken und Glück. Die meisten Menschen sind mit tiefem Genuss wie diesem nicht vertraut und schon gar nicht als Teil ihrer spirituellen Natur oder Ausdruck ihres Reichtums. Die Merkaba – der Begriff stammt aus dem Hebräischen und bedeutet Streitwagen oder Karussell – kann überall dort erscheinen, wo du dich gerade befindest, und den gesamten Raum ausfüllen, begleitet von himmlischer Musik und dem Anblick herumwirbelnder Diamanten in verschiedenen Farben. Oder sie kann sich innerhalb unserer individuellen Subjektivität als Leichtigkeit oder tiefer Reichtum manifestieren. Die Leichtigkeit tendiert dazu, feierlich und freudvoll zu sein, während die Tiefe angenehm und befriedigend ist. Normalerweise ist es nicht leicht, diese Erscheinungsformen unserer spirituellen Natur zu unterscheiden, wenn wir nur mit dem unendlichen Grund nicht-dualen Erlebens vertraut sind. Doch wenn wir offen sind und an den Themen arbeiten, durch die der Genuss blockiert oder verzerrt wird, dann ist es möglich, egal, ob wir uns in einem nicht-dualen Zustand oder im gewöhnlichen individuellen Zustand befinden.

Dieses Fahrzeug ist mit dem Herzen verbunden, also neigt es dazu, den gesamten Brustbereich einzunehmen, doch es kann auch den ganzen Körper ausfüllen oder sich über ihn hinaus erstrecken. Wie bei allen anderen Qualitäten unserer spirituellen Natur hat auch dieser keine bestimmte Größe. Dieses Fahrzeug zeigt uns, dass Genuss, Entzücken und Glück in unzähligen Formen vorkommen, von denen jede etwas Tiefgründiges über unser Wesen zum Ausdruck bringt, und es zeigt auch, dass jede Form für unser Leben und unseren inneren Weg benötigt wird.

DIE EIGENSCHAFTEN DER MERKABA

Wir können die Muster der Schale der Fixierung anhand der mit der Qualität des Genusses verbundenen Eigenschaften erkennen, einige von ihnen jedoch auch anhand der Anwesenheit der Qualität selbst verstehen. Wir werden auch sehen, dass viele Merkmale der Sieben ein Versuch sind, Genuss und Glück zu erleben und auszudrücken, wenn auch auf eine verzerrte, unvollständige oder unechte Weise. Die Suche nach Vergnügen und Genuss ist eine direkte Suche nach der Qualität, doch sie bleibt äußerlich. Dahinter steht die Überzeugung, dass sie von den Objekten und Situationen des Lebens kommt. Doch wahrer, unverfälschter Genuss ist eine Qualität unseres eigenen Seins. Wir müssen einfach auf eine unbekümmerte Weise wir selbst sein. Wenn wir uns tief nach innen wenden, wird ekstatischer Genuss ganz natürlich da sein. Diese Glückseligkeit wird als Affekt der Authentizität erfahren, als eigentliches Gefühl von Realität. Selbst wenn sie als Reaktion darauf erfolgt, etwas Äußeres genießen zu wollen, fühlen wir tatsächlich innere Freude oder inneren Genuss, weil das Erreichen jener äußeren Sache unseren Geist und unser Herz insoweit beruhigt hat, dass sich das innere Entzücken manifestieren konnte. Doch es wird kurzlebig sein, wenn es nicht als das erkannt wird, was es ist – wenn es als emotionales Gefühl erkannt wird, das auf äußeren Umständen beruht, statt auf der direkten Erfahrung unseres Seins. Siebenen glauben häufig, ein solches Entzücken stamme aus externen Quellen oder Aktivitäten, und sie vertrauen nicht darauf, dass es ein Teil dessen ist, wer sie wirklich sind. Doch unabhängig von ihrem Typ glauben das die meisten Menschen ohnehin in Bezug auf Genuss. Siebenen veranschaulichen es lediglich am deutlichsten.

Sie sind nämlich kopfgesteuert und verbinden deshalb Genuss schnell mit Inhalten, Ideen, Situationen und Menschen. Siebenen finden es schwer, in der inhaltslosen Natur essenziellen Genusses zu ruhen. Sie können ihrem Herzen und ihrem Bauch nicht vertrauen, da beide sie zu der unterschwelligen Leere und dem Verlust des Genusses und der Stimulation führen, von denen sie glauben, dass sie sie zum Überleben brauchen. Dieses Vertrauen auf ihren Verstand und seine Fähigkeit, ihre Erfahrung zu lenken, distanziert sie häufig von der grundlegenden Güte und Glückseligkeit, die damit einhergehen, einfach zu sein, was sie sind.

Die mentale Ausrichtung der Siebenen kann real werden, und dann kommt es darauf an, viele Dinge über die Realität zu entdecken. Ein Beispiel dafür ist der wunderbare Entdecker und Autor Sri Aurobindo. Aus seinen Schriften ergibt sich, dass er mental ausgerichtet war, doch sein Verstand stand im Dienste der Entdeckung von Wahrheiten über die Realität und das Bewusstsein. Er war ein moderner Pionier des Abenteuers des Bewusstseins.

Die Gefühle von Elan, Lebensfreude, Enthusiasmus und Spritzigkeit des Siebener-Ideals können ein echter Ausdruck dieser inneren Freude sein, doch diese Qualitäten tauchen gewöhnlich als Reaktionen darauf auf, dass man etwas im Leben genießt – eine Person, eine Mahlzeit, einen Film, eine Idee, eine Aktivität und so weiter. Dies kann bei essenziellem Genuss oder essenzieller Freude passieren, doch für das erwachte Individuum ist klar, dass das Gefühl von innen kommt; es wird nicht durch äußere Stimuli ausgelöst. Es braucht keine Situation oder Aktivität, um sich zu zeigen, da es der Glanz unserer Authentizität ist. Und die Qualität von Genuss und Entzücken ist häufig eine Reaktion auf eine Lebenssituation oder auf Einzelheiten des inneren Prozesses.

Die mit dem Fahrzeug des Genusses verbundenen Eigenschaften können uns helfen, die Merkmale der Sieben besser zu verstehen. Dazu gehören Verspieltheit und Heiterkeit. Es ist natürlich, verspielt zu sein, wenn man frei ist, nicht in dem Sinne, dass man ein Spiel spielt, sondern dass man sich unbeschwert fühlt und sich spontan an Aktivitäten beteiligt. Außerdem kommen diese Merkmale in der spielerischen Haltung zum Ausdruck, die wir gegenüber dem Leben im Allgemeinen haben. Die Tatsache, dass dieses Fahrzeug viele Arten von Genuss und Entzücken umfasst, kann erklären, warum Siebenen auf der Suche nach angenehmen Geschmäckern in verschiedenen Situationen und Aktivitäten häufig von einem Ding zum anderen springen. Es gibt immer noch mehr Dinge zum Ausprobieren, die genussvoller sein könnten als die letzten. Die wahre Suche nach dem Glück erfordert, dass wir uns nach innen wenden, hin zur wahren Quelle des Genusses. Wenn wir das tun, stellen wir fest, dass jeder Genuss und jedes Entzücken, die wir im Leben erfahren, einfach Widerspiegelungen ihres essenziellen Gegenstücks sind, das sich als tiefer, reiner und ursachenlos erweist. Siebenen sind jedoch hauptsächlich neugierig auf die Oberfläche der Dinge, auf das, was sie berühren, sehen und schmecken können, nicht auf sich selbst oder den inneren Sinn der Realität. Sie fühlen sich zu dem hingezogen, von dem sie glauben, dass es ihnen ein gutes Gefühl geben wird, so, als sei Glück die einzig wertvolle Qualität in einem erfüllten Leben. Selbst bei der Arbeit probieren sie viele Dinge aus und fangen an, sich für eine Fertigkeit oder ein Projekt zu interessieren, wenden sich jedoch häufig etwas anderem zu, bevor sie sie beherrschen. Die Befriedigung, die sie durch die Arbeit, eine Person, eine Aktivität oder ein kreatives Unterfangen erleben, ist immer nur von kurzer Dauer. Diese Art von Neugier führt natürlich nicht zu Tiefe und Zufriedenheit, folglich bleiben sie Dilettanten, die an der Oberfläche der Dinge stecken bleiben.

Eine wichtige Unterscheidung ist, dass es bei der authentischen Suche darum geht, Erkundungen anzustellen, um die Wahrheit herauszufinden. Für Siebenen geht es allerdings um Stimulation, darum, sich von der Realität abzulenken, indem sie sich gut oder sogar himmlisch fühlen oder einfach rumhängen. Und da wahre Neugier oder Praxis die Dinge in aller Ehrlichkeit und Treue untersucht – ohne ein Ziel zu haben oder einen spezifischen Zustand herbeiführen zu wollen –, wird sich die Erfahrung mit Sicherheit verändern und von allein entfalten. Die Untersuchung geht also organisch zu dem über, was an Neuem auftaucht –, zu der Art und Weise, wie die Wahrheit eine Erfahrung entfaltet, um ihre tiefere Wahrheit zu offenbaren. Im Gegensatz dazu wenden sich Siebenen einem anderen Bereich oder Ding zu, weil das Erste für sie an Glanz und Interesse verloren hat und sie nicht länger befriedigt, und nicht, weil es von allein in ihrer Erforschung auftaucht. Was unsere Neugier aktiviert, ist das, was die Wahrheit offenbart – zum Beispiel die Wahrheit von Begegnungen, die wir nicht verstehen, von denen wir jedoch aufgrund ihrer Bedeutung für unser Leben und unsere innere Entwicklung wissen, dass es wichtig ist, sie zu begreifen. Wahre Neugier, die die innere Suche antreibt, scheint ihre eigenen Augen und ihren eigenen Wahrheitssinn zu haben. Sie führt uns ganz natürlich zu dem, was wir als Nächstes erfahren und ausloten müssen. Sie bewegt sich nicht zufällig oder durch unsere Wünsche oder den Druck, unsere Leere und unseren Schmerz zu vermeiden.

Siebenen tun das jedoch eindeutig. Sie möchten das erfahren, was sich angenehm anfühlt oder himmlisch schmeckt, während sie gleichzeitig, wann immer möglich, das vermeiden oder verleugnen wollen, was schmerzhaft, schwierig oder schwer ist. Das spiegelt erneut wider, was ihnen fehlt: die Qualität inneren Genusses in seinen verschiedenen Manifestationen. Fakt ist, dass uns diese, wenn wir der wahren Wissbegierde und Erkundung folgen, zu unserer wahren Natur führen wird, die sich gut anfühlt und als Ausdruck der spirituellen Welt wahrhaft himmlisch ist. Dieser Weg führt durch Schwierigkeiten und Herausforderungen hindurch und erfordert Konzentration, Geduld und Engagement, um dem Kurs zu folgen, bis die Wahrheit enthüllt wird, sei sie nun schmerzlich oder wunderbar. Er erfordert auch Loyalität gegenüber der inneren Suche und der essenziellen spirituellen Wahrheit.

Der unablässige, endlose Wunsch nach anregenden Erfahrungen und Situationen spiegelt die innere Abwesenheit des Genusses wider, der unserem Bewusstsein und Wesen innewohnt. Doch Siebenen wollen sich diese Abwesenheit nicht ansehen, geschweige denn sie anerkennen; ihre Loyalität gilt weltlichen Genüssen. Sie können diesen Dilettantismus sogar in ihrer spirituellen Suche zum Ausdruck bringen, indem sie ständig neue Lehren ausprobieren, statt irgendwann bei einer zu bleiben, in die sie sich tief und mit Engagement und innerer Loyalität hineinbegeben. Sie idealisieren ihren unstillbaren Drang als Offenheit für Vielfalt und Möglichkeiten, als Optimismus hinsichtlich der unbegrenzten Gelegenheiten für Freude und Entzücken. Wir können sehen, wie sich die verschiedenen Arten von Entzücken und Genuss, die der Merkaba innewohnen, hier widerspiegeln, allerdings in einer nach außen gerichteten, oberflächlichen Orientierung.

Die Idealisierung überdeckt die innere, scheinbar grenzenlose Leere, die nicht weiß, was wirklich fehlt oder was wirklich Erfüllung und dauerhaften, befriedigenden Genuss bringen wird. Bei Siebenen wird der innere Schatz der Wonnen durch diese Leere verdeckt, sodass sie keine Quelle des Genusses im Innern sehen können. Doch nur, indem sie sich nach innen wenden und sich dieser Leere stellen, können sie das wahre, beseligende Glück der Freiheit finden.

Der innere Weg der Großen Arbeit ist das größte Abenteuer, das sich ganz selbstverständlich durch Herausforderungen und Siege, Frustrationen und Erfüllung hindurchbewegt, um schließlich vollständige Freiheit zu erreichen, deren Freude und Wonne kein Ende hat. Siebenen gewinnen ihrem verworrenen Experimentieren vielleicht Abenteuerlust ab, doch diese ist nur ein Faksimile des wahren Abenteuers – desjenigen des Bewusstseins, das entdeckt, was es ist, was seine Geheimnisse sind, was der Sinn des Lebens ist und welche Möglichkeiten dem Leben als Mensch innewohnen.

Indem wir die Charaktermerkmale und Verhaltensmuster der Sieben aufrichtig erforschen und erkunden, können wir in unserem tiefsten Inneren verstehen, wie diese Merkmale vom geraden Pfeil der Wahrheit abweichen. Wir können sehen, dass sie Faksimiles einer Art von Genuss sind, die wir nicht kennen, jedoch vielleicht erahnen oder dunkel spüren können. Je größer unsere Aufrichtigkeit ist, umso größer ist die Chance, dass wir das Ich-Ideal als Idee im Kopf sehen können, als Bild dessen, was Siebenen sein und wie sie leben möchten. Ihre Charaktermerkmale weisen auf ein bestimmtes Ich-Ideal hin. Indem wir das Ideal als falsches Konzept verstehen – als eines, das auf dunklen Empfindungen beruht und durch frühe Erfahrungen, Schwierigkeiten und Versprechen der Kultur oder anderer Quellen geprägt wird –, werden wir offen für die Erkenntnis dessen, was Siebenen zu imitieren, zu sein und zu leben versuchen. Wenn wir das erkennen, dann haben wir Zugang zu dem Schlüssel, der diese hartnäckige Fixierung lösen kann und uns helfen wird, bis in ihren Kern vorzudringen.

DER DIREKTE WEG ZUR MERKABA

Wenn das auf Erfahrung beruhende Erkennen unseres Ich-Ideals und der Art und Weise, wie es unseren Charakter formt, uns nicht auf unsere wahre Essenzqualität verweist, dann können wir uns dem Fahrzeug beziehungsweise der spirituellen Form und ihren Eigenschaften direkt annähern. Es geht darum, das Gefühl der Trennung von der wahren Qualität in unserem Erleben zu beobachten. Das ist bei allen Eigenschaften immer der direkte Weg, selbst wenn eine auftauchen sollte, bevor wir ihr Fehlen gespürt haben, was manchmal auf dem Weg passiert, da Präsenz ihre Schätze häufig dann offenbart, wenn wir uns ihr mit Engagement und Ehrfurcht widmen. Zum Beispiel könnten wir manchmal wahre Glückseligkeit empfinden, doch wenn wir uns nicht mit unserer Trennung von ihr beschäftigen, können wir sie nicht integrieren. Stattdessen werden wir nur ein gelegentliches Aufblitzen der Qualität erleben – das, was die Sufis die „Gnaden Gottes" (*ahw l)* nennen –, statt offenen Zugang zu ihr zu haben, zu den stabileren spirituellen Stufen (*maqu m*). Dadurch, dass wir einen Aspekt in unser Wesen und unsere Identität integrieren, wird er von einem sporadischen Zustand zu einer Stufe. Die Sufis sehen die sporadische Erfahrung als Geschenk aus der unsichtbaren Welt an, die Stufe jedoch als Frucht, die wir uns durch unsere Praxis und Arbeit verdienen. Das gilt für alle Qualitäten und nicht nur für diese besondere Form der wahren Natur.

Bei der Arbeit geht es darum, sich seine Charaktereigenschaften anzusehen: den Dilettantismus, den Erlebnishunger, die Notwendigkeit, von einem Ding zum nächsten zu springen, die eigene Konsumhaltung und den Wunsch, sich immer gut zu fühlen.

Naranjo erklärt das letztgenannte Merkmal dieses Typs wie folgt:

> Der ontische Mangel ist jedoch nicht nur die Quelle des Hedonismus (und der Vermeidung von Schmerz), sondern auch seine Folge. Denn einem Menschen, der Liebe und Lust innerlich verwechselt, gelingt es auch nicht, sich auf etwas einzustimmen, dessen Bedeutung tiefer liegt als das unmittelbar Verfügbare.
>
> Das Gefühl eines inneren Mangels wird natürlich auch dadurch unterstützt, dass das Individuum der Erfahrung seiner Tiefe entfremdet ist, die in der Folge des hedonistischen Bedürfnisses auftritt, nur das zu spüren, was angenehm ist.[23]

Wir müssen fühlen, was hinter diesen Eigenschaften steht und/oder was in unserem Bewusstsein passiert, wenn wir solche Verhaltensweisen, Gedanken oder Wünsche verfolgen. Wenn wir uns die Gefühle und die inneren Zustände ansehen, die durch die Eigenschaften und

---

23 Naranjo, *Erkenne dich selbst im Enneagramm*, S. 123

Verhaltensweisen der Sieben abgewehrt werden sollen, dann stoßen wir möglicherweise auf die darunterliegende Leere, die Gier und die Kargheit, die weder Freude noch Süße noch Licht kennen. Das Enneagramm der Vermeidungen identifiziert „Schmerz" als Hauptvermeidungsmechanismus der Sieben. Der einzige Weg zu tieferer Wahrheit besteht darin, der Leere zu begegnen, die uns depressiv und schwer, unglücklich und traurig macht. Uns mit unserer Traurigkeit und unseren Wunden anzufreunden hilft uns, zu dieser Leere zu gelangen, die das Tor zur wahren Daseinsfreude ist. Wir können unseren Wissensdurst auf ernsthafte Weise nutzen, um tief in unser Bedürfnis und unsere Schmerzvermeidung einzutauchen und herauszufinden, worum es bei diesen tiefen Gefühlen geht.

Irgendwann kommen wir dann an den Punkt, an dem wir diese Leere als Mangel an Genuss erfahren. Es ist hilfreich für uns zu erkennen, dass dies ein vorübergehender Zustand ist und nicht das endgültige Ende. Sonst werden wir möglicherweise zu ängstlich sein, um uns dem Mangel unvoreingenommen und mit offenem Herzen zu nähern. Diesen Zustand als erwünschten Gast zu begrüßen kann dazu beitragen, unsere Angst zu lindern, und ein hilfreicheres Gegenmittel sein als der Versuch, den Mangel mit Aktivitäten, die uns ein gutes Gefühl geben, zu überdecken, uns abzulenken, indem wir für eine bessere Zukunft planen oder das Leiden im Innern vermeiden oder verleugnen. Wir bleiben bei dem Mangel und fragen uns, was sein Inhalt ist und wo er herkommt. Die Geschichte dahinter kann auftauchen, und dann werden wir viel Aufrichtigkeit in unserem Wissensdurst brauchen, um die Dinge zu untersuchen, die auftauchen. Das kann schwierig für Siebenen sein, da sie einen so großen Teil ihrer Identität darauf aufgebaut haben, ihr Leiden zu verleugnen.

In dieser Leere zu bleiben, der es an Genuss, Liebe und Glück mangelt, und sie in keiner Weise zu bekämpfen oder zu vermeiden, erlaubt es der defizitären Leere, sich von allein in eine klare, geräumige und angenehme Leere zu verwandeln. Auch wenn sich das gut anfühlen kann, müssen wir immer noch dort bleiben und dürfen nicht davon ausgehen, dass dies das Ende unserer Erkundung sei. Wenn wir in diesem Zustand verweilen, dann hat die tatsächliche Qualität des

Genusses eine Chance aufzutauchen, die Weite zu durchdringen und uns so zu helfen, die Qualität und Präsenz unverfälschten Entzückens und tiefer Zufriedenheit zu fühlen. Das ist die Zufriedenheit des Herzens und das Glück der Seele, die voll des Entzückens sind, dass wir wir selbst sind oder einfach die Wirklichkeit und das Leben genießen. Das kann schließlich auch dazu führen, dass wir die Einzelheiten unseres Lebens genießen, doch jetzt als Ausdruck unseres wahren Wesens statt als Abwehr gegen eine gierige Leere. Wir stellen fest, dass jede Situation eine andere Qualität von Genuss mit jeweils eigener Farbe, Süße und Struktur hervorruft.

Selbst wenn wir dort angelangt sind, können wir hier und da weiterforschen, sobald die Manifestationen der Fixierung auftauchen, bis diese Qualität des Genusses zu einer spirituellen Stufe wird, die uns natürlich und beständig zugänglich ist. Jetzt haben wir den Schlüssel für diesen Typ, und er gibt uns sehr viel Macht und Geschick, um die Schale anzugehen und in den Kern vorzudringen. Wenn wir die Typen Sechs und Acht erforscht haben, werden wir auch jeweils über den Willen und die Stärke verfügen, die uns zwei weitere der neun Schlüssel an die Hand geben und unserer Erkundung und unserem Studium größere Wirksamkeit und Kraft verleihen werden.

Eine andere direkte Verbindung zu diesem Fahrzeug in seiner Gesamtheit ist die, dass wir uns unsere Zugehörigkeit, unsere Loyalität anschauen. Sind wir auf der Suche nach Genuss oder nach der inneren Wahrheit? Je loyaler wir unserer inneren Wahrheit gegenüber sind, unabhängig davon, was sie ist, umso näher sind wir der Merkaba. Die Hinwendung nach innen und die Loyalität auf dem Pfad innerer Wahrheit sind es, die zur kürzesten Verbindung zu diesem facettenreichen Fahrzeug von Entzücken und Genuss werden können. Erwachte Siebenen wie Sri Aurobindo manifestieren dieses Fahrzeug durch ihre Liebe zum Verstehen und Wissen um die verschiedenen Arten, wie sich unsere essenzielle Natur manifestiert. Denn die Wende nach innen, zur Wahrheit hin, offenbart sich als größter Genuss der Seele – zu sich selbst nach Hause kommen. Diese Entdeckung kann so tief greifend sein, dass sie zur Verwirklichung und einem gewissen

Maß an Befreiung führt. Das gilt für alle Typen, doch die Merkaba, das Fahrzeug essenziellen Genusses, ist spezifisch für den Siebener-Typ, und so ist es für ihn am wichtigsten, zu untersuchen, wo seine wahren Loyalitäten und Prioritäten liegen.

9

Punkt Neun: GRENZENLOSE LIEBE

Typ Neun ist die Quelle aller anderen Typen und verkörpert das primäre Element, das allen Fixierungen innewohnt. Dies ist das Element des Schlafes. Was bedeutet schlafen in diesem Zusammenhang? Es bedeutet, dass die Neunen in Bezug darauf schlafen, was die Realität tatsächlich ist, ebenso wie ihnen nicht bewusst ist, wer sie in Wirklichkeit sind. Sie schlafen, wenn es um das Wesentliche im Leben geht, und schenken dem Äußeren, Peripheren und Oberflächlichen mehr Aufmerksamkeit als ihrer inneren Tiefe. Das gilt für alle fixierten Typen, und von daher zieht sich dieses Merkmal der Neun durch sämtliche Fixierungen.

Fixierte Neunen können als abgestumpft gegenüber dem, was sie fühlen, und dem, was wichtig und bedeutsam ist, begriffen werden. Deshalb suchen sie ständig nach Ablenkung und sind damit beschäftigt, Dinge anzuhäufen und zu sammeln. Ichazo nennt den Typ „Ego-Indolence" (Ego-Trägheit), und er ist auch als Friedensstifter bekannt.

Um das Ich-Ideal der Neun zu verstehen, müssen wir uns ihre anderen Eigenschaften und Dynamiken ansehen, die Sandra Maitri wie folgt beschreibt:

> Ihre eigenen Interessen setzen sie selten durch. Sie wollen lieber alles harmonisch und nett haben und haben Hemmungen, irgendetwas zu sagen oder zu tun, was andere vielleicht anstößig, unbequem oder kontrovers finden könnten. Daher vermeiden sie Auseinandersetzungen, bringen negative Gefühle oder Meinungen nur selten zum Ausdruck und halten sich an das Positive. Als ausgezeichnete Vermittler sind sie in der Lage, jedermanns Standpunkt zu verstehen, doch oft fällt es ihnen schwer, ihren eigenen Standpunkt wahrzunehmen und zu vertreten.[24]

Claudio Naranjo führt weiter aus:

> Die im Enneatyp Neun zu findende Kombination zwischen einem Verlust an Innerlichkeit und der damit einhergehenden Ergebenheit und Selbstverleugnung ergibt ein Syndrom gutherziger, bequemer Erdverbundenheit, die bis zu übertriebenem Buchstabenglauben und zu großer Enge führen kann.[25]

Wir werden sehen, dass diese Eigenschaften, anderen das Leben angenehm zu machen und sich auch selbst wohlfühlen zu wollen, die idealisierte Essenzqualität unmittelbar widerspiegeln. Es ist kein Wunder, dass das Enneagramm der Idealisierungen das Ich-Ideal der Neunen kurz und knapp als „Ich fühle mich wohl" beschreibt. Tatsächlich sind alle Merkmale der Neun – sich nicht zu behaupten und nicht zu konfrontieren, für Harmonie zu sorgen, gute Vermittler zu sein und so weiter – begrenzte Widerspiegelungen dieser Ausrichtung auf Geborgenheit und tragen zur Bildung des Ich-Ideals der Neun bei. Es ist schon erstaunlich, dass die Charaktereigenschaften der Neun im Wesentlichen aus dieser kleinen Verzerrung im Verständnis der Essenzqualität resultieren. Die meisten Neunen sind nicht weit von dieser Qualität entfernt, doch die kleine Verzerrung entfremdet sie tief von ihrem essenziellen Sein. Man könnte sagen, dass die Merk-

---

24 Maitri, *Neun Porträts der Seele*, S. 57 f

25 Naranjo, *Erkenne dich selbst im Enneagramm*, S. 219

male der Neun eine Annäherung an die vermeintlichen Eigenschaften dieser Qualität sind. Doch eine Annäherung an Eigenschaften, egal, wie stark sie ist, kann uns nicht mit der tatsächlichen Präsenz verbinden. Sie führt nicht dazu, dass das gedanklich konstruierte Persönlichkeits- und Glaubenssystem zu einem essenziellen Wesen wird. Neunen vergessen ihr essenzielles Wesen. Sie sind unachtsam in Bezug auf das, worauf es am meisten ankommt, und ihre starken Annäherungen entfernen sie lediglich von der Wahrheit und halten sie am Schlafen hinsichtlich ihres wahren Zustands, ihres wahren Wesens und der bloßen Tatsache, dass sie am Schlafen sind. Daraus resultieren ihre Abgestumpftheit und Oberflächlichkeit. Doch diejenigen, die sich der Tatsache bewusst werden, dass sie am Schlafen sind, sind gewöhnlich große Realitäts- und Wahrheitssucher. Und ihre Erkenntnisse schlagen sich in essenziellem und entschiedenem Handeln nieder. Ein gutes Beispiel dafür ist Paramahansa Yogananda, wie wir aus seinem Werk *Autobiographie eines Yogi* ablesen können.

Hudson und Riso schreiben Folgendes:

> Neunen demonstrieren die jedem bekannte Versuchung, den Problemen den Rücken zuzukehren und sich ein gemütliches Nest zu bauen. Das ist aber, gelinde ausgedrückt, eine unangemessene Methode, ans Leben heranzugehen. Neunen müssen lernen, sich mit dem Hier und Jetzt auseinanderzusetzen. Sie müssen sich daran erinnern, dass man den Stier bei den Hörnern packen muss, um am Leben teilzunehmen.[26]

Diese Merkmale bringen die Suche nach der idealisierten Essenzqualität zum Ausdruck, da viele der Dinge, die sich Neunen für ihr Leben wünschen, Widerspiegelungen der wahren Eigenschaften dieser Seinsqualität sind. Es ist verständlich und natürlich, dass Menschen weniger Zwietracht wollen – sie möchten Frieden, Harmonie und Sicherheit in ihrem Leben haben. Doch der wahre Weg, um diese Qualitäten zu erreichen, ist der, mit weit geöffneten Augen in der

---

26 Riso und Hudson, *Weisheit des Enneagramms*, S. 354 f

Realität verwurzelt zu sein. Diese Qualitäten stellen sich im Zuge der Auseinandersetzung mit Schmerzen und Schwierigkeiten ein und nicht, indem man seine Augen vor dem Leiden und der Zwietracht verschließt, von denen die Gesellschaft durchdrungen ist und durch die sich das menschliche Leben auf dieser Erde auszeichnet.

DER IDEALISIERTE ASPEKT: GRENZENLOSE LIEBE

Es sind zwei grundlegende Schritte erforderlich, um aus dem Schlaf zu erwachen. Zunächst einmal müssen wir uns unseren gegenwärtigen Zustand des Fixiertseins und Schlafens bewusst machen. Aus diesem Grunde nannte ihn Gurdjieff „den Schrecken der Situation". Das bedeutet, dass wir, wenn wir etwas über unseren Typ lernen, ihn nicht nur als Typologie auffassen. Noch ist er wie Teeblätter oder etwas, das in den Sternen geschrieben steht. Wir müssen nicht so sein. Tatsächlich beziehen sich die Fixierungen lediglich auf das strukturierte und begrenzte Bewusstsein, von dem wir glauben, es zu sein. Diesen ersten Schritt zum Aufwachen zu machen bedeutet, die Fixierungen als solche zu erkennen – rigide, erlernte Eigenschaften und Dynamiken, von denen wir frei sein und über die wir uns erheben können, indem wir uns bewusst machen, was wir in Wirklichkeit gesucht haben, ohne es zu wissen. Zweitens bedeutet es, für die Realität dessen aufzuwachen, was wir sind, und für das Wesen der Realität, in der wir leben.

Die Qualität, die auftaucht, um uns bei unserem Erwachen zu helfen, ist grenzenlose Liebe. Sie führt uns von der individuellen Ebene der Spiritualität hin zu den Bereichen des Grenzenlosen und Nicht-Dualen. Man könnte sagen, dass sie der Beginn und auch der beste Zugang zur nicht-dualen Verwirklichung ist. Da sie ein Terrain nicht-dualer Präsenz ist, ist sie in einem gewissen Sinne die Quelle sämtlicher Qualitäten und diamantener Fahrzeuge. Wenn wir diese nicht-duale Dimension erfahren, erleben wir alles, einschließlich der relativen Ebene von Erfahrung und Essenzqualitäten, so, als sei es aus Liebe gemacht.

Da die nicht-duale Verwirklichung universell und allgegenwärtig ist, suchen Neunen, wenn sie Frieden suchen, diesen unbewusst nicht nur für sich selbst, sondern auch für andere. Sie arbeiten also daran, Zwietracht aus ihrem eigenen Leben und dem anderer zu verbannen, indem sie gute Vermittler und Friedensstifter sind. Ihr Bemühen, Negatives zu vermeiden, und ihr Wunsch, sich gut zu fühlen und ohne Zwietracht zu sein, ist Ausdruck dieser selbstlosen und allumfassenden Liebe. Denn in dieser Qualität ist nur Güte vorhanden, eine allumfassende, alles durchdringende Güte. Genauer gesagt, diese Qualität bietet uns die Möglichkeit, zu erkennen, dass die gesamte Realität als gut angesehen werden kann und dass die Möglichkeit wahrer Güte überall vorhanden ist.

Diese Perspektive stimmt nicht mit einigen der nicht-dualen Traditionen, zum Beispiel einigen Zweigen des Advaita Vedanta, überein. Auf einer anderen Ebene würde es ein wenig dem ähneln, in die Falle der Neun zu tappen: indem man echtes Leiden und die tatsächlichen Schwierigkeiten der Welt leugnet. Die Welt ist real und ihre Schwierigkeiten gehen durch nicht-duale Verwirklichung nicht weg. Mit diesen Schwierigkeiten umzugehen, indem man die Weisheit der Nicht-Dualität direkt nutzt, ist eine wichtige Möglichkeit, um eine gewisse Freiheit und Erleichterung von ihnen zu erreichen und vielleicht auch anderen zu helfen, sich von ihrem persönlichen oder kulturellen Leiden zu befreien. Die gewöhnliche Welt bleibt trotzdem bestehen und folgt weiterhin den Gesetzen der Physik. Die Lehre des Diamond Approach erkennt die gewöhnliche Welt als Seins-Potenzial an, statt sie einfach nur als Illusion zu sehen.

Die natürliche Gabe von Typ Neun ist die grenzenlose oder göttliche Liebe, doch sie ist auch universelles Bewusstsein oder kosmisches Licht. Sie hat mit dem Erwachen zu tun, damit, offenen Auges zu sein und sich dessen, was im spirituellen Bereich möglich ist, unmittelbar bewusst zu sein. Es geht darum, sich dieses Bereichs gewahr zu werden und ihn einzuladen, unser eigenes Leben und dasjenige anderer mit seiner Güte, seinem Licht und seiner Freiheit zu durchdringen und zu erfüllen. Das hilft uns, die Merkmale des Friedensstifters und Vermittlers zu verstehen. Ein echter Friedensstifter bringt Harmonie in die Welt, etwas, das mit der Verwirklichung göttlicher Liebe Sinn ergibt und möglich wird – wenn wir den spirituellen Bereich und seine Schätze der Strahlkraft, Liebe und Weisheit integriert haben.

Neunen möchten durch die Vermeidung von Konflikten und Schwierigkeiten Frieden stiften. Die Qualität der göttlichen Liebe ermöglicht es, Frieden, Sinn und Eintracht herbeizuführen, jedoch nur, indem man den Schwierigkeiten begegnet. Sie ist nicht die Qualität, die benötigt wird, um sich wirklich den Konflikten und Schwierigkeiten zu stellen und sich mit ihnen auseinanderzusetzen. Dafür brauchen wir essenzielle Stärke und essenziellen Willen, ebenso wie essenzielle Intelligenz und essenzielles Mitgefühl. Die Qualität der göttlichen Liebe gibt uns jedoch ein grundlegendes Gefühl des Vertrauens – das Gefühl, von einer wohlwollenden Präsenz gehalten zu werden, die tröstet und beruhigt. Es ist eigentlich das, was auf dem spirituellen Weg in Zeiten schwieriger Übergänge, wie großer Verluste oder Fragmentierung, benötigt wird. Dies sind oft Zeiten der Prüfung, Angst oder Herausforderung. Die grenzenlose Liebe erlaubt es dem Suchenden, genug Vertrauen zu fühlen, um mit der Situation umzugehen und sich in andere, bislang unbekannte Dimensionen vorzuwagen. Im Umgang mit Schwierigkeiten in der Welt und unserem täglichen Leben kann sie ähnlich funktionieren. Sie gibt uns Vertrauen und Leichtigkeit, die es uns dann ermöglichen, andere essenzielle Qualitäten zu nutzen, die sicherstellen, dass die Vermittlung oder Friedensstiftung real und effektiv sein wird. Dies habe ich in meinem Werk *Facetten der Einheit* als liebevolles Licht oder lebendiges Tageslicht bezeichnet.[27]

DIE PRÄSENZ GRENZENLOSER LIEBE

Diese Liebe ist nicht wie die von Zweien idealisierte Essenzqualität der schmelzenden goldenen Liebe. Letztere ist beziehungsorientierter und wichtiger für Verbindung, Einheit und Austausch, ebenso

27 Siehe Kapitel 5 und 7

wie für Gemeinschaft und Intimität. Diese Liebe fühlt sich anders an. Sie hat eine andere Struktur, einen anderen Geschmack, eine andere Farbe und eine andere Funktion. Und dennoch sind beide Liebe. In einem gewissen Sinne ist die grenzenlose Liebe fundamentaler als die schmelzende goldene. Sie ist das Meer der Liebe, das sich in viele Arten von Liebe aufteilt, die relevant für Menschen und ihr Leben sind. Bevor wir der nicht-dualen Weise, diese Qualität zu erleben, begegnen, taucht sie als durchdringendes, liebevolles Licht auf, als zarte Präsenz einer Liebe, die nicht vom Bewusstsein getrennt ist. Wir fühlen uns von der uns umgebenden Sanftheit, die die gesamte Atmosphäre durchdringt, gehalten und durchströmt. Wir fühlen uns aufgehoben, getröstet und voller Vertrauen, was es uns leicht macht, sich zu entspannen und loszulassen. Wenn diese Qualität in unserem Bewusstsein präsent ist, dann stellt sich praktisch von allein ein Gefühl von Leichtigkeit und Entspannung ein.

Manche Menschen fühlen die grenzenlose Liebe als liebevolles Licht in sich aufsteigen, als Sanftheit, die eine zarte Präsenz ist. Sie fühlt sich wie eine golden-weiße Präsenz an, die weich und süß ist, jedoch nicht so intensiv süß wie die verschmelzende Liebe. Wenn sie im Inneren auftaucht, ist sie entspannend und führt zu innerer Leichtigkeit und einer Beruhigung des Geistes und Bewusstseins. Obwohl wir sie als Liebe erleben, sehen wir sie als Licht, als Feld gelblichweißen Lichtes und als zarte Präsenz mit einer weichen, zarten Substanzialität. In jener Lichtqualität erkennen wir, dass es sich seiner selbst bewusst ist – reines Bewusstsein, das wach und sich seines Wesens bewusst ist.

Andere erfahren sie zunächst so, als würde sie in ihrem Umfeld entstehen. Sie umgibt sie, hält, liebkost und beruhigt sie, so, als würden sie von einer zärtlichen, liebevollen Hand auf eine Weise berührt, die ihnen das Gefühl der Präsenz von Liebe gibt. Das ruft ein tiefes Gefühl des Gehaltenwerdens hervor, das es ihnen leicht macht, sich zu entspannen und hinzugeben.

Natürlich gibt es wieder andere Menschen, die diese Kombination aus Liebe und Bewusstsein innerhalb wie außerhalb als alles durchdringend und erfüllend erfahren. Wenn wir uns immer noch als autonome Individuen erleben, dann fühlt sich die grenzenlose Liebe grenzenlos und allgegenwärtig an, aber noch nicht wie das Wesen von allem. Das ähnelt dem, wie die meisten Menschen zu Beginn ihrer inneren Reise inneren Raum erfahren; wie der physische Raum ist er überall, doch er ist auch von allem getrennt.

Das tiefere Erleben dieser Bewusstseinsqualität führt uns in einen Zustand der Grenzenlosigkeit hinein. Wie bereits erwähnt, ist die Liebe überall vorhanden und grenzenlos, doch jetzt durchdringt sie alles so explizit, dass nichts außerhalb von ihr ist. Das gibt uns das Gefühl, dass sie, da sie alles bis hin zu den tiefsten und entlegensten Bereichen durchdringt, von keinem Teil der Realität getrennt ist. Wir fühlen ein Medium – ein expansives, unendliches Kontinuum von Bewusstsein und Liebe –, das uns nicht nur umgibt, uns hält und erfüllt, sondern das unsere eigentliche Natur ist. Es ist, was wir sind, ob wir uns nun als Körper oder als Seele erfahren. Daher erkennen wir diese Liebe und dieses Bewusstsein nicht nur als lokal auftretende Qualität, sondern auch als unendlich, ohne Grenzen – daher bezeichnen wir sie als grenzenlose Dimension. Das Fehlen von Grenzen bedeutet, dass nicht einmal unsere Haut oder unsere Atome sie begrenzen oder draußen halten können; nichts hält sie draußen. Sie durchdringt alles so vollständig, dass alles aus ihr besteht. So sind wir bei der göttlichen Liebe angelangt, die die Quelle beziehungsweise der Ursprung der Qualität des liebevollen Lichtes oder der grenzenlosen Liebe ist, wie sie durch die individuelle Seele erlebt wird.

Göttliche Liebe ist wie das liebevolle Licht und hat viele seiner Eigenschaften, jedoch besitzt sie mehr Fülle, mehr Struktur. Sie ist immer noch sanft, jedoch auf eine himmlische und wonnevolle Weise. Sie ist nicht nur beruhigend, sie ist die Güte selbst, die reine, unverfälschte Liebe des Göttlichen. Einige Menschen bringen sie vielleicht mit einer Gottheit oder mit Gott in Verbindung, doch wir können sie auch einfach als die Matrix, aus der wir kommen, als unseren Ursprung und unser Wesen erleben. Wenn sich diese Erkenntnis vertieft, erfahren wir uns als grenzenloses Feld wunderschöner, zartgolden leuchtender, süßer Liebe. Und aus diesem Grund fühlen wir uns mit allem durch diese bewusste Liebe verbunden, so sehr verbunden, dass uns bewusst werden kann, dass wir alles sind. Wenn sich die Erfahrung dann weiter öffnet, erkennen wir uns als dieses unendliche Feld in mehr als vier Dimensionen, als grenzenlose Präsenz, die das Wesen von allem ist und aus dem sich alles zusammensetzt – wir sind alles. Das ist wahrscheinlich die bekannteste mystische Erfahrung von Einssein oder Einheit. Im Osten wird sie als nicht-duale Realität bezeichnet.

Die göttliche Liebe bringt das Einssein von allem ein, was der Eintritt in den nicht-dualen Erfahrungsraum ist. Das Nicht-Duale ist nicht nur Liebe; es ist auch Bewusstsein, Präsenz, Gewahrsein und Leere. Doch die Liebe offenbart die reine Güte, die wir erfahren können; die Tatsache, dass unsere spirituelle Natur gut ist, so wie reine, großherzige und selbstlose Liebe gut ist. Diese Dimension offenbart die Schönheit und Güte, die Glückseligkeit und Farbe, den Reichtum und das Halten des spirituellen Universums.

DIE EIGENSCHAFTEN GRENZENLOSER LIEBE

Neunen müssen auf dieser Ebene göttlicher Liebe keine grenzenlose Liebe erleben, um von den Grenzen ihrer Fixierung befreit zu werden. Ihren Ausdruck als liebevolles Licht, das Auswirkungen auf die individuelle Seele hat, zu erleben und zu integrieren, wird völlig ausreichend sein, um das zu enthüllen, wonach sie suchen. Es ist wesentlich einfacher, das liebevolle Licht zu erfahren als göttliche Liebe, denn Letztere erfordert den Wechsel vom gewöhnlichen zum nicht-dualen Erleben. Sobald Neunen grenzenlose Liebe als liebevolles Licht integrieren, können sie viele ihrer Muster als Bemühungen erkennen, diese Qualität ihres wahren Wesens zum Ausdruck zu bringen oder zu suchen.

Die Bewegung hin zu Nicht-Konflikt und Nicht-Konfrontation spiegelt das Wirken des liebevollen Lichtes wider. Es lässt die Dinge in jeder Situation leicht und entspannt sein, sodass Handeln einfach entstehen und sich ausdrücken kann. In diesem Prozess gibt es keine

Vermeidung oder Leugnung von Schwierigkeiten. Das liebevolle Licht hält die Situation einfach auf eine liebevolle Weise, sodass das aus dieser Qualität hervorgehende Grundvertrauen die notwendige Basis bildet, um mit dieser Situation umzugehen. Wenn wir das liebevolle Licht fühlen, ist es unserem Gefühl nach leichter, mit den auftauchenden Schwierigkeiten und Konflikten umzugehen. Es ist nicht dasselbe wie die Zuversicht, die aus dem Willen hervorgeht. Es ist das Vertrauen, dass die Dinge schon funktionieren oder in Ordnung kommen werden. Dies ist eine der Eigenschaften oder Funktionen dieser essenziellen Qualität. Es ist eine Liebe, die die Seele hält und umfängt, sodass sie sich ruhig und behaglich fühlt, sogar in Zeiten der Herausforderung und des Konflikts.

Jetzt können wir die Suche der Neunen nach Trost, Frieden und der Abwesenheit von Herausforderungen verstehen. Diese Präsenz ist ein echter Ausdruck des Bewusstseins, der sogar dem Körper ein Gefühl von Entspannung und Behaglichkeit vermittelt. Alles fühlt sich so an, als würde es glatt und mühelos laufen, und je mehr wir diese Qualität verkörpern, umso glatter und müheloser laufen die Dinge in unserem Leben. Es gibt dann tatsächlich weniger Streit.

Und selbst wenn es zu Konflikten oder Bedrohungen kommt, sind wir innerlich entspannt genug, um klar unterscheiden zu können, was passiert. So können sich wiederum andere Essenzqualitäten zeigen und ihre Fähigkeiten von Mut, Intelligenz, Zuversicht und so weiter anbieten. Der Zustand der Gelassenheit erlaubt es der Seele, sich für ihre inneren Fähigkeiten zu öffnen, die ihr dann dabei helfen können, mit den Schwierigkeiten des Lebens fertigzuwerden. Das Ergebnis ist eine Art Trost, die eher eine Freiheit von Sorgen und Ängsten ist und mit einer inneren Leichtigkeit einhergeht, die uns das Gefühl gibt, angekommen zu sein.

Da wir innerlich mit uns im Reinen sind, löst sich das Bedürfnis, in äußeren und unwesentlichen Dingen und Beschäftigungen nach Ablenkung zu suchen. Der Frieden ist nicht äußerlich, auch wenn der innere Frieden ausstrahlen und uns so auch äußeren Frieden schenken kann. Wir suchen nicht nach Ablenkung, weil diese Qualität Ausdruck göttlicher Liebe – der Reichtum, das Wunder und die Schönheit der

Realität – ist. Warum sollten wir uns draußen auf die Suche nach kleinen Dingen begeben und mehr Gegenstände sammeln, als wir brauchen, wenn wir uns im Inneren mit einem tiefen Reichtum verbunden fühlen und alles als vor Schönheit schimmernd ansehen? Ganz zu schweigen von dem Affekt reinen Glücks, der weich und fließend, süß und gebend ist. Neunen können dann naturgemäß großzügig werden, denn sie fließen über vor selbstloser Liebe und Güte. Sie müssen Großzügigkeit nicht idealisieren, denn sie ist das natürliche Merkmal dieser Qualität. Ihre Präsenz in der Seele bewirkt, dass Neunen großzügig mit ihrem Wesen werden, statt nur mit Dingen und Handlungen.

Wirkliches Handeln ersetzt die geschäftige Aktivität, die Neunen sonst an den Tag legen. Wir sehen, dass diese Art von Aktivität eine Verzerrung wirklichen, essenziellen Handelns ist. Befreite Neunen können jetzt echte Maßnahmen ergreifen, um Frieden und Harmonie zu schaffen, denn sie kommen aus der Harmonie göttlicher Liebe und ihrer grenzenlosen Güte. Sie können ihre essenzielle Stärke, ihren Willen, ihre Intelligenz und Effektivität nutzen, um sich mit den Schwierigkeiten und Problemen – ihren persönlichen und den kollektiven – zu befassen, und so eine echte Lösung herbeiführen und Verbundenheit schaffen. Die innere Einheit kann sich als Bewegung und Drang hin zu äußerer Toleranz, Kooperation, Wertschätzung und Inklusion ausdrücken. Neunen sind nicht länger in die Ablenkungen des Peripheren und Oberflächlichen verstrickt und konzentrieren sich jetzt stärker auf das Wesentliche und Notwendige. So sieht das Handeln einer befreiten Neun aus. Ein gutes Beispiel dafür könnte Oscar Ichazo sein. Es ist recht wahrscheinlich, dass er eine Neun ist, da er viele dieser Eigenschaften aufweist. Er arbeitete viele Jahrzehnte lang konsequent daran, die Arica-Schule aufzubauen und eine neue, facettenreiche Lehre nach dem Vorbild des Enneagramms zu entwickeln. Und er nutzte „Die Menschheit ist nur der eine Geist" als Motto für seine Schule.

Wir sehen, wie sehr die Merkmale und Muster der Neun den Eigenschaften ihrer essenziellen Gabe ähneln, aber auch, wie weit sie vom Echten entfernt sind. Wenn Neunen sehen, dass diese Muster auf einem idealisierten Bild dessen beruhen, wie sie sein wollen, dass es ein Ich-Ideal gibt, nach dem sie sich richten, dann wird sich die Starrheit dieser Merkmale allmählich aufweichen. Das Ich-Ideal zu erkennen, das Großzügigkeit, Friedensstiftung, Trost und Harmonie beinhaltet, ist ein guter Anfang. Wenn sie verstehen, dass dies ein konstruiertes Bild in ihrem Geist ist, das vielleicht eine tiefere Intuition widerspiegelt, dann können sie sich leichter für die echte Qualität und ihren Einfluss öffnen. Wenn Neunen das Ich-Ideal sehen und als solches erkennen, dann kommen sie der Präsenz sogar noch näher. Wenn sie das Ich-Ideal loslassen, statt sich mit ihm zu identifizieren, und insbesondere anerkennen, dass es eine Imitation von etwas Echtem oder eine Annäherung daran ist, dann könnte diese Qualität der Echtheit die Öffnung finden, um sich bei ihnen zu zeigen.

DER DIREKTE WEG ZUR GRENZENLOSEN LIEBE

Das Ideal aufzudecken ist ein allmählicher, wenn auch indirekter Weg. Es ist leichter und unmittelbarer, einfach den Mangel an Vertrauen – ihre Unsicherheit und ihre Angst vor Konflikten und Konfrontation – als Muster der Neunen anzuerkennen, Muster, die durchgearbeitet werden können und keine ihnen angeborenen Eigenschaften. Indem sie dieses fehlende Urvertrauen und den Mangel an liebevollem Halten, das sie suchen, verstehen und nicht versuchen, Trost oder Frieden zu finden, beginnen sie vielleicht, die tatsächliche Abwesenheit der Essenzqualität zu fühlen. Im Enneagramm der Vermeidungen wird auf prägnante Weise herausgestellt, dass das, was sie am meisten vermeiden, Auseinandersetzungen sind. Eine andere Möglichkeit, wie sich Neunen die Abwesenheit der Qualität erschließen können, besteht darin, den inneren Mangel als Gefühl, vom Grund des Seins getrennt oder nie adäquat gehalten worden zu sein, zu spüren, oder auch als Mangel des Gefühls selbstloser Großzügigkeit. Es kann sich wie das schmerzhafte Fehlen liebevollen Haltens anfühlen, das gewöhnlich ein schmerzhafter, ja sogar beängstigender emotionaler und existenzieller Zustand ist.

Häufig werden dann negative Gefühle gegenüber Gott oder der spirituellen Wirklichkeit an die Oberfläche kommen. Sie könnten sich als Zynismus, unverhohlener Zorn oder Wut auf Gott äußern. Es ist erforderlich, mit diesem Hass und seinen Quellen in der eigenen Geschichte und dem eigenen Glaubenssystem hinsichtlich der Wirklichkeit umzugehen, um sich für das Auftauchen des liebevollen Lichtes zu öffnen.[28]

Wenn Neunen bei diesen Defiziten und Mängeln bleiben können und sie weder bekämpfen, leugnen, noch sich von ihnen ablenken, dann kann dies zu dem leeren Raum werden, in dem die grenzenlose Liebe auftaucht und sie mit ihrem sanften Segen umgibt. Sie könnte sich in ihrem Inneren oder im Außen als umarmende, weiche Präsenz zeigen, so, als sei das Universum eine liebevolle und fürsorgliche Mutter. Wenn Neunen diese Essenzqualität erleben und integrieren und sie als Eigenschaft ihres Wesens erkennen, sehen sie möglicherweise, wie sich ihre Muster allmählich als in ihrer Geschichte begründete Verzerrungen und Eindrücke offenbaren. Wenn Neunen – oder jemand von uns – das Glück hat oder ausreichend vorbereitet ist, die göttliche Liebe selbst zu erleben, dann wird sie zu einem nicht-dualen Erwachen für die Realität, in der wir die Einheit des Seins als Liebe und Güte erfahren.

---

28 Für ein weitergehendes Verständnis der Themen, die im Zusammenhang mit grenzenloser Liebe oder dem liebevollen Licht auftauchen, vergleiche Kapitel 6 und 8 in *Facetten der Einheit*.

10

Punkt Fünf:
DIAMANTENE FÜHRUNG

Die primären Abwehrmechanismen von Typ Fünf sind Vermeidung und emotionale Distanzierung, was Ichazo dazu brachte, ihn als „Ego-Stinge" (Ego-Geiz) zu bezeichnen, da er die emotionale Verbindung verweigert. Das Ich-Ideal der Fünfen hängt mit Wissen und Verstehen zusammen, damit, Dinge zu lernen und etwas herauszufinden. Sie mögen Wissen und seine Anhäufung idealisieren, doch das geschieht gewöhnlich im Dienste des Verstehens.

Riso und Hudson schreiben dazu Folgendes:

> Wir haben diesen Persönlichkeitstypus *Forscher* genannt, weil Fünfen mehr als alle anderen Typen den Dingen auf den Grund gehen möchten. Mit vorgefertigten Antworten geben sie sich nicht zufrieden. Sie wollen genau wissen, warum etwas so und nicht anders ist.[29]

29 Hudson und Riso, *Weisheit des Enneagrams*, S. 254

Da die Idealisierung eine Essenzqualität widerspiegelt, sind das von Fünfen geschätzte Wissen und Verständnis mental und nicht essenziell. Im Enneagramm der Idealisierungen sind zwei Phrasen zu finden, die das Ich-Ideal der Fünf zum Ausdruck bringen sollen: „Ich weiß" und „Ich bin satt". Da Fünfen so viel Wert auf Wissen legen, ist es logisch, dass emotionale Distanz zu einem Bestandteil ihrer Idealisierung wird. Das kann sie zu Einzelgängern machen, die Privatsphäre und konzeptionelles Lernen höher schätzen als soziale Beziehungen.

Sandra Maitri schreibt dazu Folgendes:

> Eine Fünf hat das Gefühl, dass sie mehr Wissen und Verständnis braucht und es ihr genau daran fehlt. Das macht Sinn, denn wenn man sich zum Beobachter des Lebens macht, wird das Überlebensgefühl sehr stark davon bestimmt, dass man weiß, was los ist.[30]

Für Fünfen steht Wissen für eine Art von Nahrung, die ihnen ihrem Gefühl nach fehlt. So versuchen sie ständig, die unterschwellige Leere des Getrenntseins mit noch mehr Wissen zu füllen. Diese Art von Leere kann jedoch nie auf eine solche Weise gefüllt werden.

So sind all diese Elemente – der Wissende, der distanzierte Beobachter, derjenige, der versteht und untersucht – Bestandteile ihres Ich-Ideals. Wir werden sehen, in welchem Zusammenhang sie mit ihrer idealisierten Qualität stehen und wie die Merkmale dieser Qualität uns helfen, die Muster und Dynamiken ihrer Schale zu verstehen.

Naranjo gibt uns ein anderes Bild von derselben Fünfer-Dynamik:

> Eine psychodynamische Folge dieses existenziellen Schmerzes, das Gefühl zu haben, kaum zu existieren, ist das Bemühen, diese Verarmung des Fühlens und aktiven Lebens durch intellektuelles Leben zu kompensieren (wofür das Individuum von seiner Konstitution her im Allgemeinen gut ausgestattet ist),

30 Maitri, *Die spirituelle Dimension des Enneagramms*, S. 244

sowie dadurch, ein neugieriger und/oder kritischer „Außenseiter“ zu sein.[31]

Naranjo ist ein gutes Beispiel für den intellektuellen Typ, was anhand der vielen Bereiche deutlich wird, über die er geschrieben hat. Doch er war eine weiterentwickelte Fünf, denn er befasste sich mit der Untersuchung des spirituellen Bereichs, praktizierte viele Lehren und wurde selbst zum Lehrer. Trotzdem behielt er die emotionale Distanz und die für Fünfen charakteristische Neigung bei, sich aus Beziehungen zurückzuziehen. Andere Beispiele sind die Richterin am Obersten Gerichtshof, Ruth Bader Ginsburg, und die Dichterin Emily Dickinson.

DER IDEALISIERTE ASPEKT: DIAMANTENE FÜHRUNG

Um das Ich-Ideal der Fünf zu verstehen, das den äußeren Teil der Fixierung strukturiert (das heißt die Schale, nicht ihren Kern), brauchen wir ein gewisses Verständnis der idealisierten spirituellen Qualität. Hier kommen wir, wie es auch bei Typ Sieben der Fall war, zu einem anderen diamantenen Fahrzeug. Für Typ Sieben war die idealisierte Qualität mit der Merkaba verbunden, dem Genuss-Fahrzeug, dem Bereich essenziellen Genusses. Wir haben gesehen, dass sie all die verschiedenen Essenzqualitäten beinhaltete, wenn auch in einer bestimmten Konfiguration und einer Form, bei der jede Qualität eine andere Art von Genuss war. Freundlichkeit wird also als Genuss erfahren, Intelligenz als Genuss und so weiter. Auch wenn sich jede anders anfühlt und anders schmeckt, umfasst das Fahrzeug sie alle. Bei Typ Fünf bezeichnen wir die Manifestation unserer spirituellen oder essenziellen Natur als diamantene Führung oder „Nous“. Die diamantene Führung bezieht sich auf unseren essenziellen Intellekt. Der gewöhnliche Intellekt ist nur eine Widerspiegelung des essenziellen, da er nicht mit unserer wahren Natur verbunden ist. Dieser Ausdruck unserer spirituellen oder wahren Natur ist nicht so bekannt

31 Naranjo, *Erkenne dich selbst im Enneagramm*, S. 89 (Original)

und auch nicht so gut dokumentiert. Man findet nur selten jemanden, der den essenziellen Intellekt wirklich in seiner Besonderheit und Funktionsweise kennt und ihn so verkörpert, dass er in seinem Leben zum Ausdruck kommt. Der verstorbene Sufi-Lehrer Idries Shah wusste ihn gut zu nutzen, doch er war eine Drei, keine Fünf. Der Dalai Lama verkörpert diese diamantene Führung ebenfalls, doch er ist höchstwahrscheinlich auch keine Fünf.

Wenn wir uns in unserer Zeit auf den Intellekt beziehen, dann berücksichtigen wir nur den gewöhnlichen Intellekt, der Denken und Erinnern nutzt, um eine Situation oder ein Problem zu verstehen. Es mag also für viele überraschend sein zu erfahren, dass es nach Auffassung der alten Griechen viele Ebenen des Intellekts gibt, die vom gewöhnlichen mentalen Intellekt, den die meisten Leute nutzen, bis hin zum essenziellen und zum göttlichen Intellekt reichen, mit vielen Abstufungen dazwischen. Doch selbst die fortschrittlichsten Lehrtraditionen, wie der tibetische Buddhismus, der Vedanta und die Kabbala, haben kein klares Verständnis von dem, was ich als diamantene Führung bezeichne. Einige Lehrer dieser Wege scheinen den essenziellen Intellekt verwirklicht zu haben, wie der Dalai Lama und der verstorbene Idries Shah. Ich sehe jedoch nicht viele zeitgenössische Lehrer, die ihn verkörpern oder kennen.

Die meisten Menschen, einschließlich der meisten spirituellen Lehrer, sehen den Intellekt als etwas rein Mentales an, als Teil des gewöhnlichen psychischen Apparates. Doch der essenzielle Intellekt kann die beste Möglichkeit sein, unsere spirituellen und sogar unsere gewöhnlichen Erfahrungen zu verstehen. Krishnamurti verkörperte ihn teilweise, doch er war eine Sechs, keine Fünf. Die diamantene Führung konnte durch ihn wirken, jedoch nur mit dem Wissen des gegenwärtigen Moments; er konnte keine Daten aus der Vergangenheit nutzen, um besser zu verstehen, was vor sich ging. Krishnamurti folgte, wie die meisten anderen Lehrer seiner Art, der Auffassung, dass der Geist und der Intellekt Hindernisse für spirituelles Erleben und Erwachen seien. Das kann definitiv stimmen, aber nur, wenn man auf der Ebene des gewöhnlichen Geistes oder mentalen Intellekts funktioniert. Wenn wir wissen, was diamantene Führung ist, werden wir zunächst überrascht, dann erstaunt und schließlich fassungslos sein angesichts eines so eleganten Erscheinungsbilds unserer wahren Natur. Wir können sehen, wie geschickt sie darin ist, unsere Erfahrung und unser Verstehen aus dem Sumpf des Egos und der fixierten Erfahrung in das Land der Wahrheit, den Bereich des reinen Geistes, hinein zu lenken. Die diamantene Führung ist im Grunde genommen der Bote des Geistes, das erkennende Instrument unserer wahren Natur. Sie ist derjenige Teil unserer Lehre, der dem Heiligen Geist des Christentums am nächsten kommt.

Die diamantene Führung ist überraschend in ihrer Wahrheit und Präsenz und geheimnisvoll darin, wie sie unsere Untersuchung und Erforschung der Echtheit der Erfahrung lenkt. In ihrer vollkommenen Verwirklichung leitet und hilft sie uns auf allen Erfahrungsebenen, von der gewöhnlichen Ego-Ebene bis hin zu den verschiedenen spirituellen Ebenen von Erfahrung und Verwirklichung. Sie hat die verblüffende Fähigkeit, die Daten unserer Erfahrung im Hier und Jetzt mit Daten und Wissen aus der Vergangenheit, mit anderen Worten, mit erlerntem Wissen zu verbinden. Sie kann anhand unseres erinnerten Wissens, egal, ob dieses nun durch Erfahrung oder Studium erworben wurde, unterscheiden, was daran für unsere gegenwärtige Erfahrung relevant ist, und dann die Bedeutung dieser Erfahrung im Hier und Jetzt erläutern. Daher sind unser Verständnis und unsere Wertschätzung der Bedeutung dessen, was geschieht, vollständiger, denn sie umfassen die Weisheit aller Zeiten.

Das steht im Widerspruch zu der herkömmlichen spirituellen Weisheit, die besagt, dass Geist und Intellekt Hindernisse für die spirituelle Erfahrung seien. Es ist in der Tat nicht möglich, ein vollständiges und genaues Verständnis unserer spirituellen Erfahrung und Verwirklichung zu haben, ohne dass eine gewisse Verwirklichung auf dieser Ebene des Intellekts – des Intellekts des Lichts und der leuchtenden Präsenz – stattfindet. Dieser unterscheidet, synthetisiert und führt ein empirisches Verständnis unserer Erfahrung herbei, sei sie nun gewöhnlich oder spirituell, und öffnet so die Tür zu weiteren spirituellen Entdeckungen und weiterer spiritueller Entwicklung. Er entwickelt die Fähigkeit zu kritischem Denken auf der spirituellen

Ebene, sodass selbst die spirituelle Verwirklichung diesem überaus anspruchsvollen kritischen Denken nicht entgeht, das von Licht und Weisheit durchdrungen ist. Es ist der wahre Wegweiser auf der spirituellen Reise, was der Grund dafür ist, dass wir es im Diamond Approach als diamantene Führung bezeichnen. Es ist das diamantene Fahrzeug, umfasst also sämtliche Qualitäten. Und jede von ihnen ist Ausdruck essenzieller Klarheit, doch alle sind so ausgerichtet, dass sie die Wahrheit jeder Erfahrung oder Manifestation zu erkennen und zu unterscheiden vermögen.

DIE PRÄSENZ DIAMANTENER FÜHRUNG

Ich erinnere mich an das erste Mal, als ich dieser Präsenz in vollem Umfang begegnete. Davor hatte ich sie nur als zarte, pulsierende Präsenz im Zentrum meiner Stirn, dem Hauptort ihres Wirkens, erfahren, wie ich in einiger Ausführlichkeit in meinem Buch *Luminous Night's Journey* beschrieben habe. An jenem Tag war ich mit ein paar Freunden zusammen und sprach über die pulsierende Präsenz, in dem Bemühen, zu erkennen, was sie war und wozu sie da war. Als wir die Erfahrung erörterten und darüber sprachen, wie sie sich vollzog, fühlten wir, wie sich die Atmosphäre im Raum veränderte – so, als sei sie von etwas Subtilem und zugleich Kraftvollem aufgeladen. Wir alle fühlten eine Präsenz, die in den Raum hinabstieg – oder im Raum entstand – und die komplett anders war als jede Qualität, die wir vorher erfahren hatten. Ich empfand ein Gefühl, dass wir uns in der Gegenwart des Heiligen befanden. Zunächst fühlte sich der Raum ruhig und friedlich, transparent und von Stille erfüllt an. In diesem heiligen Raum tauchte ein Fahrzeug in bunt gemischten Farben auf, eine Form von Präsenz, die überaus zart, gleichzeitig aber kraftvoll und beeindruckend war. Der gesamte Raum war von dieser heiligen, verfeinerten und transparenten Form von Präsenz erfüllt, die aus Diamanten in leuchtenden Farben bestand. Jeder von ihnen war die diamantene Form einer essenziellen Qualität, und sämtliche Essenzqualitäten waren in diesen durchsichtigen, kristallklaren Diamanten vorhanden – jede mit einer anderen Farbe der Klarheit. Es war, als würde sich die Klarheit in viele transparente, aber vollkommen reine und präzise Präsenzen auffächern. Gleichzeitig waren alle Teil derselben Präsenz, die so aufgebaut war, dass sie eine Manifestation mit jeweils eigener Funktionalität und Weisheit bildete. Ich fühlte mich entrückt, entzückt und vollkommen klar. Die Wahrnehmung und die Erfahrung waren eindeutig und diamantähnlich in ihrer Schärfe und Genauigkeit. Die Wahrnehmung wie auch die Erfahrung war präzise und klar und die mentalen Funktionen waren es ebenfalls. Wir hatten das Gefühl, dass wir von einem göttlichen Boten aufgesucht wurden, einem Boten aus dem Reich des Transzendenten. Später begriffen wir, dass er dem Engel der Offenbarung in den monotheistischen Traditionen entsprach. Manchmal wird dieser Engel als Gabriel bezeichnet, als derjenige, der Mohammed das Heilige offenbarte. Die Sufis nennen ihn mitunter Khidr oder den grünen Propheten und die Kabbala nennt ihn Jesaia.

Die Gehirnfunktionen war nicht mehr rein mental. Sie nutzten Gedanken und Bilder, aber auch Gefühle und Erinnerungen und bezogen gleichzeitig das unmittelbare Wissen dessen ein, was da war, um ein Gesamtbild davon zu bilden, was im Hier und Jetzt passierte. Es dauerte eine Weile, bis wir die diamantene Führung als Instrument für essenzielles Verständnis erkannten. Alle spirituellen Wege bekräftigen, dass wir unsere Erfahrungen verstehen müssen, damit wahre und vollständige Verwirklichung geschehen kann, und dass die Erfahrung allein nicht ausreicht. Sie zu erleben und zu verstehen, ohne von ihr getrennt zu sein, ist das volle Erwachen oder die vollständige Verwirklichung. Es stellte sich heraus, dass uns diese kostbarste aller essenziellen Manifestationen geschenkt worden war, der Weg zu Wahrheit und Erleuchtung – Intellekt auf der essenziellen Ebene. Von diesem Platz aus war es leicht zu erkennen, dass unser gewöhnlicher Intellekt nur eine blasse Widerspiegelung des wahren, heiligen Intellekts ist. Wir erkannten auch, dass, wenn uns verschiedene Lehren sagen, wir sollten „den Verstand fallen lassen", sie den gewöhnlichen Verstand meinen und nicht den essenziellen Intellekt. Denn viele von ihnen machen sich diese Manifestation zunutze, egal, ob sie sie nun in ihrer Erfahrung differenzieren können oder nicht.

Die diamantene Führung hat keine bestimmte Größe. Bei dieser Erfahrung füllte sie den gesamten Raum aus, doch sie kann sich praktisch endlos ausdehnen und das ganze Universum durchdringen. Ihre häufigste Erscheinungsform ist jedoch eine kleine, vielleicht fünf Zentimeter breite, diamantene Präsenz von Klarheit und Weisheit. Sie kann sich in unserem Körper und Bewusstsein umherbewegen, einen Bereich erhellen und – im Gegensatz zu ihrer subjektiven Bedeutung – ihr wahres Ziel enthüllen. Die gängigste Form, wie diese Führung funktioniert, ist, dass sie als zarte, pulsierende, glänzende und leuchtende Präsenz im Zentrum der Stirn ruht, so, wie es anfangs bei mir der Fall war. Sie wirkt im schwarzen Latifa-Zentrum des Sufisystems, der Latifa, die khafi oder „verborgen" genannt wird. Sie verbindet Herz und Geist in ihrer Funktion als essenzieller Intellekt, der erkennenden Intelligenz des Seins. Sie entspricht dem, was die Buddhisten Manjushri nennen, denn Manjushri ist der Bodhisattva der Weisheit und erkennenden Intelligenz. Dies ist eine der wichtigsten essenziellen Manifestationen im Buddhismus, genauso wie Avalokiteshvara, der Bodhisattva des mitfühlenden Handelns.

EIGENSCHAFTEN DER DIAMANTENEN FÜHRUNG

Die diamantene Führung ist die einzige mir bekannte essenzielle Manifestation, die gewöhnliches Wissen aus Studien und früheren Erfahrungen mit direkter spiritueller Erfahrung, Gnosis genannt, verbinden kann. Ihre Nützlichkeit geht also über die einfache Erfahrung und das Erwachen hinaus. Sie erweist sich als authentischer Wegweiser für unser wahres Wesen, ebenso wie als erkennende spirituelle Intelligenz, die die gewöhnliche Intelligenz mit der Präsenz unseres wahren Wesens verbindet. Fünfen idealisieren diese Manifestation des Seins, weil sie ihre natürliche spirituelle Gabe ist, und sie haben ein intuitives, vages Gespür für sie. Gewöhnlich erkennen sie sie jedoch weder als das, was sie ist, noch rechnen sie mit einer solchen Realität. So wird das Ich-Ideal zu einem fernen Abglanz dieser Präsenz, deren Grad an Verzerrung dadurch bestimmt wird, wie abgekoppelt die jeweilige Fünf von ihr ist. Fünfen neigen dazu, Wissen und Zugangsmöglichkeiten zu Wissen zu idealisieren. Doch sie wissen nicht, dass der wahre Intellekt über die Zusammenführung von Daten aus der Vergangenheit mit direktem mystischen Wissen in der Gegenwart funktioniert. Deshalb glauben sie, der Intellekt bestünde aus gewöhnlichen Erkenntnissen – aus Beobachtung, Studium und Büchern gewonnenen Daten –, die auf logische und nachvollziehbare Weise geordnet werden. Daraus resultiert ihr Wunsch, Wissen zusammenzutragen und seine Bedeutung zu verstehen.

Fünfen werden zu Wissenden, doch weil ihr Wissen rein intellektuell, mental und zerebral ist, koppelt es sie noch weiter vom wahren Intellekt ab, der eine Präsenz des Seins ist. Wie Hudson schrieb, wollen Fünfen verstehen, doch weil sie nur ein vages Gefühl dafür haben, was wahres, umfassendes Verständnis ist, wird dieses zu einer Ableitung aus dem gewöhnlichen mentalen Wissen oder einer Synthese von außen kommender Beobachtungen der Natur. Diese Art des intellektuellen oder mentalen Verstehens ist für das praktische Leben, die wissenschaftliche Forschung und alle Arten von Studien nützlich, doch für das Studium spiritueller Erfahrungen und des spirituellen Bereichs greift es zu kurz. Spirituelles Verständnis ist das Verständnis der wahren Natur, der wahren Präsenz unseres Wesens und dessen, wozu wir bei der spirituellen Verwirklichung erwachen. Darüber hinaus ist diamantene Führung die erkennende Intelligenz und der synthetisierende Intellekt, die uns helfen können, jede Erfahrung zu verstehen, sei sie aus Vergangenheit oder Gegenwart, gewöhnlich oder spirituell. Als solche ist sie ein Bewusstsein, das immer zu spiritueller Erleuchtung führt. Sie kann mit einer gewöhnlichen mentalen oder emotionalen Erfahrung beginnen, doch schließlich öffnet sie uns für die spirituelle Dimension. Diese Führung kann uns bis hin zum Erwachen und zur Erleuchtung führen.

Wie wir alle wollen Fünfen Erleuchtung. Doch bevor sie sich der spirituellen Ursprünge dieses Antriebs bewusst werden, halten sie sie für die Erhellung natürlicher Phänomene, des Geistes oder der menschlichen Psychologie. Sie beschäftigen sich mit vielen Wissensgebieten – wissenschaftlicher, literarischer oder künstlerischer Art – und können sich in all diesen Bereichen hervortun, wie anhand der Beispiele von Sigmund Freud und Hermann Hesse sichtbar wird. Doch wenn Fünfen imstande sind, die spirituellen Dimensionen des Wissens zu erforschen, dann können sie zu wahrer Erleuchtung, mit anderen Worten, zu spirituellem Erwachen gelangen. Das war der Fall bei Buddha, von dem man glaubt, dass er eine Fünf war.

Eine Voraussetzung für das Funktionieren der essenziellen Intelligenz ist die unmittelbare und präzise Wahrnehmung dessen, was gerade geschieht. Wahrnehmung ist die Funktion des Bewusstseins und spirituelle Wahrnehmung ist die Funktion des reinen Bewusstseins. Für den essenziellen Intellekt ist Wahrnehmung jedoch nicht einfach nur das, sondern *klare und präzise* Wahrnehmung. Präzision ist ein wichtiges Merkmal der Funktionsweise dieser Präsenz. Ausdruck dieser Fähigkeit ist es, ein möglichst guter Beobachter zu sein. Fünfen tun sich zwar als Beobachter hervor, jedoch nur aus der Distanz und ohne sich zu engagieren. Sie idealisieren die kühle und distanzierte Beobachtung, die für die Wissenschaft notwendig ist, jedoch nicht für das spirituelle Erleben und Verständnis.

Das kann bei den Fünfen zu Isolation führen, die eine Folge dessen ist, dass sie von ihrem Gefühlsleben emotional abgekoppelt beziehungsweise distanziert sind. Das ist natürlich eine verzerrte Imitation einer Möglichkeit, wie der essenzielle Intellekt funktioniert – er beobachtet auf eine Art und Weise, die objektives Wissen erzeugt. Objektives Wissen bedeutet, dass dieses nicht unter dem Einfluss unserer Glaubenssätze und Vorstellungen oder den Einflüssen der Zeit steht. Damit Wissen die Wahrheit über die Situation, so wie sie ist, sein kann, darf es nicht durch unsere mentalen Einstellungen und Theorien verunreinigt sein, denn es geht hier um ein vollkommen offenes und neutrales Verständnis. Dies ist jedoch unmöglich, wenn wir uns von unserem Gefühlsleben distanzieren. Wir müssen unsere Emotionen vollständig fühlen, um sie und ihren Einfluss auf unsere Beobachtungen und unser Wissen verstehen zu können. Das innere Bemühen geht dahin, uns selbst so gründlich wie möglich zu verstehen, und das kann nur passieren, wenn wir unsere ganzen Erfahrungen in all ihren Dimensionen willkommen heißen. Das bezieht das Mentale ebenso wie das Emotionale ein, und allem voran das Spirituelle. Ein solches Verständnis öffnet die Seele für weitere Erleuchtung und spirituelles Erwachen.

Da Fünfen die Qualität objektiver Erfahrung idealisieren, ohne sie genau zu kennen, wird sie als Distanzierung von Erfahrungen im Allgemeinen, insbesondere solchen emotionaler Natur verzerrt. Die Distanzierung genügt der wissenschaftlichen Methode und der Idealisierung des Wissens, doch sie heizt auch die Abwehr des Fünfer-Typs an und bringt ihn dazu, schwierige Emotionen und Lebenssituationen zu meiden. Folglich werden Fünfen von ihrer unmittelbaren Erfahrung isoliert, die gewöhnlich die Grundlage des Gefühls- und Beziehungslebens von Menschen ist, und so werden sie mitunter zu Einzelgängern.

Auch wenn die Wertschätzung der Fünfen für Objektivität und Nicht-Einmischung gegenüber dem Beobachteten sie zu großen Wissenschaftlern machen kann – wie im Falle des größten Mathematikers des 20. Jahrhunderts, Kurt Gödel –, sind diese Eigenschaften wenig hilfreich, um sich selbst zu verstehen. Um unsere Fixierung zu lösen und zu ihrem Kern vorzudringen, müssen wir nach innen schauen, zunächst auf unseren Geist und unser Herz, und dann noch tiefer bis in unsere Seele hinein und schließlich bis zu unserem spirituellen Kern. Die diamantene Führung kann uns helfen, die Schale der Fünf und ihre Muster wirklich und objektiv zu verstehen, denn sie enthüllt nicht nur die psychologische Herkunft dieser Muster aus früheren Erfahrungen und versteht sie vollständig, sondern sie tut es mit spiritueller Erleuchtung und der Unmittelbarkeit von Präsenz.

Wenn der essenzielle Intellekt auf diese Weise wirkt, wird er gewöhnlich in der Mitte der Stirn gefühlt und man hat das Empfinden einer tatsächlichen Präsenz von etwas Wahrem und Realem, einer Quelle des Lichts und des erhellenden Verständnisses. Das Verständnis ist dann erfahrungsbezogen und unmittelbar. Es bezieht den Geist ein, ohne rein mental oder von mentalem Wissen geprägt zu sein. Was für ein Segen für einen spirituell Suchenden, eine so essenzielle Unterstützung auf dem spirituellen Weg und für ein erleuchtetes Leben zu haben!

Wenn die diamantene Führung in der Mitte der Stirn agiert, sind oft die blauen und grünen Essenzqualitäten dominant, zusammen mit denen des massiven Goldes. Massives Gold steht für Wahrheit, die Wahrheit des Moments, die sich schließlich bis hin zur endgültigen Wahrheit erstreckt. Blau steht für eine Essenzqualität, über die wir noch nicht gesprochen haben. Es ist die Qualität, die mit spirituellem Wissen zu tun hat, das direktes Wissen ist – gnosis oder *jnana*. Gnosis bedeutet, das Wissen ist unmittelbar, dort, wo das Gewusste, der Wissende und das Wissen eins sind – eine vollkommene Nicht-Dualität des Wissens. Diese Erkenntnisfähigkeit, deren Zentrum sich in der Zirbeldrüse mitten im Gehirn befindet, wird möglich, wenn der blaue Aspekt integriert worden ist. Sie verbindet die rechte und die linke Gehirnhemisphäre und ihre Präsenz beruhigt den Geist und lässt ihn sorglos und offen für neues und unerwartetes Wissen sein. Dies ist das Wissen des Seins, das sich als eigene Qualität von Präsenz manifestiert. Es ist sensibel, subtil und wunderbar lautlos. Es beruhigt den Verstand und ermöglicht das Auftauchen spiritueller Erfahrung, und schließlich auch das Verständnis dieser Erfahrung mit der Gesamtheit des essenziellen Intellekts.

Die grüne Qualität steht für das Herz und das Herzzentrum und vor allem für die eingestimmte Freundlichkeit des Herzens. Sie ist weich, zart und warm und öffnet das Herz für ihren gesamten Inhalt. Das hilft uns, schwierige Erfahrungen und das mit ihnen verbundene Leiden anzunehmen. Deshalb besteht der Zugang zu dieser Qualität von Präsenz darin, emotionale Verletzungen ohne Vermeidung, Abstand, schizoide Abwehrmechanismen oder Distanziertheit zu ertragen. Es bedeutet, unsere Wunden auf eine Weise willkommen zu heißen, die es dieser empathischen grünen Präsenz ermöglicht, aufzutauchen und die Wunde zu heilen. Diese mitfühlende Fähigkeit, Leiden anzunehmen und zu ertragen, erweist sich als notwendig, um die Wahrheit unserer Erfahrung zu sehen. Wir können unsere letzte Wahrheit nicht zur Gänze erkennen oder begreifen, ohne dass wir zunächst unsere relative, vornehmlich emotionale und beziehungsorientierte Wahrheit erfahren und verstehen. Da die relative Wahrheit häufig mit viel Schmerz und Leiden einhergeht, ist die grüne Präsenz essenziell, um uns für diese Wahrheit zu öffnen. Beim essenziellen Verständnis geht es darum, zunächst die wahre Bedeutung unserer Erfahrung zu verstehen und dann tiefer in das empirische Verständnis unserer spirituellen Wahrheit einzutauchen. Deshalb wird die Verwirklichung als Erwachen bezeichnet, denn es handelt sich dabei um eine Erfahrung, die untrennbar mit der Einsicht in die Erfahrung verbunden ist.

Fünfen lieben Einsichten, aber wie wir gesehen haben, sind solche Einsichten zum größten Teil mental, da sie das Produkt des gewöhnlichen Intellekts sind. Das funktioniert gut für viele Lebensbereiche und insbesondere für den wissenschaftlichen Bereich. Für Einsichten in unsere wahre Natur brauchen wir jedoch einen umfassenderen Intellekt, nämlich den der diamantenen Führung, der in seiner Funktion des Erhellens und Begreifens sämtliche Essenzqualitäten nutzt. Das Begreifen gründet sich dann auf Erfahrung und ist letztlich ein Begreifen unseres wahren Wesens.

Indem Fünfen ihre Idealisierung von Wissen und Verstehen, von Objektivität und Beobachtung wahrnehmen und erkennen, können sie zum essenziellen Intellekt vordringen. Doch damit das geschieht, müssen sie zunächst verstehen und wertschätzen, dass die Idealisierung ein Abglanz, eine Annäherung und de facto eine verzerrte Annäherung ist. Das lässt die Fünf für eine Weile in einem Zustand des Nicht-Wissens zurück. Dieses friedliche Nicht-Wissen kann, wenn es angenommen wird, zu dem offenen Raum werden, in dem der essenzielle Intellekt mit seinen funkelnden Lichtern auftaucht.

DER DIREKTE WEG ZUR DIAMANTENEN FÜHRUNG

Wie bei den anderen Enneatypen gibt es auch hier einen direkteren Weg, um Zugang zum essenziellen Intellekt zu bekommen. Dazu gehört, dass wir es uns zunächst erlauben, nicht zu wissen, und dass wir sehen, dass dieses Nicht-Wissen nicht nur wahr, sondern auch friedlich und ruhig ist. Dadurch, dass wir erkennen, dass wir nicht wissen, wie wir unsere Erfahrung direkt begreifen können – und insbesondere erkennen, dass wir spirituelle Erfahrungen haben, es aber trotzdem schwierig finden können, Einblick in sie zu haben –, werden wir für das Auftauchen dieses wahren Sendboten der Wahrheit vorbereitet. Wir müssen auch unsere Haltung durchschauen, Wissen und Verstehen seien etwas rein Mentales, denn sonst könnte diese das Auftauchen dieser Präsenz blockieren.

Dem Enneagramm der Vermeidungen entsprechend neigen Fünfen dazu, „Leere" zu vermeiden. Doch es wird Leere auftauchen, wenn wir das mentale, von uns in abstrakter und lebloser Weise angehäufte Wissen sehen, denn so verhält es sich mit Wissen, das quasi als Produkt einer schizoiden Abwehr erworben wird, ohne dass man in Kontakt zu seinen eigenen Gefühlen steht. Wenn wir erkennen, dass unsere Klarheit nur eine Klarheit des Denkens ist, jedoch kein Zustand von Klarheit, dann können wir auf dieses essenzielle Vehikel vorbereitet sein, dem die Klarheit der Präsenz innewohnt. In diesem Zustand der Klarheit ist das Medium der Präsenz transparent und klar. Der essenzielle Intellekt ist eine Verkörperung dieser Klarheit, aber er macht sich alle Qualitäten als Formen von Klarheit zunutze. Das Erkennen des Fehlens oder der Unkenntnis dieser Fähigkeit kann in uns eine öde Leere zum Vorschein bringen, einen Mangel, der, wenn man ihn erlaubt, eine neue Möglichkeit in sich birgt. Es ist das Auftauchen der diamantenen Führung mit ihrer exquisiten Präsenz und den subtilen Lichtern spiritueller Erleuchtung. Diese ist sowohl eine Präsenz als auch ein Instrument, um alle Ebenen des Seins zu verstehen.

Sie hilft uns auch, unsere Analyse- und Synthesefähigkeiten zu erforschen und zu erkennen, in welcher Weise sie auf das Äußere und Mentale beschränkt sind. Das Verstehen stützt sich auf die Fähigkeiten der Analyse und Synthese, doch unser gewöhnlicher Intellekt tut dies mit gewöhnlichen Daten, nicht mit Erfahrung, und insbesondere nicht mit unmittelbarer Erfahrung. Viele derjenigen, die Spiritualität praktizieren, haben Angst vor dem Verstehen ihrer spirituellen Erfahrung, da sie befürchten, dass dieses ein Hinweis auf die Präsenz des Verstandes wäre, der sie von ihrer spirituellen Präsenz abschneiden würde. Der Verstand tut dies gewiss, doch es ist dennoch möglich, sich mit seiner spirituellen Erfahrung zu beschäftigen und ihre Eigenschaften zu analysieren. Denke daran, die diamantene Führung schließt den Aspekt der Brillanz ein und durch ihre Analyse kann eine Synthese natürlich und spontan als Einsicht auftauchen, ohne dass man auf mentale Schlussfolgerungen angewiesen ist. Wir müssen offen für die Möglichkeit des höheren Intellekts sein und erkennen, dass sich spirituelle Lehren, wenn sie uns sagen, wir sollten den Verstand fallen lassen, auf den Intellekt beziehen, nicht auf sämtliches Wissen und Verständnis.

Durch das Erwachen des essenziellen Intellekts werden Fünfen von der begrenzten mentalen Perspektive befreit, die ihre Schale dominiert, und diese Offenheit und das direkte Wissen sind unerlässlich für sie, um zum Kern ihrer Fixierung vorzudringen. Doch alle Typen werden vom Zugang zur diamantenen Führung profitieren – das zu synthetisieren, was bekannt ist, und das zu durchdringen, was unbekannt ist, denn so erlangt man Verständnis und Einsicht für die Reise der Seele zur Befreiung.

NACHWORT VON SANDRA MAITRI

Damit das Material, das du gerade zu Ende gelesen hast, wirklich genutzt werden kann, muss es aus dem begrifflichen Bereich herausbewegt und erfahrbar gemacht werden. Nur so können die Schlüssel, die Almaas anbietet, wirklich transformierend wirken.

Das Material in diesem Buch ist das Ergebnis von mehr als fünfzig Jahren gründlicher innerer Erforschung, sowohl auf persönlicher Ebene als auch mit Schülern von Almaas. Ein so ernsthaftes inneres Engagement ist erforderlich, um wirklich das Gebiet zu verstehen, das von der Landkarte des Enneagramms erfasst wird. Andernfalls sind es nichts weiter als Informationen – auch wenn diese faszinierend sind. Erst seit etwa fünfundvierzig Jahren wird das Enneagramm für sich allein unterrichtet, außerhalb des Rahmens spiritueller Bestrebungen.

Almaas und ich haben das Enneagramm im Kontext tiefer innerer Arbeit erlernt, und das ist immer noch der Kontext, in dem wir es im Diamond Approach lehren, dem spirituellen Weg, der sich eröffnete und von Almaas weiterentwickelt worden ist. Wir haben das Enneagramm als Teil der von Claudio Naranjo begründeten wegweisenden SAT-Arbeit erlernt, in der er psychologische Werkzeuge nutzte, um die spirituelle Arbeit zu fördern und zu unterstützen. Das Enneagramm war das wichtigste von ihm unterrichtete psychologische Werkzeug. Almaas hat diese Ausrichtung der Arbeit mit unserer Psychologie fortgeführt, um unsere Ichstruktur aufzulockern und so den Zugang zu unserer tiefsten Natur zu erleichtern. Und er hat die Nutzung des Enneagramms erheblich erweitert.

Eine der größten von Almaas gemachten Entdeckungen sind die Differenzierungen der göttlichen oder wahren Natur. Er sah zunächst einmal, dass sich unser tiefstes Wesen in all seinen Manifestationen durch Präsenz auszeichnet – dass es substanziell, greifbar und unmittelbar ist. Und er erkannte, dass unser Wesen nichts Statisches ist – es wird nicht immer als Liebe oder Leere oder reines Gewahrsein erlebt oder in irgendeiner der anderen Weisen, wie unsere grundlegende Natur in den verschiedenen Traditionen beschrieben wird. Es manifestiert sich in verschiedenen Formen, zu verschiedenen Zeiten in unserem Leben und in verschiedenen Phasen der spirituellen Entwicklung. Darüber hinaus beobachtete er, dass jede Differenzierung des wahren Wesens durch spezifische Bereiche unseres Egos oder unserer Persönlichkeitsstruktur verschleiert wird. Die Arbeit mit diesen Bereichen, so fand er heraus, ermöglicht den Zugang und die Stabilisierung jeder einzelnen dieser Seinsqualitäten. Er stellte außerdem fest, dass es, wenn wir tief in unser Inneres eintauchen, eine typische Reihenfolge des Zugangs zu bestimmten Qualitäten und den mit ihnen verbundenen Themen gibt, und dies ist zum Logos oder übergeordneten Rahmen der von Almaas entwickelten Lehre geworden.

Er entdeckte, dass der fehlende Kontakt mit unserem wahren Wesen Leerstellen in unserem Bewusstsein hinterlässt. Dieser Mangel wird durch verschiedene Abwehrmechanismen und Persönlichkeitsstrukturen überdeckt und kompensiert. Statt diese Manifestationen unserer Ichstruktur zu überwinden, wie es die klassischen spirituellen Traditionen versucht haben, erkannte er, dass sie sich, wenn man sie mithilfe von Kontakt und erfahrungsorientierter Erkundung durchdrang, mit der Zeit entspannen würden. Dann würden sie die Leerstellen und die Löcher offenbaren, die sie füllen und verdecken. Diese Löcher lassen uns glauben, in uns fehle etwas – etwas an uns sei unzulänglich –, und im eigenen Erleben können sich diese Löcher so anfühlen, als würden Teile unseres Körpers fehlen. In Wirklichkeit ist jedoch das, was fehlt, der *Kontakt* zu den unterschiedlichen Qualitäten unseres tiefsten Wesens.

Almaas stellte fest, dass etwas Wunderbares geschieht, wenn wir die Erfahrung der Löcher wirklich zulassen und uns in sie hineinbegeben (statt über sie hinwegzugehen): Die Qualität der wahren Natur, die in unserer bewussten Wahrnehmung fehlt, wird auftauchen. Diese Wahrnehmung bildet die Grundlage der Methode des Diamond Approach. Wir lernen, vollkommen präsent zu sein und zu erforschen, was wir in unserem lebendigen Bewusstsein vorfinden. Egal, ob das, was da ist, von seiner Natur her ichbezogen oder ein bestimmter Seinszustand ist, was immer es ist, wird sich unweigerlich öffnen und eine tiefere Dimension von Wahrheit enthüllen. Indem wir auf diese Weise mit uns arbeiten, vertieft sich unser Prozess, und die Person, als die wir uns kennen, verändert sich im Laufe der Zeit. Wir bekommen also allmählich Zugang zu unserer wahren Natur und verkörpern sie dann immer mehr. So werden wir zu Menschen, die die unsichtbaren Welten mit der physischen verbinden.

Zusätzlich zur Entwicklung einer neuen Form von spiritueller Technologie hat Almaas einen bedeutenden Beitrag dazu geleistet, das Verständnis des Enneagramms zu vertiefen. Sein vor mehr als zwanzig Jahren veröffentlichtes Werk *Facetten der Einheit* vermittelte uns ein umfassendes Bild von der Bedeutung der heiligen Ideen. Wir hatten von diesen neun erleuchteten Auffassungen von Wirklichkeit durch Naranjo erfahren, doch was er über sie lehrte, war fragmentarisch. Durch Almaas' Erläuterung wurde die Lehre zum Leben erweckt. Er machte sie jedem zugänglich, der genug innere Arbeit geleistet hatte, um sein Verständnis vom Konzeptionellen zur gelebten Erfahrung hin zu verschieben.

Vor einigen Jahrzehnten erkannte Almaas, dass die Merkmale eines jeden Typs spezifische Differenzierungen der wahren Natur nachzuahmen oder zu verkörpern versuchen. Dies hat er den „idealisierten Aspekt" jedes Typs genannt. Diese Erkenntnis ist eine Schnittstelle zwischen dem Fokus des Diamond Approach auf sich vertiefende Bewusstseinszustände, während sich unsere Arbeit an uns selbst entfaltet, und dem ursprünglichen Verständnis der Merkmale der Enneatypen.

Er machte noch eine weitere Entdeckung zum inneren Fluss, der psychodynamischen Bewegung von einem Punkt hin zu denen, die in der Landkarte des Enneagramms entlang der Verbindungslinien auf ihn folgen und ihm vorausgehen. Er baute die von Naranjo entwickelte Theorie über den „Herzpunkt" jedes Typs weiter aus – indem er sich nämlich um einen Punkt auf der Verbindungslinie eines Enneatyps zurückbewegte. Er erkannte, dass die Eigenschaften des Herzpunkts eines jeden Typs ein inneres Kind beschreiben, das unterdrückt wurde, bevor es das vierte Lebensjahr erreicht hatte. Er nannte diese junge psychologische Struktur unser „Seelenkind", und da diese eine tiefere Struktur unterhalb der Konditionierung unseres Enneatyps ist, bringt sie uns näher zu uns selbst, wenn wir uns dafür öffnen können, sie zu erfahren. Der idealisierte Aspekt unseres Herzpunktes steht für Eigenschaften, die Teil unseres frühen Ausdrucks waren, und so wird sich, wenn sich unser Zugang zu unserem Seelenkind vertieft, auch unser Zugang zu dieser besonderen Qualität vertiefen. Statt selbst über das Seelenkind zu schreiben, gab mir Almaas die Erlaubnis, dieses Verständnis in mein erstes Buch über das Enneagramm *Neun Porträts der Seele: Die spirituelle Dimension des Enneagramms* einzubeziehen. Er geht auf das Seelenkind kurz im nachfolgenden Anhang 1 ein.

In diesem Buch hat A. H. Almaas sein Verständnis der idealisierten Aspekte voll entfaltet und auf die Verbindung zwischen ihnen und den heiligen Ideen hingewiesen. Er zeigt, dass die idealisierten Aspekte die Schale oder äußere Schicht eines jeden Typs prägen und dass die Durchdringung der Schale es uns erlaubt, leichter mit dem Kern jedes Typs, den heiligen Ideen und den Neigungen, die im Zuge ihres Verlusts auftreten, zu arbeiten.

Diese Durchdringung erlaubt es uns, empirisch die Qualitäten zu erkennen, die jeder Enneatyp nachahmt. Doch wie alles andere auf dem Weg muss auch diese Durchdringung in unserer direkten Erfahrung verwurzelt sein. Die Methode, die Almaas für diesen Aspekt unserer spirituellen Reise verwendet, ist diejenige des Diamond Approach.

Wie er sehr richtig bemerkt hat, ist der erste Schritt zu einem gelebten Verständnis, dass wir Kontakt mit unserem Körper aufnehmen. Der Grund dafür ist, dass die unterschiedlichen Qualitäten unseres tiefsten

Wesens in Form der idealisierten Aspekte nur genau hier, in jedem von uns, zu finden sind. Um sie zu finden oder, genauer gesagt, uns für sie zu öffnen, müssen wir genau hier präsent in der Unmittelbarkeit unserer Erfahrung sein. Das fängt mit unserer physischen Form, unserem Körper an, da wir nur hier, an unserem persönlichen Ort, die Präsenz erkennen können, durch die sich diese Differenzierungen unserer tiefsten Natur auszeichnen.

Er ist auch der Ort, an dem die Muster, die uns den Zugang dazu verwehren, zu finden sind. Obwohl diese Muster auch emotionale und psychische Anteile haben, erscheinen sie im Körper als Spannungsmuster. Nur wenn sie sich entspannen, dadurch, dass wir die Glaubenssysteme, die daraus resultierenden Emotionen und den physischen Ausdruck erforschen, können wir in Kontakt mit der Gegenwart kommen, die wir eigentlich sind.

Für die meisten von uns ist es nicht leicht, vollständig in ihrer Körperlichkeit anzukommen, es sei denn, wir haben substanzielle innere Arbeit in diesem Bereich geleistet. Die meisten Menschen sind fremdbestimmt und richten ihr Augenmerk auf das, was außerhalb von ihnen passiert, sowie auf den Inhalt ihrer Gedanken, statt auf denjenigen, der diese Erfahrungen macht. Wenn wir jedoch lernen, uns laufend auf unsere physischen Empfindungen einzustimmen, dann umgehen wir die äußeren und inneren Inhalte und kommen im gegenwärtigen Moment an. Nur in der Gegenwart können wir das lebendige Bewusstsein in uns erfahren. Die Ausweitung unserer Aufmerksamkeit zu kultivieren mit dem Ziel, nicht nur das einzubeziehen, was wir erleben, *sondern auch denjenigen, der es erlebt*, war ein grundlegendes Prinzip der Lehre des armenischen Mystikers G. I. Gurdjieff. Und in der Lehre von A. H. Almaas ist es das ebenfalls.

Wir brauchen auch vollständigen Zugang zu unseren Emotionen. Wenn unsere Gefühle gedämpft sind oder unterdrückt werden, ist unser Herz nicht offen. Ein offenes Herz ist eines der Anzeichen für spirituelle Entwicklung, während ein geschütztes Herz charakteristisch für die Verankerung in unserer Persönlichkeitsstruktur ist. Wie Almaas gezeigt hat, können uns einige der schwierigsten Emotionen Zugang zu den idealisierten Aspekten eröffnen. Widersetzen wir uns dem Erleben der schwierigen Emotionen – wie Schwäche, Angst, Wut und Hass –, dann können sie sich nicht öffnen und diejenigen Eigenschaften unseres Wesens offenbaren, die sie verbergen oder verzerren.

Wir müssen uns auch mit den Leerstellen in unserer Psyche, den Löchern, über die ich vorher schon gesprochen habe, auseinandersetzen. Wir haben gesehen, dass jeder idealisierte Aspekt, mit dem wir nicht in Kontakt sind, zu einem Mangel in der Tiefe unserer Psyche führt. Bereit zu sein, sich mit diesen leeren Stellen in unserem Inneren zu beschäftigen, ist notwendig, damit sie wirklich zu den Pforten werden können, die sie potenziell sind. Mit unseren Glaubenssätzen in Bezug auf das zu arbeiten, was passieren wird, wenn wir auf sie eingehen, sowie mit all den Formen, die unser Widerstand annimmt, erlaubt es uns, uns mit ihnen anzufreunden – zumindest insoweit, dass wir sie vollständig erleben können, anstatt vor ihnen zurückzuweichen. Nur dieses vollkommene Erlauben, die vollkommene Offenheit für das Erleben unserer Löcher, lässt die Magie geschehen. Wie ein Kaninchen, das aus dem leeren Inneren eines Huts auftaucht, wird sich der fehlende idealisierte Aspekt ganz von selbst manifestieren und unser Bewusstsein mit seiner Gnade erfüllen.

Das ist ein Prozess, den wir weder kontrollieren noch manipulieren, noch selbst stattfinden lassen können. Er erfordert echte Hingabe an die Leerstellen im Inneren, ohne dass wir irgendwelche Erwartungen haben. Außerdem bedarf er einer aufrichtigen Bereitschaft, für uns selbst herauszufinden, worum es bei unserer inneren Realität wirklich geht. Wenn du diese Art von Aufrichtigkeit besitzt, dann kannst du mit den von Almaas hier angebotenen Schlüsseln die Kostbarkeiten deines Wesens wirklich öffnen.

Sandra Maitri
Autorin von
Neun Porträts der Seele: Die spirituelle Dimension des Enneagramms;
Der Weg zurück: Das Enneagramm der Leidenschaften und Tugenden;
When the Heavens Opened

ANHANG 1:

ZUGANG ZUM SEELENKIND BEKOMMEN

Wir haben uns mit dem Ich-Ideal jeder einzelnen Fixierung aus der Perspektive des essenziellen Aspekts oder Fahrzeugs beschäftigt, das sie imitiert. Das ist, wie wir gesehen haben, die effektivste Herangehensweise, um die Fixierung zu lösen. Für eine umfassendere Untersuchung können wir auch der Frage der Ich-Ideale in Bezug zum Kern der Fixierung nachgehen.

Zum Enneagramm-Wissen gehört das Verständnis, dass jeder Typ mit demjenigen Typ verbunden ist, der für sein Herzstück steht. Das Herzstück jedes Typs ist dasjenige, das im Fluss des Enneagramm-Diagramms vor ihm kommt. Das Herzstück von Punkt Fünf ist also die Acht, für Punkt Acht ist es die Zwei. Der Fluss des Diagramms verläuft wie folgt: Eins zu Vier zu Zwei zu Acht zu Fünf zu Sieben und zurück zum zentralen Dreieck. Die anderen drei Typen haben ihre eigene Richtung im zentralen Dreieck. Was also die innere Bewegung genannt wird, fließt von der Neun zur Sechs zur Drei und zurück zur Neun.

In jedem Typ ist das Herzstück als innerer Teil seiner Schale enthalten. Das Herzstück einer jeden Schale ist der Typ, der in der inneren Bewegung vor ihm kommt. Was wir bei der Untersuchung der Idealisierungen jedoch recht nützlich finden, ist die Beobachtung, dass, wenn wir jeden Typ erforschen, um herauszufinden, wie dieser Typ in der Kindheit – im Allgemeinen im Alter von zwei bis fünf Jahren – war, er dem Herzstück seines letztendlichen Typs tatsächlich näher ist. In der Kindheit erscheint Typ Zwei zum Beispiel mit den Qualitäten und Eigenschaften der Vier. Er ist trauriger und melancholischer und möchte etwas Besonderes sein, fühlt sich aber im Stich gelassen.

In diesem Alter ist die Seele noch nicht vollständig als Ego strukturiert und die Fixierung noch nicht voll etabliert. (Sie verfestigt sich im Alter von etwa sieben Jahren.) Das bedeutet, dass die Seele keine vollständige Persönlichkeit ist – nicht vollkommen mental strukturiert durch das Ego wie bei dem endgültigen Typ und mit einer Schale, die durch ihre Idealisierung strukturiert wird. Wenn wir also den Typ psychodynamisch untersuchen, was bedeutet, dass wir uns die ihm zugrunde liegenden Kräfte und Strukturen der Kindheit ansehen, dann stoßen wir auf den Herztyp des Kindes, *bevor* es sich im Ego und in seiner Fixierung eingerichtet hat. Da das Kind an diesem Punkt nicht ausschließlich Ego ist, bedeutet das, dass die Seele immer noch ein wenig als ihre lebende Präsenz – dynamisch und lebendig – aktiv ist. Das Kind ist zu dieser Zeit eine Mischung aus der dynamischen Lebendigkeit der Seele und seinen Ichstrukturen sowie Mustern. Wir nennen es das Seelenkind, und es unterscheidet sich von dem, was viele Traditionen als inneres Kind kennen. Weil das innere Kind alle Phasen der Kindheit einschließt, schließt es auch das Seelenkind ein. Doch das Seelenkind steht für eine bestimmte Entwicklungsphase des inneren Kindes.

Es zeigt sich, dass das Seelenkind jedes einzelnen Typs durch das Ich-Ideal des Typs strukturiert wird, das ihm in der inneren Bewegung des Enneagramms vorausgeht. So ist das Seelenkind von Typ Sechs vom Ideal der Neun geprägt, nämlich dem der grenzenlosen Liebe. Das Seelenkind von Typ Sieben ist Typ Fünf, der durch seine Idealisierung der diamantenen Führung geprägt wird. In dieser Phase ist es jedoch nicht nur eine Widerspiegelung oder Imitation des idealisierten Aspekts. Weil das Seelenkind noch nicht vollkommen durch Geist und Erinnerung geprägt wird, ist es noch offen für seine natürliche essenzielle Gabe. Also ist das Seelenkind von Typ Sieben ein Fünfer-

Kind, in dessen Erfahrung die Gegenwart der diamantenen Führung noch präsent ist. Es ist essenzieller Intellekt, der mit Imitationen und einigen Verzerrungen derselben vermischt ist. Mit all dem vermischt ist die gewöhnliche Konditionierung aus den Kindheitserfahrungen, die der Nachwuchs durch den Umgang mit seinen Eltern oder Elternfiguren gemacht hat.

Ich bringe diese Beobachtung über das Seelenkind ein, da es leichter ist, Zugang zur essenziellen Qualität des Seelenkindes zu bekommen als zu derjenigen der Schale des erwachsenen Typs. Denn hierzu ist die Fähigkeit erforderlich, die erwachsene Fixierung zu durchdringen und so Zugang zur Kindheitsentwicklung des Typs zu bekommen. Doch wenn wir auf die idealisierte Qualität unseres Seelenkindes zugreifen, dann kann uns das helfen, mit der erwachsenen Schale unserer eigenen Fixierung umzugehen. Schauen wir uns als Beispiel Typ Fünf an. Das Seelenkind der Fünf ist durch den Achter-Typ geprägt. Der von den Achten idealisierte Aspekt ist die Stärkeessenz mit ihrem Feuer und Durchsetzungsvermögen, doch er geht einher mit Lautheit, Grobheit sowie ungehobeltem Verhalten und ebensolchem Ausdruck. Dieser Aspekt schwankt zwischen essenzieller Präsenz und Ego-Persönlichkeit. Genauer gesagt, das Feuer und das Durchsetzungsvermögen der essenziellen Präsenz durchdringen die Seele, doch durch einige der strukturierteren Anteile der Achter-Seele kommen sie als grob und unverschämt, laut und bestimmt daher. Manchmal treten Wut und Stärke zusammen auf. In der Arbeit mit dem Seelenkind gibt es weniger fixierte Strukturen, die dem Erleben der essenziellen Qualität im Wege stehen. Dadurch kann die essenzielle Qualität des Seelenkindes leichter hervorgebracht werden und so der Lösung der eigenen Fixierung dienen. Der Zugang zu ihrer essenziellen Stärke macht es Fünfen leichter, an ihrer Erwachsenen-Schale zu arbeiten, und so erkennen sie schließlich den Aspekt, den sie bislang idealisiert haben.

Das Endergebnis ist, dass der Fünfer-Typ diamantene Führung, aber auch Stärkeessenz haben wird. Die Stärkeessenz wird der Passivität der Fünf entgegenwirken, und der essenzielle Intellekt wird bei ihr den gewöhnlichen Intellekt im Studium und Verständnis des Selbst und der Realität ersetzen. Beide werden dann wichtig und hilfreich dafür sein, in den inneren Kern vorzudringen, der durch den Verlust des Zugangs zur heiligen Idee geprägt ist – in diesem Fall der heiligen Transparenz.

Dieser Prozess kann zeigen, auf welche Weise die idealisierte Qualität von Typ Fünf mit seiner heiligen Idee verbunden ist. Letztere hat zwei Facetten: heilige Transparenz und heiliges Allwissen. Heiliges Allwissen bedeutet nicht, alles zu wissen. Vielmehr bedeutet es, die potenzielle Fähigkeit zu haben, die Realität in sich selbst und im Allgemeinen zu kennen. Heiliges Allwissen bedeutet im Wesentlichen, anzuerkennen, dass die gesamte Wirklichkeit Wissen ist und aus der Präsenz des Seins besteht, das sich überall ohne Grenzen erkennt. Das Sein offenbart die Wirklichkeit als Geist Gottes, wo alles reines, mystisches Wissen ist, nicht nur die eigene Seele, sondern auch Bäume und Berge und unsere Gedanken. Alles ist Wissen und nichts weiter als das.

Die diamantene Führung kann in Zusammenhang mit diesem kosmischen Wissen gesehen werden, da die heilige Idee auch heilige Transparenz ist, was bedeutet, dass man nicht von etwas anderem getrennt ist. Alle Dinge sind nicht-dual miteinander und unsere individuelle Seele ist durchlässig für die ganze Realität. Doch wenn alles reines Wissen ist, dann ermöglicht uns die diamantene Führung Zugang zu jenem Wissen – zu reinem, spirituellem Wissen mit seiner Synthese aller Arten und Ebenen des Wissens.

Dies ist ein einfacher Überblick darüber, wie die idealisierte Qualität und die heilige Idee zusammenhängen. Ich nutze den Fünfer-Typ, um zu veranschaulichen, wie das Seelenkind mit der idealisierten Essenzqualität und Letztere mit der heiligen Idee verbunden ist. Diese Elemente für alle Typen durchzugehen, würde eine gesonderte Studie erfordern, die ich hier nicht liefern werde. Ich führe es jedoch der Vollständigkeit halber hier kurz an. Der Zweck dieses Buches besteht darin, zu lernen, wie man die äußere Schale jedes einzelnen Typs auflösen kann, indem man Zugang zu der von ihm idealisierten essenziellen Qualität bekommt. Etwas über die essenzielle Qualität des Seelenkindes zu lernen kann ein wertvolles Werkzeug in dieser Erkundung sein. Dann können wir zusammen mit all den anderen Werkzeugen, die wir haben, nämlich den Essenzqualitäten, zum Kern unseres Typs vordringen und Zugang zu unserer heiligen Idee bekommen. An diesem Punkt sind wir schon auf einem guten Weg zur Befreiung von unserer Fixierung – und zur Befreiung im Allgemeinen.

ANHANG 2:

RESSOURCEN UND QUELLENANGABEN

Um der in diesem Buch vorgeschlagenen persönlichen Erkundung nachzugehen, wirst du ein gewisses Geschick in der psychischen Verarbeitung benötigen, was ein Teil dessen ist, was wir durch das Praktizieren der Inquiry in der Lehre des Diamond Approach tun. Sinn und Zweck des Erlernens der Prinzipien dieser Praxis ist, dass sie mehr als nur die Funktionsweisen unseres Verstandes und unserer Emotionen offenlegt. Sie verbessert auch die psychische Verarbeitung, indem sie sie in eine spirituelle Praxis verwandelt, die unsere Erkundungen in die spirituelle Sphäre ausdehnt und uns hilft, tiefer in unser wahres Wesen, in unsere Natur und ihre Qualitäten einzutauchen. In diesem Buch erforschen wir einige der für das Enneagramm relevanten Qualitäten. Und sie alle sind nützlich in der Praxis der Erkundung, mit deren Hilfe die Knoten der Fixierungen und ihrer Kerne gelöst werden können.

Wenn du dich für die Praxis der Erkundung interessierst und mehr darüber wissen möchtest, was sie beinhaltet, dann empfehle ich dir, *Forschungsreise ins innere Universum* zu lesen, ein tiefgründiges und detailliertes Buch, das ich über diese Praxis geschrieben habe. Eine weitere, interaktivere Art, um die Erkundung zu erlernen, sind die von unserer Schule angebotenen Online-Kurse. Du findest sie auf diamondapproach.org unter Online-Kurse. Derzeit gibt es einen On-Demand-Kurs mit dem Titel „Entdecke deine Wahrheit durch diamantene Erkundung“, der eine gute Einführung in unsere Erkundungspraxis ist. Es gibt auch eine Einführung in den Diamond Approach als allgemeine Übersicht über diesen spirituellen Weg.

Auf folgende Bücher von A. H. Almaas wird in diesem Buch verwiesen:

Brillancy: The Essence of Intelligence. Boulder, Co: Shambala Publications, 2006.

Facetten der Einheit: Das Enneagramm der Heiligen Ideen. Kamphausen Media GmbH, 2012.

Diamond Heart Bd. 1: Essentielle Verwirklichung. Arbor Verlag, Freiburg 1998.

Diamond Heart: Book 5: *Inexhaustible Mystery*. Boulder: CO: Shambala Publications, 2011.

Love Unveiled: Discovering the Essence of the Awakened Heart. Boulder, CO: Shambala Publications, 2020.

The Pearl Beyond Price: Integration of Personality into Being. Boulder, CO: Shambala Publications, 1988.

The Point of Existence: Transformations of Narcissism in Self-Realization. Boulder, CO: Shambala Publications, 1996.

Forschungsreise ins innere Universum. Arbor Verlag, Freiburg 2007.

Die anderen Bücher, auf die in diesem Buch hingewiesen wird, sind:

Maitri, Sandra: *Neun Porträts der Seele – Die spirituelle Dimension des Enneagramms*. Kamphausen Media GmbH, Bielefeld 2013.

Naranjo, Claudio, M. D.: *Ennea-Type Structures – Self-Analysis for the Seeker*. Nevada City, CA: Gateways/IDHHB, Inc., 1991.

Riso, Don Richard und Hudson, Russ: *Die Weisheit des Enneagramms – Entdecken Sie Ihren inneren Reichtum*. Goldmann Verlag, München 2000.

Yogananda, Paramahansa: *Autobiographie eines Yogi*. Das Lebenszeugnis des großen indischen Meisters, der zum Mittler zwischen westlicher und östlicher Religiosität wurde. Los Angeles, CA: Self-Realization Fellowship, 2001.

ANHANG 3:

DIAGRAMME DES ENNEAGRAMMS DER IDEALE UND DES ENNEAGRAMMS DER VERMEIDUNGEN

DAS ENNEAGRAMM DER ICH-IDEALE

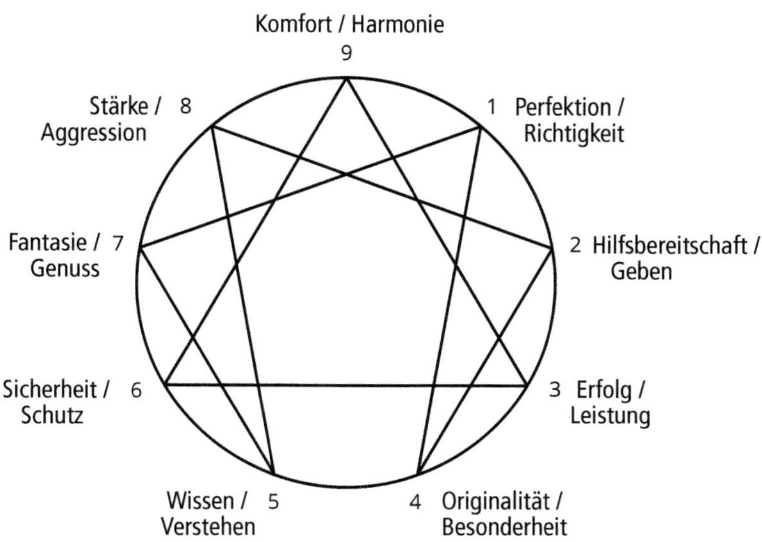

DAS ENNEAGRAMM DER VERMEIDUNGEN

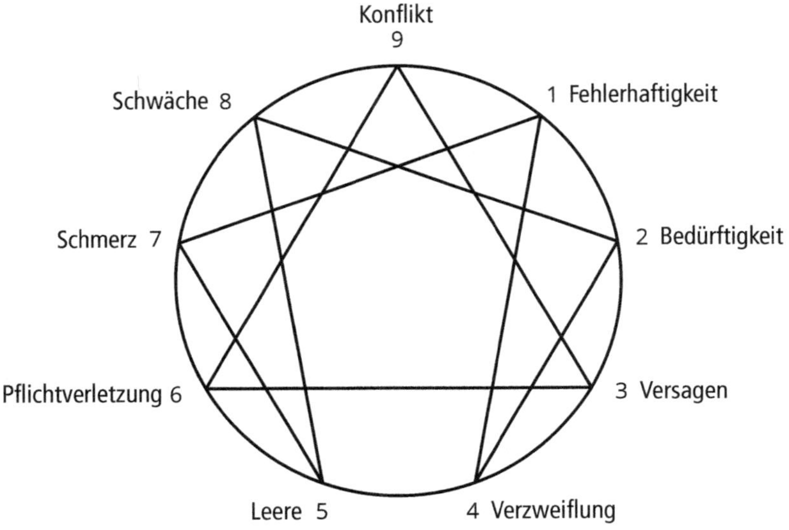

ÜBER DEN AUTOR

A. H. Almaas ist das Pseudonym von Hameed Ali, dem Schöpfer des Diamond Approach, der seit 1976 mit Individuen und Gruppen in Kalifornien und Europa arbeitet.

Hameed wurde 1944 in Kuwait geboren. Im Alter von achtzehn Jahren zog er in die Vereinigten Staaten, um an der University of California, Berkeley zu studieren. Hameed arbeitete an seiner Doktorarbeit in Physik, als er an einen Wendepunkt in seinem Leben kam und seine Bestimmung ihn dazu veranlasste, statt der physikalischen Beschaffenheit des Universums die psychologischen und spirituellen Aspekte der menschlichen Natur zu untersuchen. Er verließ die akademische Welt, um sich auf eine intensive innere Entdeckungsreise zu begeben und seine wissenschaftliche Präzision und Disziplin auf seine persönliche, empirische Forschung anzuwenden. Hierzu zählten das Studium bei Lehrern unterschiedlicher Richtungen, umfangreiche Lektüre sowie die kontinuierliche Beobachtung seines eigenen Bewusstseins in dem Bemühen, das essenzielle Wesen menschlicher Erfahrung und der Wirklichkeit im Allgemeinen zu verstehen.

Hameeds Prozess der Erforschung führte zur Schaffung der Ridhwan-Schule und zusammen mit Karen Johnson zur Begründung und Entfaltung des Diamond Approach.

A. H. Almaas ist Autor zahlreicher Bücher.

DER DIAMOND APPROACH

Der Diamond Approach ist ein Weg der Selbstverwirklichung und spirituellen Entwicklung, der westliche und östliche Weisheitstraditionen sowie Erkenntnisse der Psychologie miteinander verbindet. Die zentrale Praxis heißt Erkundung, dass heißt die Erforschung der eigenen Erfahrung, um die Wahrheit darüber zu entdecken, wer und was wir wirklich sind. Der Logos des Pfades beinhaltet ein tiefes Verständnis der essentiellen Natur des menschlichen Wesens und seiner Beziehung zum Grund der Realität sowie dessen, was unseren Zugang und die Verwirklichung dieser grundlegenden wahren Natur blockiert.

Die Lehre des Diamond Approach wurde von Hameed Ali und Karen Johnson in enger Zusammenarbeit seit 1976 entwickelt. Sie wird in der Ridhwan-Schule gelehrt, die mehr als 40 Gruppen des Diamond Approach in Nordamerika, Europa und Australien umfasst. Die Lehre ist auch in 20 Büchern verfügbar, die unter dem Namen A. H. Almaas (Alis Pseudonym) veröffentlicht wurden.

Die Ridhwan Stiftung GmbH ist die deutsche gemeinnützige Organisation des Dianond Approach. Sie fördert die Selbstverwirklichung und innere Reife der Menschen, indem sie den Übungsweg des Diamantansatzes bekannt und zugänglich macht.

Nähere Information zum Diamond Approach und zu Einführungsveranstaltungen finden sich auf den Webseiten der

Ridhwan Stiftung: **www.ridhwan-stiftung.de** und
der Ridhwan Foundation: **www.diamondapproach.org**

Bücher von Almaas bei Kamphausen:

Facetten der Einheit (erschienen 2004)
In die Tiefe des Seins (erschienen 2010)

A. H. Almaas
Facetten der Einheit
978-3-933496-85-0
€ 28,95 [D] | € 29,80 [A]

A. H. Almaas
In die Tiefe des Seins
978-3-89901-274-3
€ 19,50 [D] | € 20,10 [A]